LA LITTÉRATURE
SCANDINAVE

PAR

L. BERNARDINI

BELLMAN, TEGNÉR, VIKTOR RYDBERG
SNOÏLSKY, STRINDBERG

—

GEORGE BRANDES, JACOBSEN, HERMAN BANG

—

ARNE GARBORG, JONAS LIE, KIELLAND
BJORNSTIERNE BJORNSON, HENRIK IBSEN.

PARIS
LIBRAIRIE PLON
E. PLON, NOURRIT ET Cie, IMPRIMEURS-ÉDITEURS
RUE GARANCIÈRE, 10
—
1894
Tous droits réservés

LA LITTÉRATURE
SCANDINAVE

L'auteur et les éditeurs déclarent réserver leurs droits de reproduction et de traduction en France et dans tous les pays étrangers, y compris la Suède et la Norvège.

Ce volume a été déposé au ministère de l'intérieur (section de la librairie) en juin 1894.

PARIS. TYPOGRAPHIE DE E. PLON, NOURRIT ET Cie, RUE GARANCIÈRE, 8.

LA LITTÉRATURE
SCANDINAVE

PAR

L. BERNARDINI

Bellman, Tegnér, Viktor Rydberg
Snoïlsky, Strindberg

—

George Brandes, Jacobsen, Herman Bang

—

Arne Garborg, Jonas Lie, Kielland
Bjornstierne Bjornson, Henrik Ibsen.

PARIS
LIBRAIRIE PLON
E. PLON, NOURRIT et Cie, IMPRIMEURS-ÉDITEURS
RUE GARANCIÈRE, 10
—
1894
Tous droits réservés

A MADAME J.-M. LEWIN

Madame,

Une des plus aimables impressions de mon voyage en Suède fut sans doute lorsque, après une traversée de cinq heures dans ce merveilleux archipel de Stockholm, infiniment mélancolique en la beauté sévère de ses eaux, de ses rocs et de ses sapins, je retrouvai à Muskö la grâce de votre accueil. C'est en affectueux souvenir pour cette hospitalité si charmante et cordiale que je vous prie d'agréer ce livre.

L. B.

LES PAYS SCANDINAVES

LES PAYS SCANDINAVES

I

DE PARIS A COPENHAGUE.

Nous avons quitté Paris à huit heures trente-cinq du soir par l'express de Cologne.

Quelques heures du sommeil entrecoupé des nuits en wagon, qui semble un vague cauchemar, hanté de ce ronflement rythmique de la vapeur pareil au galop haletant d'un étalon en délire. Dans les intervalles d'insomnie, je jette un regard à travers la vitre sur l'obscurité d'encre qui presse notre asile mouvant. Des feux brillent dans l'ombre opaque comme de fuyantes et fantastiques lucioles. Tout près, s'allume l'incendie d'un haut fourneau qui se détache seul, tel qu'une bouche d'enfer, sur l'infini des ténèbres. Est-ce déjà le « pays noir » ? Encore quelques instants, et des voix rauques, dans la nuit, ont crié : « *Maubeuge !* »

Réveil au matin dans l'indistincte blancheur de l'aube. Le premier coup d'œil au dehors nous montre une contrée vallonnée, mer de verdure figée dont chaque vague, semblable à un bouquet soigneusement arrondi d'arbres nains, laisse à peine place à des prés étroits, coupés de canaux peu profonds qui, en maint endroit, couverts de blanches moisissures, s'endorment comme des marais. Et tout cela est vert, de plus en plus vert, à mesure que le soleil se lève, d'un vert pur et cru, sans presque un ton. Parfois seulement la montagne se dénude et découvre un schiste strié de grosses écailles. Nous sommes en Belgique, entre Namur et Liège.

Voici Herbesthal et la douane allemande. Ici commence le militarisme à outrance qui va nous poursuivre jusqu'à notre sortie d'Allemagne : l'allure d'un peuple prêt à marcher tambour battant au premier roulement des baguettes sur la peau d'âne. Les employés du chemin de fer, raides et tendus sous l'uniforme à boutons d'ordonnance, ont l'air de sous-officiers. La tunique, visiblement bourrée d'ouate ou de crin sur les épaules, afin d'obtenir un buste rigide et mâle, donne envie d'y enfoncer des épingles, comme sur une pelote. Leur faux air rogue, assez bonasse en somme, s'humanise d'ailleurs rapidement devant une pièce d'un marc.

Aix-la-Chapelle ; puis, à Cologne, un arrêt de trois heures. Le temps de visiter la cathédrale. Celle-ci est vraiment la merveille des merveilles, et j'ai peine, en arrivant sur le parvis, à retenir un cri d'admiration. Même après Reims, Chartres et Strasbourg, elle étonne le regard par sa richesse et ses prodigieuses dimensions, par l'effort gigantesque qui a fait surgir du sol et dressé vers le ciel cette montagne de pierre. C'est un entassement inouï de portails et d'ogives, quatre étages de rosaces et de flèches s'escaladant les uns les autres, et pourtant c'est une pure et mystérieuse harmonie. On dirait je ne sais quelle stalactite géante, comme une larme pétrifiée, à la fois grandiose et naïve, sortie du cœur de l'humanité. Ce caractère de candeur qui se mêle à la force dans toutes les grandes œuvres du génie allemand s'inscrit ici en traits ineffaçables. La place, malheureusement, étroite comme toujours autour des vieilles églises gothiques, ne permet pas le recul nécessaire pour bien l'embrasser dans son ensemble. Les maisons qui l'entourent sont de plus affreuses. Construites dans le grotesque style moyen âge mis en honneur par les fervents du vieil empire germanique, elles ressemblent à des pièces de pâtisserie ingénieusement combinées pour l'ornement du dessert.

Le train file sur le pont du Rhin et nous permet d'apercevoir la ligne majestueuse du « fleuve des nations ». De là jusqu'à Hambourg (dix heures d'express) ce sont les mêmes plaines éternelles, les grandes plaines de l'Allemagne du Nord, avec des champs de seigle, des prés et des tourbières, puis encore des prés, des tourbières et des champs de seigle. A la lisière de l'un de ces derniers, une cigogne se promène gravement sur ses longues jambes, dans son habit blanc frangé de noir, cueillant du bout de son long bec un petit bouquet d'épis que sans doute, en ménagère diligente, elle va rapporter à sa jeune famille. La campagne paraît un peu plus maigre qu'en France, cependant assez fertile et bien cultivée.

Voici l'Elbe ; des eaux dormantes, semblables à la coulée morte d'une inondation. Des navires aux ailes repliées, des steamers à l'énorme gueule silencieuse, s'assoupissent, dans l'air mat et gris, comme des voyageurs, las d'avoir traversé les océans. Sur la droite, un pont suspendu profile à l'horizon sa courbe hardie, lancée d'un seul jet de flèche d'une rive à l'autre. Et c'est enfin Hambourg, notre première halte de nuit, après une course de vingt-quatre heures.

A travers les fines aiguilles de la pluie, nous apercevons des canaux sales, bordés de très vieilles maisons en bois peint, lézardées, branlantes, semblables à des sorcières. Des caves ornées d'enseignes qui s'enfoncent dans le sol et servent de boutiques ou d'ateliers, s'échappent des bandes de marmots qui grouillent sur le trottoir. La voiture s'arrête devant l'hôtel du Kronprinz, en face de l'Alstern.

Les fenêtres de ma chambre donnent sur le lac. Le temps, voilé, semble distiller encore d'invisibles pleurs. Les contours des arbres qui, là-bas, enserrent l'Alstern de leurs courbes verdoyantes, s'estompent dans la brume avec une vaporeuse et touchante douceur. Sur les eaux, luisantes et grises comme le ciel qu'elles reflètent, glissent des bateaux blancs dont les lumières piquent de points tremblants l'air encore clair du crépuscule. Des cygnes voguent en flottilles, laissant derrière eux un sillage qui s'efface avec lenteur. C'est comme une vision de la vieille Allemagne, celle des romances et des *vergiss mein nicht*, qui fut autrefois populaire en France...

De Hambourg à Kiel, où l'on s'embarque, nous traversons le Slesvig-Holstein. Le paysage, ici, change visiblement d'âme et d'expression. C'est déjà le caractère lilliputien et gracieux, tout aimable en son idyllique fraîcheur, de la campagne danoise. On sent que le sol se nivelle et s'abaisse pour descendre plus doucement dans l'Océan. A peine, de temps à autre, quelques molles ondulations de terrain, à peine indiquées. Le ciel même et la mer, lorsqu'on l'aperçoit à l'horizon, semblent, par un phénomène étonnant, s'être rapetissés aussi. Des villages roses apparaissent et, dans la verdure des arbres, des cottages minuscules qui font penser aux ombrages de Trianon.

Le hasard nous a donné pour compagnons de route une aimable famille qu'on croirait sortie d'un vieux bouquin : un jeune homme à longs cheveux, coiffé d'un chapeau tyrolien à plume de coq et portant en bandoulière un étui vert de botaniste ; une fillette, gauche et naïve, et une vieille dame souriante en long voile de crêpe. Les gens ici sont d'une politesse toute champêtre et n'entrent ni ne sortent du wagon sans dire : *Guten morgen* ou : *Adieu.*

Sept heures de traversée sur la mer striée d'écailles d'argent. C'est en face des grands aspects de la nature que les naïves expressions des poèmes antiques ou des Livres saints ressuscitent soudain en notre mémoire, évoquées par la dramatique vérité de leurs images. L'*armée des vagues*... Oui, c'est vraiment comme un fourmillement d'armée qui se dresse et s'éveille sous la tente, accourt sans fin, noire fourmilière inépuisable, de tous les bords de l'horizon. Il semble que chacun de ces flots à peine sensibles qui recourbe au loin sa crête sombre, ondule et se déploie, se reforme et s'approche, sur cette moire toujours mobile de l'Océan, ait une volonté, un être propre, et que la mer soit réellement vivante...

Korsör. — Nous sommes en Danemark, dans l'île de Seeland. Le joli petit port, avec son étroite jetée, sa baie resserrée où les mouettes volent autour des barques de pêcheurs, son ciel pâle et bleu et ses maisons rouges à pignons découpés, de style hollandais, a l'air d'un grand joujou qu'on va tout à l'heure serrer dans une boîte.

Encore deux heures de chemin de fer, et nous sommes à Copenhague.

II

COPENHAGUE.

L'arrivée à Copenhague, avec sa petite gare au milieu des ombrages, ressemble à l'entrée d'une station balnéaire. Et les premiers pas qu'on fait dans la capitale du Danemark confirment cette impression. Partout de vastes cafés, illuminés *a giorno,* d'où s'échappent les joyeux accords des tziganes dans le crépuscule clair, étrange et charmant des étés du Nord, où le ciel sans étoiles reste d'azur translucide, éclairé d'une lointaine et mystérieuse lueur.

C'est ici l'Athènes du Nord, comme l'appellent orgueilleusement ses enfants. C'en est aussi la Babylone et la grande amuseuse, en même temps que *la Riviera.* Et si ces multiples prétentions amènent d'abord un sourire sur les lèvres de l'étranger qui y aborde, il ne pourra s'empêcher de les trouver plus justifiées à mesure qu'il s'enfoncera vers le Septentrion.

Copenhague, en effet, peut passer pour être la capitale littéraire des pays scandinaves. Elle constitue pour ainsi dire leur point de jonction avec le reste du continent : c'est par elle qu'ils reçoivent le grand courant de la civilisation, qui lui arrive surtout par la voie allemande. Plus cosmopolite que ses sœurs du Nord, elle est aussi plus affranchie de l'espèce de tyrannie morale que le piétisme protestant fait peser sur celles-ci. Ses qualités et ses défauts sont ceux qu'apporte avec lui le cosmopolitisme : une plus grande tolérance, une ouverture d'esprit plus large, plus de grâce et d'agrément en un mot, en même temps qu'un certain relâchement de mœurs qui peut-être, — pour les nations au moins, — n'est en somme que le dédain et l'ennui du masque. Tout cela, bien entendu, seulement par comparaison et sans sortir des proportions minuscules qui sont celles de cet heureux petit pays.

Un spirituel voyageur a dit que, pour pénétrer les tendances et les goûts d'un peuple, le meilleur moyen était d'examiner les étalages des libraires. Si l'on parcourt des yeux ceux d'Östergade, le boulevard des Italiens de Copenhague, on est frappé de suite par l'énorme quantité de livres allemands : livres de science ou d'éducation, romans, voyages, comptes rendus de l'Exposition de Chicago, etc. Ceci prouve que l'allemand est ici non seulement la langue de la haute culture, mais presque une seconde langue qui subsiste et vit à côté de la maternelle. Tous ceux qui ont reçu une éducation un peu développée la comprennent et la parlent couramment. A Copenhague, sinon dans le reste du royaume, et par suite des nombreuses relations que le port crée avec les populations maritimes de l'Empire, la plupart des gens des classes ouvrières peuvent s'y faire entendre. Les autres Scandinaves reprochent aux Danois d'être à demi germanisés. Ceux-ci cependant gardent encore vivace et saignante la blessure que leur a faite l'arrachement du Slesvig-Holstein. Ils surveillent les agissements de l'Allemagne avec l'inquiétude hostile que tous les petits peuples du Nord, si jaloux de leur frêle indépendance, nourrissent vis-à-vis de leurs puissants voisins, voraces requins qui ne manquent jamais de leur happer quelque membre, aussitôt que l'occasion est propice. Mais il est presque nécessaire qu'une nation de deux millions d'habitants, — à peine la population de Paris, — adossés ainsi à l'immense *Vaterland*, soit entraînée dans la sphère d'attraction de celle-ci et subisse presque malgré elle l'influence de sa langue, de son esprit et de sa civilisation.

Östergade, comme toutes les voies commerçantes et fréquentées de la ville, est une rue étroite, bordée de vieilles maisons assez basses dont plusieurs, construites en briques, avec un pignon aigu inscrit dans la façade, ne manquent pas d'un certain caractère. Les boutiques s'enfoncent dans le sol, à la mode allemande, de manière que l'étalage arrive au ras du trottoir et qu'il faille pour y pénétrer descendre quatre ou cinq marches.

Les visages qu'on croise sur son chemin ont une harmonie secrète avec ces rues pittoresques et vieillottes, embrumées par le ciel du Nord et l'air de la mer, et dont pas un fiacre ne trouble du pas de son cheval la patriarcale tranquillité. Nombre de vieillards en cheveux blancs, avec leur souriante figure de casse-noisettes, à la fois malicieuse et enfantine, vous font songer aux personnages des contes d'Andersen. Ce caractère de naïveté et d'enfance qui se joue jusque dans les rides des sexagénaires, est particulièrement frappant.

Les Danoises jouissent dans les pays scandinaves d'une réputation de beauté qui paraît assez méritée. Généralement mince et élancée, leur taille se ressent à la vérité du manque de formes et de la raideur ordinaire aux femmes des contrées septentrionales. Elles s'habillent pourtant avec plus de goût et d'élégance que les Allemandes et se préoccupent de suivre les modes, si bien que celles-ci semblent arriver plus vite à Copenhague qu'à Hambourg. Leur visage, avec ses cheveux couleur de lin, son teint de camélia à peine rosé et ses yeux brouillés de gris, semble une symphonie en blanc majeur dont les tons effacés s'harmonisent avec délicatesse. Un charme y sommeille, un peu monotone, à la fois candide et inquiétant, où l'on croit retrouver les sœurs des héroïnes d'Ibsen. Chez quelques-unes, l'épiderme se dore légèrement du hâle blond des peuples maritimes, où ressortent alors plus vivement, sous les clairs sourcils, deux myosotis étonnés. Les yeux d'un garçon de douze à quinze ans, aperçus à Korsör, au débarquement, me sont restés dans la mémoire : des yeux d'un vert indécis et fluide, tellement semblable à l'ondulation mystérieuse du flot... Et j'ai pensé voir l'étrange regard du mystique amant de la *Dame de la mer*, le matelot dont les prunelles changeaient de nuance en même temps que l'Océan.

Nous sommes dans le pays des anciens Wikings, ces terribles coureurs de mer que Carlyle, avec son âpre éloquence, nous montre s'ensevelissant volontairement au sein des vagues sur leur navire en feu, quand l'âge venait les toucher de sa glace et les réduire à l'impuissance. Les Danois modernes ne ressemblent guère à ces aventureux ancêtres. Ce sont de bonnes gens très pacifiques qui gardent seulement le goût du commerce maritime et de l'émigration. Peut-être, si l'on en croyait les malicieux on dit de leurs vieux frères et ennemis du Nord, ne serait-il pas cependant impossible de retrouver en eux quelques traits de ces Northmans que notre Michelet nous montre plutôt avides que barbares, pillards par profession plus que par férocité, soucieux seulement de s'en aller « gaigner », dans leurs courses à travers le monde. Les Suédois en effet leur reprochent de manquer trop de cet esprit de générosité et d'hospitalité qui caractérise les autres nations de leur race. Il est vrai que jamais je n'ai vu le geste de tendre la main plus habituel qu'à Copenhague. Le manœuvre auquel vous demandez votre chemin ouvre aussitôt les doigts, en vous répondant, pour recevoir cinq öre. Mais c'est là un vice commun à la populace de tous les ports souvent visités par les étrangers. Et si les Danois méritent leur renom d'économie exagérée et d'avidité constitutionnelle, il faut considérer qu'ils sont beaucoup plus riches que leurs voisins du Nord, que leur terre passe pour fertile, et que l'envie d'amasser ne commence guère que là où elle devient relativement facile, ou du moins possible.

En dehors des vieux quartiers commerçants, les seuls un peu animés et pittoresques, rien à Copenhague qui vaille la peine d'une description. Un grand palais, Christianborg, qui, brûlé il y a quelques années, présente en plein milieu de la ville un pastiche assez ressemblant de notre Cour des comptes, avec ses fenêtres béantes et ses pans de mur mi-écroulés. Un autre plus petit, Amalienborg, où s'est réfugiée la cour et qui, sur la place déserte, en face de la statue d'un roi de bronze, semble figurer un solennel quadrille avec trois ou quatre autres tout pareils. A l'entour, des rues muettes à maisons basses, si silencieuses qu'on les croirait murées; des esplanades solitaires bordées d'ambitieuses constructions fort semblables, n'était le ton rouge de la brique qui coupe de temps à autre leur monotonie, à celles qui s'élèvent de nos jours dans tous nos centres de second ordre. La physionomie enfin d'une grande ville de province, mitigée d'un air de petite résidence royale qui rappelle un peu la cour du grand-duc de Gérolstein.

Dans toutes ces voies infréquentées, où l'ombre d'un passant est un événement, on voit néanmoins, à l'une des fenêtres de chaque demeure, se projeter au dehors un ingénieux système de glaces qui permet d'apercevoir la rue sous toutes ses faces et derrière lequel une vieille dame bat en retraite d'un air courroucé quand vous tournez la tête pour examiner curieusement ce petit appareil.

Un détail aussi différencie la physionomie des villes du Nord : l'absence totale de volets et de petits rideaux. Ceux-ci sont remplacés par un store qu'on

baisse le soir et quand la situation exige la solitude...
ou rend désirable le tête-à-tête. Quant à l'absence de
volets, elle témoigne d'une honnêteté digne de l'âge
d'or ou de la sollicitude d'une police modèle, sur l'exemple de laquelle la nôtre ferait bien de se régler.

Ajoutez que Copenhague possède une grosse tour
ronde du dix-septième siècle, fort pittoresque avec ses
tons de brique recuits et poussés au noir, où le czar
Pierre monta, dit-on, à cheval. Au bord du bassin où
dorment sur quille les barques à panse ventrue, mettez
la Bourse de commerce, long bâtiment dans le style de
la Renaissance hollandaise. Partout jetez de frais ombrages, des eaux tranquilles où courantes qui donnent
je ne sais quelle grâce rêveuse à ce ciel toujours un
peu mélancolique et voilé; imaginez des mâts grêles de
vaisseaux, avec le mystique enchevêtrement de leurs
cordages, surgissant à chaque détour comme une invite
vers l'inconnu, et vous aurez une assez fidèle image
de la capitale du Danemark. J'allais omettre le musée
Thorvaldsen, le plus baroque monument qu'il soit possible de se figurer, avec ses pylônes égyptiens et ses
fresques lavées par les neiges d'hiver, dont la couleur
suspecte paraît avoir été éminemment suggestive pour
tous les toutous qui passent. Il fait, au reste, l'orgueil des indigènes, et doit, je suppose, au milieu des
glaces de la Baltique, leur présenter une vision évocatrice des pays bleus et des rives aimées du soleil. —
Et je crois que je n'oublie rien.

Rien? Qu'Odin, Freia, Idun, tous les dieux et
déesses de la mythologie scandinave me préservent de
la fureur du Danois! Car il y a pour celui-ci quelque
chose de plus sacré que son pays, son roi et ses lois,
comme disent les médailles. Vous pouvez à votre aise
médire de l'importance du Danemark ou des vertus du
roi Christian, discuter la forme de l'État ou les vérités
de l'Église luthérienne, mais il est un objet auquel il

vous est défendu de toucher. « Nous sommes un petit peuple, c'est vrai, vous répondra votre hôte, mais nous avons Tivoli, et il n'y a qu'un Tivoli au monde. » C'est le refrain de la chanson populaire que chante le matelot. Il a vu Paris, et Chicago, et les deux Amériques; il a vu Naples endormie au soleil et Alger la blanche, mais il n'a jamais vu rien qui vaille Tivoli : « Il n'y a qu'un Tivoli au monde ! » Et si vous êtes curieux d'avoir des détails plus précis sur cette merveille unique, je vous dirai que c'est un très grand jardin, avec des restaurants, des cafés-concerts, des théâtres en plein air, des cirques, des ballons, des montagnes russes et tous les jeux enfin que nous admirons à la fête de Neuilly. La population de Copenhague s'y presse chaque dimanche dans une affluence qui ferait presque croire à une émeute, n'était qu'elle est plutôt silencieuse. La passion des Danois pour les équilibristes, les jongleurs, les chansonnettes et les lumières est sans pareille et complète bien ce que je vous ai dit de la physionomie enfantine de ce peuple.

Il ne faut pas quitter la capitale sans aller faire un tour à Langelinie, la promenade ombragée d'arbres qui longe la mer. Celle-ci n'est ici qu'une baie étroite et calme, où les voiles blanches se jouent comme des cygnes sur un grand bassin et que ferme au loin, du côté de la pleine mer, le fort des Trois-Couronnes.

A droite, tout au fond de l'horizon visible, la côte de Suède se dessine distinctement, sous le clair soleil d'argent, avec les dentelures sombres de ses forêts.

Assis à l'une des tables du café-restaurant qui s'élève au point le plus proéminent de Langelinie, je suis à la fois témoin et acteur dans une petite scène qui m'a laissé le plus aimable souvenir.

Sur l'un des grands ormes de la promenade dont la cime arrive à hauteur de la terrasse où nous nous trouvons, une cinquantaine de moineaux sont assemblés, quelques-uns perchés sur les menues branches qui partent du tronc dans des poses dignes de Giacomelli. Plusieurs consommateurs s'amusent à leur jeter du pain ; à chaque morceau qui décrit une courbe en l'air comme un mignon projectile, la nuée emplumée descend et tourbillonne en grappe vivante pour le saisir au vol. Puis l'heureux vainqueur, pourchassé par quelques-uns de ses compagnons, s'enfuit au loin avec sa proie pour la dévorer en paix. Je me mets de la partie et, par malice, je finis par lancer les miettes offertes à leur gourmandise tout près de moi, sur l'étroit rebord qui fait à hauteur d'appui le tour de la terrasse. Ils approchent, planent un instant au-dessus du festin convoité, s'accrochent aux arceaux qui bordent l'étroite tablette et, après une hésitation jolie, passent le bec au travers pour saisir leur butin et s'envolent à tire-d'aile avec un petit cri de joie. Je les distingue à merveille : les femelles, toujours un peu plus peureuses, modestement vêtues de gris, avec leur cou souple et mince; les mâles, tout ébouriffés dans leur habit passementé de noir et de brun. Bientôt ils sautillent tous sur la tablette et ne se donnent même plus la peine d'aller manger à quelque distance. Et, par degrés, les plus hardis en viennent jusqu'à envahir la nappe sur laquelle notre couvert est mis, et à picorer jusque sous notre main et presque dans notre assiette.

Et comme je m'émerveille de cette familiarité : — Pourquoi craindraient-ils, me dit mon compagnon, quand il n'est jamais venu à l'idée de personne de les offenser ni de leur nuire? Le marmot qui s'aviserait de détruire un nid ou d'écraser un crapaud serait fouetté d'importance. On apprend aux enfants que ce sont les plus utiles auxiliaires de l'agriculture, et que sans eux le cultivateur ne mangerait pas de pain. J'ai vu des paysans refuser de tuer une couleuvre, en disant qu'elle ne faisait point de mal.

La douceur que montrent tous les peuples du Nord envers les animaux est vraiment remarquable et très digne de louange. On ne peut s'empêcher de sentir de l'estime et de la sympathie pour les nations où règne cet esprit de bienveillance envers nos « frères inférieurs ». Bien que l'ivrognerie soit un vice extrêmement fréquent en Scandinavie, jamais je n'ai vu un charretier maltraiter un cheval. Jamais on ne voit à celui-ci cet œil harassé et désespéré de bête pliant sous le faix qui à chaque instant attriste le regard dans les rues de Paris. Au lieu du supplice de la musette qu'on leur impose chez nous, des mangeoires commodes, en Suède comme en Danemark, sont disposées pour eux sur les places publiques. Leur cocher leur parle avec amitié et presque avec égard, et, en revanche, ils semblent s'appliquer à les comprendre et à exécuter leurs ordres en toute diligence. Les autres peuples reprochent volontiers aux nations catholiques leur cruauté trop fréquente et leur ordinaire dédain pour les races muettes des *sans âmes*, faits pourtant ainsi que nous de sang et de chair douloureuse. Peut-être la faute, en effet, en revient-elle en grande partie à notre Église, qui a trop laissé dans l'ombre ce côté de son enseignement. Elle s'est toujours défiée par instinct de la nature, qui dans les contrées soumises à son empire a des attirances que le Nord plus froid n'a pas à redouter. A son défaut, ne serait-il pas à souhaiter que l'État s'occupât davantage de faire enseigner aux enfants de nos écoles, comme beaucoup avant nous l'ont réclamé, cette justice et cette bienveillance envers les animaux, qui n'est au fond le plus souvent que de l'intérêt bien entendu?

La vraie beauté de Copenhague est dans les environs : on sait que le Sund jouit près des riverains de la Baltique d'une réputation presque égale à celle de la baie de Naples.

Une promenade matinale de Charlottenburg à Bernstorff m'est restée dans les yeux comme un des plus jolis tableaux de mon séjour. La route est une allée de tilleuls centenaires dont les arceaux verdoyants se succèdent pendant près d'une demi-lieue. De chaque côté du chemin des villas et des chalets, vêtus de folles plantes grimpantes, éclatent dans la verdure comme des fleurs de couleurs diverses. Une pluie fine tombait mêlée d'impalpable brouillard, mais, loin d'apporter une tristesse à ce décor de fête, lui donnait seulement l'attendrissement vaporeux des irréelles apparitions qu'on ne reverra plus. Et quelque chose aussi s'y exprimait de pénétrante manière : la douceur des pays humides et je ne sais quoi qui fait que nulle contrée ne ressemble à une autre, que chaque arbre, chaque caillou, chaque nuance du ciel y parle un langage différent : l'inexprimable qu'on ne peut rendre, mais qui vous reste dans l'âme et dans la pensée comme une gamme de sentiments nouveaux.

Klanpemborg, la station voisine, est la résidence d'été favorite des habitants de la capitale. La Baltique, qui ne connaît ni flux ni reflux, y vient mourir sans un seul frisson d'écume. Le ciel, ces jours-ci, est d'un gris translucide qui, reflété en nuances plus éteintes sur la mer à peine zébrée d'insensibles vagues, donne au détroit l'air d'une marine en vieil argent. Le parc descend jusqu'au rivage avec ses blanches colonnades de hêtres, ses ormes aux bras pacifiques et ses sapins qui, s'élançant de terre d'un jet prodigieux, portent jusqu'aux nues leur tête éplorée et grêle, et muets, semblent rêver aux longs voyages sur l'océan prochain...

Et c'est ainsi sur toute la côte : de frais ombrages autour de lacs paisibles ou d'une mer toute semblable à eux, des maisons rouges enfouies sous le feuillage;

partout la même nature ombreuse et douce endormie dans une paix naïve qui va au cœur.

Nous quittons Copenhague à onze heures. Le port, sous la blanche clarté du ciel du Nord, est vraiment pittoresque avec ses vieilles façades à pignons et ses marins coiffés d'un chapeau de cuir bouilli, dont les longues moustaches jaunes se détachent sur leur teint recuit de vieux loups de mer. Des méduses nagent autour des pilotis, semblables à de transparentes auréoles qui flottent au gré du flot. Des mouettes rasent la vague en décrivant de capricieux circuits. En face de nous, un steamer portant le pavillon russe file lentement, tout chargé de femmes au tablier brodé, la tête couverte de mouchoirs éclatants. C'est un bâtiment qui part pour la Finlande...

Le nôtre lève l'ancre à son tour. Voici à notre droite le port de guerre, avec ses cuirassés qui dans leur armure grise, dont la couleur se confond presque avec celle des eaux, semblent je ne sais quelles bêtes énormes, menaçantes et bizarres. Nous passons devant le fort des Trois-Couronnes dont les canons, braqués vers nous, gardent la passe. Toute la côte est hérissée de travaux de défense, et on en construit encore de nouveaux. Vu ainsi, le port, à quelque distance, ressemble assez à une gueule entr'ouverte garnie de dents formidables...

Deux heures de traversée sur le Sund que noircit la brise du Nord, et nous mettons le pied sur la terre de Suède.

III

DE MALMÖ A STOCKHOLM.

Nous débarquons à Malmö, la ville la plus importante de la Scanie et le grand point de communication de la Suède avec le reste du continent. Avant de reprendre le train, nous avons juste le temps de regarder l'hôtel de ville, un monument assez intéressant construit en briques dans le style de la Renaissance hollandaise.

Pendant deux heures à peu près, le chemin de fer traverse la Scanie. Cette province semble un morceau du Danemark ou de l'Allemagne septentrionale, soudé par hasard à la péninsule scandinave. Ce sont les mêmes productions, le même sol et presque le même climat. On cite les paroles du comte Wrangel, un homme d'État suédois, qui disait que la Scanie avait été donnée par Dieu à ses compatriotes afin de leur montrer comment il avait fait le reste de l'Europe. Un écrivain de cette province, consulté par une revue parisienne, a pris soin de nous informer du dédain que ses habitants ont pour leurs frères du Nord, qu'ils considèrent comme des barbares. La Scanie, en effet, a été longtemps danoise, et l'habitude en est restée de regarder plutôt vers Copenhague, qui n'est qu'à deux heures de traversée, que vers Stockholm, située à plus d'une journée de chemin de fer. Les Stockholmois, du reste, rendent largement leur dédain aux Scanois et contrefont leur accent d'une manière sans doute fort plaisante, mais dont tout le sel est perdu pour un profane étranger. Ceux-ci jouissent de la réputation d'incapables cavaliers et de parfaits *gentlemen-coachers*. J'ai entendu conter ce mot d'un gentilhomme du pays qui disait fièrement : « Moi, je ne m'ennuie jamais. Car, quand je suis près de m'ennuyer, je vais dans ma cour et je fais claquer mon fouet. » Et il s'en acquittait, paraît-il, de merveilleuse façon, avec une maestria qui donnait à l'oreille la sensation d'une décharge de coups de fusil ou d'un roulement de tambours.

Nous avons vu tout à l'heure la dernière cigogne. Elles ne montent pas plus haut et cessent d'apporter aux mères leurs nouveau-nés. Nous entrons maintenant dans le Smaland.

Je ne crois pas qu'il soit possible à un Français de se faire une idée, sans l'avoir vu, de la désolation d'un tel paysage. Imaginez des forêts de sapins rabougris et nains, des champs semés d'énormes blocs de granit dont les cassures étalent des plaies saignantes, des lacs aux eaux mortes envahis par des roseaux grêles, et, sur tout cela, l'angoisse d'une lumière toujours oblique, même en plein après-midi, qui semble raser le sol et surgir d'en dessous de l'horizon pour quelque évocation d'épouvante et de mystère. On respire vraiment ici *le mal de vivre*. Et toujours cette monotonie accablante qui pendant des heures fait défiler devant vous le même tableau. Parfois de maigres champs de seigle encore en herbe. (Nous sommes à la fin de juillet.) On a essayé en quelques endroits de désempierrer cette terre aride sur laquelle une averse de pierres semble avoir plu comme une nouvelle malédiction de Sodome ou de Gomorrhe. On s'est servi de celles-ci pour construire autour des enclos des barrières dont l'aspect rappelle les constructions cyclopéennes. Dans l'un d'eux, un paysan pousse sa charrue et contourne avec résignation une masse de granit qu'on a dû laisser en place. De temps en temps, au bord de la forêt, on voit fuir une maison de bois peinte en ocre rouge avec un toit goudronné et d'étroites fenêtres blanches. Le pays, du reste, est presque désert : dix-huit habitants par kilomètre carré. Les gares présentent assez l'image d'une station dans les défrichements du Far-West. A l'entour ce ne sont que d'énormes piles de planches qui proviennent des scieries voisines, la grande industrie de la province. La gare elle-même n'est qu'un chalet jeté au milieu de la forêt, la forêt inépuisable et naine. On aperçoit parfois une fillette en jupe éclatante, pieds nus, avec une chevelure couleur de chanvre, qui se sauve ou regarde le train avec étonnement. Le soleil, à l'horizon, teint de sang la surface des lacs mornes. Il disparaît lentement, et le long crépuscule commence, ce crépuscule étrange où semble errer pendant des heures, sous le ciel lucide, l'âme sans rayons d'une lumière morte.

La nuit pourtant est venue. Nous descendons à une heure du matin dans une petite ville qui n'est qu'à cinq heures de Stockholm. Nous avons décidé de nous arrêter là quelques jours, pour continuer ensuite notre voyage par eau à travers les canaux et les lacs de la Suède.

Linköping est une capitale de province d'environ quinze mille âmes qui présente, me dit-on, l'exact modèle de la plupart des villes suédoises de même importance. Des rues tirées au cordeau, des maisons de bois recouvertes d'un enduit qui joue la pierre, des jardins enclos de barrières et, de temps à autre, la tache rouge d'un hangar barbouillé d'ocre. Tout cela sous une lumière froide et blanche, avec un air d'extrême propreté. Jamais ici de ces restes pittoresques du passé qui, même dans nos plus humbles trous de province, amusent l'œil du passant et lui parlent un langage. Les vieilles constructions sont jetées bas périodiquement et réédifiées à nouveau, peut-être parce que leurs matériaux n'offrent pas de résistance durable. On croirait ces cités nées d'hier sur une terre nouvellement découverte par un peuple insouciant de tout art et dédaigneux de toute tradition, mais extrêmement épris de confort et très au courant des progrès modernes. A ce point de vue, le dernier bourg de Suède pourrait faire honte à notre capitale. Il n'est pas de demeure bourgeoise, pour modeste qu'elle soit, qui n'ait son téléphone, à tel point que l'usage de ce dernier a presque entièrement supprimé toute correspondance, au moins pour les distances qui ne sont pas excessives. On n'écrit pas à ses amis : on leur téléphone et l'on converse avec eux sans quitter son fauteuil. Les bébés même, avec un « Allo ! » flûté, s'invitent à une dînette ou se consultent sur un devoir de classe.

Les appartements, généralement vastes, sont meublés, même dans les classes aisées, avec une grande simplicité. En été, rien que le plancher de sapin soigneusement lavé ; aux murs, des chromos ou d'insipides gravures, prises dans quelque publication illustrée. La culture intellectuelle, pour n'être nullement tournée du côté artistique, atteint cependant un niveau assez élevé. Nous exposerons plus loin le régime des universités et l'organisation de l'instruction publique, qui permet au fils du plus pauvre paysan d'effectuer aisément, s'il en a la fantaisie, le cercle entier des hautes études. Mais, pour ne parler que des femmes, la plupart d'entre elles ont voyagé et possèdent des notions à peu près exactes sur les divers pays d'Europe ; presque toutes parlent ou du moins entendent couramment une langue étrangère. Il y a ici un cercle de jeunes filles qui ont passé un an à Paris et se réunissent le soir pour parler français. Je crois qu'il serait difficile d'en trouver l'équivalent chez nous dans une ville de même population.

Les Suédoises sont presque toujours, même dans la capitale, d'excellentes ménagères, très expertes en la tenue de leur intérieur. J'ai eu l'occasion d'en voir de près un grand nombre, depuis la petite bourgeoisie jusqu'aux plus hautes classes. Je n'ai observé chez elles nulles traces de cet esprit d'émancipation à outrance et de « guerre à l'homme » que MM. Strindberg et Hansson nous signalent comme ayant infesté leur pays durant ces dernières dix années. J'ai rencontré néanmoins, dans une rue de Stockholm, un curieux échantillon de la femme « désassujettie ». Elle portait des cheveux courts et paraissait fort mal lavée. Un type intéressant d'ailleurs : l'air intelligent, détraqué et misérable, et les joues creuses. Avec cette chevelure écourtée, le manque de formes et la haute taille ordinaires à ses compatriotes, on eût dit, dans sa minable jaquette masculine, un assez laid garçon hâve et blond, adolescent prématurément ridé. Je ne doute pas qu'il y en ait d'autres en Suède qui soutiennent de façon plus brillante et plus digne le drapeau des revendications féminines. J'imagine pourtant qu'il en a été d'elles comme de cet œuf que le bonhomme de la fable pondit un matin et qui le soir se trouva transformé en plus de mille.

Deux causes opposées sembleraient pourtant devoir concourir à favoriser en effet tout particulièrement chez la Scandinave le développement des idées d'indépendance et d'émancipation. La première est l'extrême liberté dans laquelle sont élevées les jeunes filles, et qui dépasse de beaucoup celle que les mœurs leur accordent en Angleterre, sinon dans l'Amérique du Nord. Elles font seules de longs voyages, s'arrêtent la nuit dans des villes inconnues et descendent à l'hôtel, s'il est besoin. Très fréquemment, elles sont hors de chez elles, en visite pour deux ou trois mois dans une maison amie. Qu'une d'entre elles soit promise à un jeune homme d'une autre ville, il n'est pas rare qu'elle vienne s'installer dans celle-ci et se loger en quelque pension. Elle sort avec son fiancé, se promène à son bras, sans encourir le moindre blâme ou le moindre soupçon. Et pourtant le *flirt*, dans ce cas, est d'ordinaire extrêmement poussé; — je tiens le renseignement de jeunes gens qui y ont passé; — on ne s'y abstient guère que de ce dont il faut absolument s'abstenir. Il arrive souvent cependant que les fiançailles se rompent. La jeune fille en est quitte pour recommencer avec un second, ou même avec un troisième, jusqu'à ce que mariage s'ensuive enfin. Les Scandinaves, qui ont d'autres vertus morales plus importantes sans doute au repos domestique, n'ont nulle idée de cette délicatesse qui nous fait souhaiter qu'une épousée n'ait pas même auparavant été effleurée d'un souffle. Peut-être parce qu'il est naturel aux moins vertueux d'être les plus raffinés sur ce chapitre, et qu'on exige un capital d'autant plus intact qu'on a plus dépensé soi-même.

Une fois mariée, le tableau change et le rôle de la femme s'efface complètement. C'est la jeune fille qui tient ici la place en évidence, dans les bals et dans les réunions de fête : elle dont on s'occupe, qui parle et qu'on applaudit. Cela ne peut manquer de lui donner une assurance, un petit ton tranchant qui, avec nos idées françaises, nous paraîtrait presque choquant. Elle se résigne toutefois de bonne grâce à abandonner ce sceptre, quand arrive le moment d'entrer dans les liens conjugaux, et cette fille insupportable devient d'ordinaire une admirable épouse, entièrement renfermée dans son intérieur et dévouée uniquement à son mari et à ses enfants.

La vie de société, à proprement parler, n'existe pas en Suède. Elle ne se forme et ne fleurit qu'autour des femmes, et les Suédois n'aiment aucunement la compagnie de celles-ci. Ils ne savent pas leur parler, ni ne se soucient de le faire. Ils les considèrent comme des camarades un peu inférieurs et pourtant très respectables et très utiles, les traitent avec une bienveillance négligente et les laissent là surtout le plus qu'ils peuvent. Leur grand plaisir est de se réunir entre eux pour boire du punch et conter des histoires. Et il est effrayant de considérer tout ce qu'ils peuvent ingurgiter avant de paraître seulement émus. Ces habitudes sont d'ailleurs une fatalité du climat : quelques verres seulement dans le corps, et le ciel pâle de Suède s'échauffe, son froid soleil rayonne ; le Suédois taciturne s'égaye, rieur et loquace comme un Gascon, et, dans son attendrissement communicatif, livrerait à son compagnon sa bourse, son avoir et toute sa maison. — On m'a montré en ce genre un spécimen bien curieux : un vieux négociant, ventru comme une tonne, dont les libations multipliées avaient décomposé la teinte primitive du visage en toutes les nuances de l'arc-en-ciel. En sortant du café, toujours dans un état d'équilibre instable, il avait coutume de viser avec sa canne le point opposé de la place qu'il avait à traverser. Puis, l'œil imperturbablement fixé sur la direction ainsi prise, il marchait droit sur elle, répondant aux saluts d'un bref hochement de tête, sans oser détourner un seul instant son regard du point sauveur, jusqu'à ce qu'il eût gagné le trottoir, qu'il n'avait alors plus qu'à suivre pour rentrer chez lui. Il y a dans chaque endroit plusieurs personnages du même style, qui comptent toujours parmi les gros bonnets de la ville. De telles habitudes, dont on rit un peu lorsqu'elles sont poussées trop loin, ne déshonorent nullement un homme. En revanche, des écarts d'un autre genre, qu'on traiterait chez nous de peccadille galante, suffisent quelquefois pour briser une carrière et pour jeter un individu hors de la société.

Rien de surprenant, dans un pays où de semblables mœurs sont la règle ordinaire, si la femme est, socialement et domestiquement, très délaissée. Son mari sort cinq soirs sur six pour souper avec des amis et fréquenter des familles qui l'invitent tout seul, car souvent il ne s'est jamais inquiété de l'y présenter. Il peut s'aller promener sans crainte que personne s'avise de la vouloir distraire. Aucun homme presque n'y songerait : l'opinion est trop rigide sur ces matières, et c'est déjà, surtout en province, une inconvenance scandaleuse que de s'entretenir longtemps avec une femme mariée. On comprendrait que, dans une si fréquente solitude, la tête de celle-ci travaillât beaucoup et que des idées de révolte et d'émancipation s'y pussent éveiller. Ajoutez à cela que la Suédoise, même dans les classes aisées, est très mal nourrie. Elle vit de lait, d'un peu de bière, de quelques sandwichs et d'une faible quantité de viande mal préparée, dans un climat qui demanderait des reconstituants énergiques. Le mari qui, le soir, jette dix ou douze couronnes au café, en dépense trois par jour pour la nourriture de sa famille. Mais la femme, qui est très sobre, ne trouve pas comme lui dans le punch un surplus d'alimentation ou tout au moins d'excitation factice. Aussi est-elle toujours d'apparence frêle, dévorée par une nervosité près de laquelle n'est rien celle de nos Parisiennes les plus surmenées par la vie mondaine. Si vous vous souvenez qu'elle est généralement intelligente et cultivée, avec au moins une teinture des idées philosophiques et sociales les plus modernes, vous concevrez aisément que puissent éclore dans son cerveau les conceptions bizarres et subversives des héroïnes d'Ibsen. Elle reste pourtant d'ordinaire très sensée, uniquement réfugiée dans l'amour du foyer et des enfants et bien supérieure à l'homme que dépriment trop souvent, surtout dans un âge avancé, ces fatales habitudes de boisson.

Me voici loin de mon sujet. Je cherche une transition pour vous dire, avant de quitter Linköping, que la ville s'enorgueillit d'une cathédrale, la seconde du royaume comme importance et comme beauté, celle d'Upsal étant de dimensions un peu plus grandes. Que ce mot, toutefois, n'éveille pas dans votre imagination l'image d'une des vieilles basiliques de la France ou des bords du Rhin. Celle dont nous parlons n'est guère plus vaste qu'une des églises paroissiales de Paris. Elle doit dater des premiers temps du christianisme dans ce pays, car les assises au ras du sol sont couvertes en quelques endroits de dessins frustes assez curieux. Elle a dû, d'ailleurs, être souvent réparée et remaniée; l'intérieur offre des échantillons de toutes les époques, et la flèche est moderne. — Le catholicisme, pourtant, a été jadis très puissant en Suède, et les évêques, jusqu'à la Réforme, y ont joui d'un pouvoir suzerain. Qu'aucun monument religieux digne de ce nom n'ait pu, toutefois, s'y élever, cela témoignerait, ou d'une extrême pauvreté et barbarie durant tout le moyen âge, ou ce qui est, je crois, plus conforme à la vérité, du dédain foncier de ce peuple pour l'architecture et les arts plastiques.

Le steamer nous attend, dans l'étroit canal qu'il remplit presque en entier. Tous les désœuvrés de la ville sont sur le quai pour regarder partir le bateau, ce qui constitue le grand événement bihebdomadaire de la semaine; ceux-là aussi qui accompagnent les voyageurs et leur font cortège. Des jeunes filles, sur le pont, ont les mains pleines et le corsage constellé de fleurs qu'une gracieuse coutume de Suède donne en signe d'adieu aux amis qui s'en vont. Le bateau s'ébranle enfin, longtemps retenu dans l'écluse dont le niveau baisse avec lenteur. Sur le quai, les mouchoirs s'agitent, de plus en plus indistincts, pareils à de gros papillons blancs. Nous filons maintenant entre des prairies où des vaches brunes s'arrêtent de paître pour nous regarder d'un œil étonné. Et bientôt nous entrons dans le Roxen, un lac d'environ huit lieues de largeur, que nous mettons deux heures à traverser. A l'horizon, un mur de sapins, que troue à peine de temps à autre la tache claire d'une villa, enchâsse les eaux d'une coupe sombre. Des îlots des roseaux, où nichent les canards sauvages, s'avancent de la rive comme de longues traînées verdissantes. Puis, ce sont encore des canaux, que borde un frissonnant rideau de bouleaux ou d'ormes, plantés au bord des prés verts. Les roseaux, sur notre passage, s'inclinent profondément, comme pour nous saluer, et se courbent un instant sous la vague que le steamer chasse vers le rivage, pour se redresser ensuite derrière nous avec une lenteur gracieuse. On aperçoit les constructions basses d'une tuilerie, ou quelque maison de paysan avec ses murs d'ocre rouge que coupe d'éclatante manière le carré blanc des fenêtres. Puis des champs de seigle mûr, le long desquels passent des groupes d'hommes, la faux sur l'épaule, et des femmes coiffées d'un mouchoir noué sous le menton.

Le climat de la province d'Ostrogothie, que nous parcourons en ce moment, est plus clément que celui de Smaland. Nous sommes dans les jours les plus chauds de l'année ; et le soleil, du ciel d'azur tendre, verse à la terre une généreuse chaleur. L'eau qui brille, les prairies semées d'arbres d'essences variées, parmi lesquels se détachent les blanches colonnettes des fuyants bouleaux, forment un paysage assez riant. Comment se fait-il pourtant que cette nature reste toujours si loin de nous? Elle sourit parfois dans sa solitude, pendant ses brefs étés, mais elle ne regarde point l'homme, et ses plus tièdes rayons n'ont pas pour lui de caresses. Celui qui vit dans ces climats ignore l'enlacement fraternel et voluptueux dont elle nous attire sous des cieux plus méridionaux, l'incantation mystérieuse qui fait couler dans notre sang la sève des arbres et palpiter notre cœur du tressaillement épandu de la vie universelle. Elle refoule l'homme sur lui-même, et la rêverie qu'évoque sa grâce frigide et mélancolique, au lieu d'échauffer la poitrine de l'ivresse sacrée des belles formes et des mots harmonieux, demeure dans les placides régions de la pensée et s'y condense en réflexions et en idées. Ainsi, la créature humaine est toujours un fruit du sol natal et les inclinations diverses de chaque race s'expliquent, jusque dans ces nuances subtiles qui échappent à l'expression parlée, à l'aspect du pays qui l'a portée.

Encore des lacs, et des canaux encore, et vers huit heures du soir nous arrivons près de Söderköping. Le bateau ici entre dans les écluses, et comme il met deux heures à les franchir, tous les passagers gagnent à pied la petite ville qui n'est qu'à une demi-heure de marche, afin de s'y reposer quelques instants.

Söderköping doit sa source thermale, sur laquelle s'élève un établissement de bains, à un miracle de sainte Ragnhild, une sainte suédoise du temps où il y avait en Suède des saintes et des miracles. Le soleil est encore au-dessus de l'horizon, et ses rayons presque horizontaux jettent une buée d'argent sur les prairies. Le canal coule au pied d'une falaise de rocs et de sapins dont les cônes noirs dessinent une large dent régulière sur l'azur pâle. En face du bac, au milieu des rochers qu'escaladent des sentiers de chèvre, est installé un kiosque de musiciens d'où descendent vers nous, comme des voix aériennes, les notes tour à tour mélancoliques ou joyeuses des mélodies nationales. Leur coupe rappelle étrangement celle des *csardas* hongroises; c'est la même mélopée un peu traînante, en forme de récitatif, les mêmes reprises brusques et vives où tout un peuple, après la plainte du chanteur, semble se raviser soudain et secouer toute pensée dans une ronde frénétique. Mais, dans la chanson suédoise, la tristesse est plus intime et plus profonde; elle plonge, pour ainsi dire, davantage jusqu'à la racine de l'être. On y sent l'ennui mortel des pays de neige, la désolante impression de solitude dont ils étreignent l'âme. Et je ne sais quelle douceur résignée et naïve s'y mêle aussi, qu'on retrouve jusque dans les danses, dont l'allure sautillante et rapide, où s'exprime le vertige enfantin du mouvemeut physique, garde encore le latent ressouvenir du grand mal de vivre.

Nous rattrapons le steamer en dessous de la dernière écluse, et bientôt nous entrons dans le *fjerd* où vient se perdre le canal de Gothie. Nous avons parcouru peut-être la dixième partie de ce dernier qui, reliant ensemble une multitude de lacs, traverse la Suède dans toute sa largeur, au milieu d'un pays presque semblable, me dit-on, à celui que nous venons de voir, et qui passe pour le plus riant et le plus agréable de tout le royaume.

La lune s'est levée, et sa face ronde, qui brille dans le ciel lucide au-dessus des noirs sapins, mire sa lueur fantastique dans les eaux froides et glace d'humides reflets les rochers qui s'émiettent dans le *fjerd*. Une marine dans la manière de Wahlberg, le peintre suédois que tous les Parisiens connaissent. Au bord de l'horizon, une seule étoile scintille comme un joyau dans le clair firmament des nuits d'été.

La pleine mer, maintenant, s'élargit devant nous. Le steamer, de temps à autre, ralentit, sans aborder, devant les stations de la côte. A son coup de sifflet strident, un canot, dont le fanal tremble au bercement de la vague, s'avance parfois du fond de l'ombre, portant un passager qui bientôt disparaît avec ses bagages par la petite porte ouverte au flanc du bateau. Le froid mordant qui suit toujours ici le coucher du soleil commence à devenir trop intense, et nous descendons dans nos cabines pour nous y reposer jusqu'au jour.

Cinq heures du matin. Nous sommes sur le Mélar. Le lac s'épand comme un fleuve majestueux entre ses îles verdoyantes et son éternel cortège de sapins. Partout, de riantes villas peintes, serties dans la monotone verdure comme de brillantes mosaïques sur un mur de malachite sombre, descendent jusqu'à la rive dans un gai désordre de kiosques, de vérandas et d'estacades, près desquelles se balance toujours une petite barque. Le temps est charmant et le ciel sans tache. Ce matin pur et frais, cet air si limpide où se détachent nettement les moindres détails de l'horizon, respirent comme une virginité frigide et souriante qui repose à la fois les yeux et l'âme.

Nous passons à gauche devant le Kungshatt. Le roi Erik Véderhatt, poursuivi par ses ennemis, sauta du haut de ce rocher dans le Mélar avec son cheval et, déconcertant leur troupe par ce trait hardi, réussit à gagner l'autre bord à la nage. Il avait, dans ce saut prodigieux, perdu son couvre-chef. Plus tard, rétabli sur son trône reconquis, il fit dresser là, en mémoire de cet événement, le chapeau qu'on y voit encore.

Encore environ deux heures de route, et, devant nous, Stockholm se lève du sein des eaux, avec ses maisons bigarrées et les fines aiguilles de ses clochers.

IV

STOCKHOLM ET LA VIE SUÉDOISE.

Stockholm, la « Venise du Nord », est située sur un groupe d'îles, entre la mer et le lac Mélar. Bien plus qu'à Copenhague et à Christiania, son autre sœur scandinave, ses maisons de pierre, ses larges quais, ses magasins à l'instar de Paris, lui donnent l'aspect d'une ville d'Occident. Le quartier, entre tous, qui fait face à la demeure royale, vaste quadrilatère bâti par Tessin sur le modèle du palais de Ferrare, rend l'illusion possible avec ses hôtels où se déploie tout le luxe des constructions modernes. Le soir surtout, quand les lumières, au fond des eaux sombres, font rouler des milliers d'étoiles et que de toutes parts retentissent de joyeux orchestres, on dirait quelque belle cité italienne, paresseusement endormie au son des accords de ses musiciens, si quelque chose d'indéfinissable dans cet air, toujours clair comme un jour d'hiver, et dans ce ciel qui donne à l'œil l'impression des hauts plateaux, ne vous avertissait qu'on est déjà très avant vers le Nord et peu éloigné de la zone polaire.

Derrière le château royal, s'élève la flèche d'ardoises de Riddarholmskyrkan qui, la première, indique de loin au voyageur l'entrée du port de Stockholm. Cette petite église, construite en briques vers le commencement du dix-septième siècle, est le seul monument de la capitale qui mérite d'attirer l'attention du touriste et doive éveiller son admiration et sa piété émue. C'est l'éternelle mémoire des gloires de la Suède, et c'est aussi leur tombeau, que cet édifice qui renferme à la fois les cendres de Gustave-Adolphe et celles de Charles XII. L'impression est solennelle quand on pénètre dans l'étroite chapelle aux murs revêtus d'écussons, dont chaque dalle est une pierre funéraire et où se suspendent aux voûtes, pareils à des vols de noirs corbeaux ou à des essaims de feuilles mortes, les trophées rongés par les siècles de tant d'aventureux combats. Les deux héros reposent en face l'un de l'autre, au fond du sanctuaire, l'un sous les drapeaux de la guerre de Trente ans, l'autre sous ceux de la bataille de Narva. A la tête du dernier et comme à portée de son bras étendu, est planté l'étendard qu'il prit de sa main en Pologne. Dans la crypte, à laquelle on accède par un escalier de quelques marches, dorment en leur cercueil de bois doré, dont quelques-uns ont juste la taille d'un berceau, tous les anciens rois de Suède avec leur famille. Un seul est placé, lui troisième, dans la nef, en un cénotaphe de porphyre presque semblable, par un rapprochement bizarre, à celui de Napoléon aux Invalides : le maréchal Bernadotte. Des inscriptions, sur la muraille, rappellent ses titres de gloire : « *Soldat pendant onze ans dans l'armée française...* » Et la fin, d'assez fière tournure : « *En Allemagne, dans les Pays-Bas, en Hongrie, on trouve ses champs de bataille...* »

Le palais du roi passe, aux yeux de tous les Suédois, pour la huitième merveille du monde. C'est, nous l'avons dit, un vaste rectangle à l'italienne, de proportions vraiment imposantes et nobles. Et sa situation, qui domine à la fois le lac et la mer, est sans doute unique en Europe. Ses collections d'objets d'art jouissent ici d'une grande réputation. On y admire de beaux Gobelins et des porcelaines de Sèvres, presque tous présents de Louis XVI à Gustave III. Une remarque assez amusante, c'est qu'en Suède, que votre interlocuteur soit collectionneur ou portier, cicerone ou grand seigneur, toute tapissserie, qu'elle vienne de Flandre, de Beauvais ou d'Aubusson, ou même simplement de « madame votre tante », se change invariablement en « Gobelins ». Ce qui est parfois plus flatteur pour l'universelle renommée de notre grande manufacture que pour ses produits.

En face du palais, sur l'autre rive, est installée en de vastes magasins l'exposition des arts industriels suédois. On y voit de frêles statuettes, reproductions de l'antique ou des œuvres parisiennes, qui vous donnent la surprise, pas désagréable du tout au reste, de contempler la Vénus de Milo ou la Diane chasseresse, revêtues des formes fluides et du clair visage des beautés scandinaves : car tout peuple, sans le savoir, empreint toujours des habitudes de son œil et de sa pensée ce qu'il interprète. Les porcelaines de Gustafberg, à côté, tirent les yeux par ces tons éclatants, chers aux races du Nord, mais trop heurtés et dépourvus de cette harmonie secrète qui, dans les porcelaines de Chine, sait sauver les plus grandes hardiesses du coloris. Des ouvrages de bois travaillé, depuis de menus objets tels que cadres, porte-montre, etc., jusqu'à des meubles et des coffres aux curieuses ferrures ; des bijoux de filigrane dont le modèle reproduit exactement ceux des vieux Wikings ; des tapis dont les couleurs et les dispositions rappellent assez les portières de Karamanie, constituent la part vraiment originale de l'industrie suédoise. On remarquera que ces divers produits sont identiquement ceux qui nous viennent de l'Orient. Le style pointillé, les agencements ingénieux de courbes et de lignes des travaux sur bois et des bijoux scandinaves présentent une ressemblance étrange avec les dessins arabes et persans. De même pour les tissus. Seulement l'art harmonieux de l'Orient semble s'être déformé ici, sous un climat barbare où l'œil, en gardant le goût des colorations violentes, a tôt fait de perdre le sens heureux de la beauté qui règne aux pays de lumière.

Drottninggatan, la grande rue de Stockholm où sont groupés la plupart des magasins, donnerait assez l'impression d'une ville de France, si les maisons, peintes en gris ou brun, ne rendaient plus sombre sa physionomie générale. Regardons les étalages des libraires, de beaucoup plus élégants et plus modernes qu'à Copenhague, et nous serons frappés, par un effet inverse de celui que nous avions observé dans cette dernière capitale, de l'énorme quantité de livres français qui s'y trouve. Tout s'y rencontre, depuis les dernières publications de nos plus célèbres auteurs jusqu'aux productions éphémères qu'à peine on lit à Paris. C'est qu'il fut un long temps, pendant les deux siècles précédents, où la culture supérieure de la Suède, notre vieille alliée, était exclusivement française dans son esprit et dans sa langue : le temps où il y avait en France un Royal-Suédois et où il était d'usage constant pour tous les grands seigneurs du royaume d'y venir servir pendant quelques années; le temps enfin où le comte de Fersen, entre tous les gentilshommes de Versailles, se faisait aimer de la reine. On sait d'ailleurs l'extraction française de la dynastie présente. Ses qualités brillantes n'ont pas démenti cette origine. Le roi Oscar a la réputation d'être le plus lettré des souverains de l'Europe, comme il en est le plus beau, le plus vraiment royal de prestance et de tournure. Petit-fils par sa mère, la reine Joséphine, de ce charmant prince Eugène qui se fit aimer d'une grande-duchesse de Russie et devint duc de Leuchtenberg, il a les dons extérieurs, la grâce aimable des Beauharnais, en même temps qu'un tour vif, une joyeuse et galante humeur qui lui doivent venir des Bernadotte, race béarnaise, compatriote du royal amant de la belle Gabrielle. Appelé au trône à quarante et quelques années, il eut le temps, durant ses loisirs d'héritier présomptif, de se préparer à porter dignement la couronne en cultivant son esprit. Le seul empereur du Brésil pouvait lui être comparé sous ce rapport. Encore don Pedro était-il plus exclusivement scientifique, tandis que Sa Majesté de Suède et de Norvège est avant tout un écrivain, un poète et un orateur. Il nous fait l'honneur d'être de nos confrères, collabore à des revues anglaises et daigne leur fournir des études philosophiques, économiques et sociales fort appréciées. Mais c'est surtout comme orateur que ses sujets se montrent fiers, à juste titre, de leur souverain. Il a l'éloquence classique, majestueuse, ample et colorée, et volontiers, en toute séante occasion, improvise des discours pleins d'à-propos, qu'il prononce avec un organe harmonieux, des gestes agréables et appropriés et une dignité vraiment royale dans la tenue. On n'ignore pas qu'un de ses fils, le prince Eugène, bien connu du monde artistique de Paris, est un peintre d'un talent sincère et très moderne, qui s'est fait remarquer dans plusieurs de nos expositions.

Le touriste, désireux d'emporter un coup d'œil d'ensemble de la capitale de la Suède, doit prendre un des ascenseurs publics qui montent à Södermalm, le quartier sud de la ville. Bâti sur la côte escarpée que bordent de riantes villas, celui-ci domine un admirable panorama. A vos pieds, Stockholm, avec ses îles d'où fusent vers le ciel, comme des mâts grêles, les flèches aiguës et les tours roses de ses églises, semble une flotte capricieusement mouillée entre le lac et la mer. Au centre, le palais du roi, tel qu'un lion de marbre couché entre les deux ports, détache vigoureusement sa quadruple façade. En face, au-dessus du réseau serré des rues commerçantes, la station centrale du téléphone étend sa toile d'araignée géante sur toute la cité; plus loin, une ligne de constructions monumentales va se perdre dans la tache sombre du parc de Djurgarden. Et de tous côtés, à perte de vue, le miroitement des eaux luisantes, s'épandant en courbes majestueuses entre les rives multiples du double archipel qui vers le couchant éparpille dans le Mélar ses treize cents îles, pareilles à de verts bouquets tombés sur l'onde, et, vers l'orient, en jette dans la Baltique, ainsi que des bastions rocheux couronnés de sapins, plus de sept mille autres.

L'hiver, le spectacle change, et devient plus magique encore. Le lac et la mer, entièrement gelés, ne sont plus qu'une immense plaine de glace que sillonnent d'agiles patineurs et des traîneaux rapides. Les arbres, en leur gaine de givre ou sous leur blanche fourrure, étincellent, au moindre rayon du pâle soleil du Nord, comme les girandoles de diamant de quelque fantastique pays des fées. Et de cette blancheur immaculée, mélancolique et brillante, de ce ciel si étrangement pur, se dégage cette poésie particulière, vierge et forte comme la Brunnhild des *Eddas* scandinaves, mystique comme une fleur de neige, qui s'empare fortement de l'imagination de ses enfants et les attache à leur glacial climat.

Le soir, quand Stockholm est en fête, que les lumières électriques, reflétées sur la glace, disputent de clarté argentée avec la reine de la nuit, et qu'au son des gais orchestres tournoient les carrousels des patineurs, tandis que le champagne coule et s'unit à l'animation de la course pour mettre une beauté rose aux visages des jeunes filles, ce décor d'hiver presque arctique revêt un éclat qui transporte le regard dans un monde quasi surnaturel. — Un écrivain de beaucoup de talent, dont l'article, publié dans un grand journal parisien, fut très lu et très commenté ici, accusait dernièrement les âpres hivers de la Suède d'isoler les uns des autres les petits centres de population et de faire le désert autour d'eux. Mais le contraire est la vérité. La saison rigoureuse est par excellence le temps des communications rapides et des faciles transports. « A tel point, — nous dit la statistique de l'exposition suédoise à Chicago, — qu'un hiver sans neige passe pour une catastrophe bien plus à craindre qu'un été sans récoltes. » Les lacs et les rivières qui couvrent une grande partie du territoire, entièrement congelés, offrent une route aussi facile que rapide. De lourds traîneaux chargés de pierre et attelés de dix à douze bœufs aplanissent sur la plaine blanche un chemin qui permet à un cheval de traîner aisément une charge double de celle qu'à peine il pourrait ébranler sur la terre découverte. Les voies maritimes importantes sont maintenues libres par des navires *ad hoc*, armés de formidables éperons qui ouvrent dans la glace un chenal suffisant pour les steamers du plus fort tonnage. Et les années sont encore rares où, de même qu'en la saison dernière, celle-ci atteint une épaisseur de quatre mètres qui résiste à tout effort pour la briser et bloque complètement pendant trois mois l'entrée des ports de Stockholm.

C'est aussi le temps des fêtes, et des danses et des *flirts,* qu'encouragent singulièrement les sports hivernaux si fort en honneur. Par une matinée favorable, un jour sec et clair, les traîneaux se donnent rendez-vous sur la grande place de la ville, chacun portant un seul couple assorti suivant son plaisir. Les chevaux, en signe de gala, sont revêtus d'une housse à filets, que les femmes ouvrent patiemment au crochet pendant leurs soirées solitaires. Et la bande joyeuse, au son des grelots, file comme le vent à travers l'air glacial qui brûle le visage et congèle l'haleine, entre les fourtures, en menues stalactites brillantes. Ou bien jeunes

filles et jeunes gens s'en vont ensemble, sans aucun
chaperon, faire une partie de *kelke :* un étroit traîneau
qu'on lance sur les pentes rapides de la route et que le
cavalier, assis à l'arrière, dirige d'un seul mouvement
de pied sur la neige durcie. Un autre sport fort curieux
et très pratiqué, malgré les dangers réels qu'il présente,
est celui des yachts à patins, dont Jules Verne nous a
donné une description dans son *Tour du monde.* Com-
posés d'un simple triangle de bois armé de voiles ainsi
qu'un yacht ordinaire, ils glissent sur la surface lisse et
polie avec une rapidité si vertigineuse que nul autre
moyen de locomotion ne peut leur être comparé.

L'hiver est aussi la saison des visites fréquentes
entre les habitations isolées de la campagne. Ce que
nous appelons village n'existe pas en Suède. Chaque
petit propriétaire ou chaque ouvrier agricole vit seul
avec les siens sur la portion de terre qu'il exploite, et
sa demeure, dans un pays où les lacs, les forêts, les
prairies et les landes incultes occupent en moyenne les
neuf dixièmes du territoire, est souvent fort éloignée
de toutes les autres. Aussi longtemps que le sol gît
enseveli sous son brillant linceul, ces distances, parfois
embarrasantes en été, disparaissent pour ainsi dire : un
bon patineur, sur ses patins de neige longs de plusieurs
pieds, les franchit avec une vitesse égale à celle du
plus rapide express. Dans les classes plus aisées, Noël,
la grande fête des peuples scandinaves ainsi que des
nations germaniques, donne lieu à toute une série de
réunions et de réjouissances auxquelles la présence des
enfants, très nombreux dans chaque famille, communique un caractère patriarcal et touchant. Une bruyante
gaieté s'y épand, entretenue par les fréquentes libations du punch, et que sans doute nous trouverions un
peu fruste et pesante, mais qui se marque au sceau
d'une cordialité ingénue et d'une franche ouverture de
cœur.

En dépit de l'ingéniosité que déploient les habitants pour lutter contre l'inclémence du ciel et s'en créer même des plaisirs, malgré le secours qu'il apporte à certaines branches de leur industrie et les spectacles de frigide magnificence qu'il leur offre par intervalles, c'est l'hiver pourtant, le rude hiver qui, par trente degrés de froid, fait gonfler le nez comme une éponge et menace les oreilles de tomber, où en décembre, seulement à la latitude de Stockholm, il faut allumer avant trois heures de l'après-midi. Quand la neige, avant d'ensevelir le sol sous une couche de plus d'un mètre d'épaisseur, tombe incessamment du firmament obscur en flocons serrés ou en tourbillons furieux, on songe involontairement à ces régions désolées, situées aux confins de la terre, au delà de la Thrace et de la Germanie même, « où il pleut sans relâche des plumes blanches », dit avec effroi le bon Hérodote, qui les croit inhabitables aux mortels. Et quand, vers la fin de mars, commence le dégel, ce fleuve de boue liquide, épandu sur toute la face du pays, rappelle à la mémoire ces lacs fétides où Dante, en son Enfer, plonge impitoyablement les paresseux.

Pour échapper à la désolation morne d'une telle nature, ce n'est pas assez pour le Scandinave de la maison tiède, admirablement chauffée, pourtant, par ces grands poêles de faïence qui montent jusqu'au plafond, et qu'un industriel intelligent devrait bien acclimater chez nous. Il lui faut le brennvin, qui fait couler dans les entrailles un serpent de feu; les cafés bruyants, avec leurs peintures éclatantes, leurs dorures, leurs orchestres tapageurs et les jolies filles parées qui, presque partout, remplacent les garçons dans le service et tiennent ici lieu du demi-monde à peu près absent. Ceux de Stockholm sont d'une magnificence sans pareille dans aucune autre ville d'Europe, si ce n'est à Saint-Pétersbourg : la vie suédoise rappelant, d'ailleurs, par maint trait la vie russe. Les sommes d'argent que les hommes de toute condition jettent en ces « beuveries » publiques paraîtraient presque incroyables si l'on ne se souvenait qu'ils ne font jamais une dépense d'art ou d'élégance, habillent leurs femmes avec une extrême simplicité, et qu'enfin l'habitude de faire des dettes est aussi courante en Suède que l'est en France celle de faire des économies. Que celui qui n'a jamais approché de la zone polaire leur jette la première pierre! Le Suédois morne et muet, le matin, ne s'anime et ne s'égaye qu'après quelques libations. « Je n'ai jamais vu rire un de mes compatriotes, me dit l'un d'entre eux, avant qu'il eût quelques verres de punch et de brennvin dans le corps. » Moi-même, qui me puis vanter sans orgueil d'une sobriété exemplaire, oui, je l'avoue, j'ai dû lutter contre l'envie de secouer par ce moyen la nostalgie qui, parfois, m'étreignait, et d'essayer si l'azur du ciel ne deviendrait pas plus bleu à travers un brin d'ivresse!

L'usage constant de s'endetter sans réflexion qui règne dans toutes les classes de la société est favorisé par une pratique curieuse, et qui paraîtrait presque incroyable à la majorité de notre population française : celle de garantir de sa signature, et pour des sommes souvent très supérieures à ce qu'on possède soi-même, les emprunts de tous ses amis. A charge de revanche, bien entendu. Cette habitude, qui témoigne certainement de beaucoup de naïveté et d'étourderie, prouve aussi une grande générosité de cœur, en même temps qu'un sentiment de confraternité vraiment touchant. Et peut-être, qui sait? constitue-t-il comme un essai instinctif de syndicat libre et d'association dans la lutte pour la vie, bien supérieur au cruel *struggle for life*, préconisé par nos jeunes *darwinisants* actuels. Les Suédois en vantent volontiers les avantages, et il est certain qu'il est tel d'entre eux auquel ce système a rendu de grands services. Il n'est pas moins évident que ceci doit aboutir à de fréquentes catastrophes, où tout l'avoir d'une famille se trouve englouti par suite des mauvaises affaires d'un ami trop imprudemment couvert. Aussi la place de Stockholm offre-t-elle un terrain peu stable, la négligence de bon nombre de ses négociants n'ayant guère d'égal que le besoin de plaisirs et de confort qui les entraîne trop souvent à des dépenses hors de proportion avec leurs moyens. Le résultat est qu'une grande partie de la banque et du haut commerce se trouve entre les mains des juifs allemands. Ceux-ci se sont ainsi rendus maîtres d'une portion considérable de la fortune de la Suède, dont ils demeurent en réalité les vrais possesseurs au moyen des obligations et des reconnaissances de crédit qu'ils détiennent. Ce qui ne contribue pas peu à maintenir dans le cœur de la population une hostilité sourde contre l'Allemagne. Celle-ci continue dans les pays scandinaves ce lent envahissement, cet élargissement de la tache d'huile qu'elle avait tenté avec succès du côté de l'empire russe et que le Czar actuel a fait tous ses efforts pour arrêter.

V

LE MÉLAR ET L'ARCHIPEL.

Le ciel sourit, d'un sourire cristallin, plein de rêve pourtant et de désir fermé, qui monte vers l'insaisissable éther et vers le lointain soleil. Ses rayons, comme par mégarde, sur la surface à peine gaufrée du lac, allument des blancheurs. Sur le port, les steamers, alignés le long du quai, semblent une longue rangée de cygnes. Profitons des derniers beaux jours, si rapides ici, pour faire une excursion sur le Mélar. La nature, aujourd'hui, dans l'opposition forte de ses trois tons uniformes : l'immense turquoise du firmament et l'intense et sombre verdure qu'enchâsse le miroir des eaux claires, semblables à des coulées d'argent entre les émeraudes d'un chaton, brille d'un pur éclat de diamant qu'attendrit la douceur touchante des choses qu'on sait très fugitives et qui bientôt vont finir. L'air est si limpide que nulle part le regard ne le peut saisir et que les horizons se développent avec une netteté lapidaire. Il est si léger qu'ils échappent presque aux lèvres, ainsi qu'une nourriture trop subtile.

Ces bords charmants du Mélar sont couverts de châteaux royaux ou seigneuriaux. Voici Gripsholm, construction du moyen âge imposante par sa masse et où l'on va voir surtout une curieuse galerie de portraits des anciens rois de Suède. Drottningholm, qui date du dix-huitième siècle, et prêta dernièrement ses murs au banquet offert par le roi à l'amiral Gervais et aux marins français en route pour Cronstadt. Skokloster, de beaucoup le plus intéressant par sa merveilleuse collection d'armes. On y trouve une pièce unique, dont un amateur anglais alla jusqu'à offrir vingt mille livres sterling : le bouclier de Charles-Quint, ciselé par Benvenuto Cellini, qui fut pris au trésor impérial, lors du sac de Prague, par le maréchal Wrangel, un des aïeux maternels de la famille Brahe, à laquelle appartient le château. Tidö, où nous attire le souvenir d'un nom mêlé d'assez près à notre histoire, celui d'Oxenstiern, le ministre de Gustave-Adolphe. Celui-ci construit pour le chancelier, qui en avait reçu la comté du roi, durant l'époque qui suivit les guerres de Trente ans, la période la plus brillante et la plus magnifique qu'ait jamais connue la Suède. Les gentilshommes suédois rentraient chez eux, comme autrefois les Wikings, chargés des dépouilles de l'Allemagne et de la Bohême. Enrichis par le pillage de tant de riches cités, les yeux pleins des merveilles et des bâtiments somptueux qu'il avaient contemplés au cours de leurs aventureux voyages, ils voulurent s'en élever de semblables pour eux-mêmes. C'est de ce temps que datent presque tous les beaux châteaux du royaume. Ils firent venir de l'étranger des artistes, la plupart Italiens, entre autres le célèbre Tessin, le plus fameux architecte du royaume, qui bâtit le palais de Stockholm. Mais l'art du continent, en pénétrant dans la péninsule scandinave, sembla subir une altération et devenir plus fruste et barbare, en même temps qu'il empruntait une certaine majesté aux vastes dimensions qu'affectionnaient les nobles suédois.

Tidö est un des meilleurs modèles d'une de ces grandes habitations seigneuriales du pays. C'est un immense rectangle de soixante-dix mètres de côté, dont les bâtiments, simplement blanchis à la chaux, sont de construction assez rudimentaire. Mais le noble porche, avec ses traces de peinture mi-effacées et ses bizares ornements héraldiques qui suscitent vaguement dans l'imagination le ressouvenir de quelque temple mexicain barbouillé d'idoles; le porche intérieur et son haut perron à double révolution, les encorbellements en galeries des angles de la cour et les portes basses de style antique, donnent à cette simplicité nue un air de grandeur patriarcale et puissante. L'intérieur, avec ses interminables couloirs de pierre, féconds en détours et en escaliers, et qu'éclaire à peine, le soir, la lumière de plus de vingt lampes; ses chambres à solives peintes et à mystérieux portraits d'ancêtres; ses lourdes portes sculptées aux bizarres ferrures et ses salles où pourrait tenir une église, offrent ce caractère romantique où l'imagination fait mouvoir si aisément les fantômes des légendes.

Le parc, à l'entour, s'étend en vastes îlots semés sur la plaine. Sous les hautes futaies des arbres d'essences variées dont le regard, dans les allées étroites, a peine à atteindre la cime, l'azur sourit, à travers les feuilles vertes, avec la douceur familière d'un ciel de France. Après l'éternelle vision des sapins, c'est un charme exquis pour les yeux que de se reposer sur ces bois verdoyants qui leur rendent un instant l'illusion de la patrie.

Au retour, sur notre route, ma mémoire garde la vision colorée de la petite ville de Strengness, sortant toute rose de la verdure et des eaux, comme un buisson d'églantines fleuries. Quelques îlots minuscules, au devant d'elle, s'avancent dans le lac, pareils à des barques chargées de feuillage, et trempent dans l'onde de gros bouquets d'ormeaux...

Après le Mélar, l'archipel. Dans la petite crique, par

un de ces jours de cristal du plein été, la flottille qui doit prendre part aux régates du lendemain attend le signal du départ. Nous devons à l'aimable cordialité d'un officier de nos amis, doublé ici d'un *yachtman* de première force, la gracieuse invitation qui va nous permettre de parcourir en zigzags l'archipel pendant trente-six heures.

Les environs immédiats de Stockholm, de ce côté comme sur celui du lac, sont bordés de ces éclatantes villas, pareilles à des papillons piqués dans la verdure, qui semblent des tentes diaprées plantées là seulement pour la brève durée de la saison ensoleillée. Vers Steket, la mer, resserrée entre la côte et les îles, coule avec la douceur d'un ruisseau paisible autour des rives ombragées d'un parc anglais. Mais plus loin, le spectacle change. Les îles s'exhaussent et s'entourent, ainsi que d'une fortification naturelle, d'un mur de rochers qui, en certains endroits, disparaît à demi sous les sombres cônes étagés, et, en d'autres, nourrit à peine dans un creux quelque sapin malingre qui tord ses bras au-dessus de l'abîme d'un air désespéré, ou quelque grêle bouleau qui se lamente, échevelé, sur l'horizon froid. Parfois, ce n'est qu'un écueil nu qui affleure à la surface des vagues ou profile une forme fantastique d'animal chimérique. La mer luisante et le ciel frigide, au milieu de ces rocs désolés, semblent se regarder l'un l'autre, éternellement, dans un énigmatique et solitaire dialogue. Et toujours, dans ce labyrinthe inépuisable, les îles et les récifs surgissent sans relâche, sous leur sombre couronne ou dans leur nudité pétrifiée. A plus de vingt lieues de Stockholm, en ligne droite, nous n'avons pas encore atteint la pleine mer.

Nous sommes à l'ancre, avec le reste de la flottille, dans une petite baie où nous devons passer la nuit. Les contours de la côte cachent si bien l'étroite ouverture qui nous a livré passage, qu'on pourrait presque se croire sur un étang. Une mer d'huile... Le soir a fini de tomber, et avec lui la pluie est venue en longues aiguilles fines et serrées. Cela n'a pas empêché les paysans de danser autour des feux qu'ils viennent d'allumer dans l'île. Quelques matelots, sans doute, sont allés les rejoindre. A la lueur vacillante des flammes, nous apercevons leurs ombres mobiles qui tournent autour du brasier dans une sorte de vive farandole qu'excitent encore les sons aigres et pressés de l'accordéon. Et il y a je ne sais quelle mélancolie aiguë, d'échos trop multiples et trop prolongés, dans ces notes sautillantes et précipitées, quelque chose aussi d'indiciblement fantastique et presque d'irréel...

L'archipel, d'ailleurs, n'est qu'un chaînon de l'immense réseau protecteur qui, sur toute la côte orientale de Suède, fait poudroyer les îles comme des grains de sable. Les habitants vivent presque exclusivement de la pêche. Les gens de terre ferme leur attribuent une humeur violente et presque sauvage qui rappelle le tempérament féroce et pillard de leurs ancêtres, les vieux coureurs de mer. Plus d'une fois, durant la journée, nous avons rencontré leurs barques teintes en rouge, qu'ils fabriquent eux-mêmes avec des sapins. Les rameurs, souvent, sont des enfants de sept à huit ans et, parmi eux, des fillettes au teint d'ambre, sur lequel tranchent curieusement la chevelure d'un blond presque argenté et les clairs myosotis des prunelles. Ils errent ainsi seuls à leur plaisir sur les vagues et, pour aller plus vite, quand par hasard le bateau n'a pas de voiles, dressent contre le vent des branches vertes coupées à la rive. Certaines de ces îles sont de dimensions plus importantes et comptent de dix à vingt kilomètres de longueur. On éprouve une agréable surprise, lorsqu'on a franchi le sévère mur de rochers qui les enserre, — et s'ouvre au reste en certains endroits très abrités pour former des petits ports naturels, — en découvrant un paysage assez riant et cultivé, des champs de seigle et surtout des prés verts. Les forêts de sapins y abondent, entremêlées seulement des blanches silhouettes craquelées des bouleaux : les deux arbres éternels des régions du Nord. Sous leur couvert poussent à foison les myrtilles violettes et les fraises sauvages qui, dans ce sol résineux, prennent un arome si particulier et si délicieux.

Vers l'intérieur du pays se trouvent d'ordinaire un ou deux majorats dont la demeure de pierres blanches s'égaye durant l'été de la présence et du train joyeux d'une bande de jeunes filles. Parfois, sur une des pointes extrêmes de ce sol inégal et profondément découpé, on aperçoit l'habitation mi-rustique de quelque petit propriétaire, avec ses toits sombres aménagés pour la pente des neiges. Dans le verger voisin, les cerises achèvent du mûrir au soleil d'août, près des groseilles à maquereau, des pommes d'Astrakan et des poires d'hiver, les seuls fruits que connaisse ce terroir septentrional. A l'entour, le flot vient mourir entre les roseaux ou dans le creux des rochers, semblable, en son immobilité tranquille, à quelque étang dormant, si la lourdeur glauque de ces eaux transparentes qui laissent voir, au fond, les moindres mousses du roc et la moisson des algues d'or ne vous rappelait pourtant que cette mer assoupie est la même qui, sur l'autre rivage de la péninsule, déferle nuit et jour dans une plainte éternelle.

Nous sommes rentrés à Stockholm en pleine nuit, au milieu de la flottille pavoisée de schooners, de cutters et de yawls que le romorqueur entraînait derrière lui, leurs voiles repliées, ainsi qu'un triangle d'oies sauvages, tandis que les feux de Bengale éclairaient comme une fantastique apparition du *vaissseau-fantôme* la silhouette des navires et de leurs équipage, que les rives de l'archipel se ceignaient, en signe de réjouissance, de cordons embrasés et que les instruments égrenaient dans la brise marine les notes tendrement mélancoliques du chant national : « *Je veux vivre et mourir dans le Nord.....* »

Peu de jours après, par une pluie grise où la ville s'estompe et s'évapore, en l'irréelle sensation des départs, nous prenons vers le soir le train qui doit nous conduire à Christiania.

VI

CHRISTIANIA.

Christiania, la porte de la Norvège, se présente de plaisante façon au touriste qui y pénètre par son fjord semé d'îles vertes. Située dans la partie la plus méridionale du pays, ses riants environs sont comme une oasis placée au bord de cette contrée sévère pour en parer l'entrée. Les rochers de la côte n'ont pas encore l'âpreté qu'ils auront plus haut, lorsqu'ils dresseront leurs falaises sur l'Atlantique, tels que des pics émergeant du sein des flots ou tels que la sombre montagne d'aimant des *Mille et une Nuits*. Le frêne et l'orme y croissent en abondance, mêlant la grâce de leur feuillage éphémère au deuil rigide des sapins qui plus tard vêtira seul les sommets. Le cadre austère des montagnes qui se lèvent à l'horizon prête une douceur à ses ombrages émaillés de frêles maisonnettes peintes. Et, dans la belle saison, quand les brumes se dissipent, la lumière y prend une pureté singulière, où se détachent merveilleusement toutes les teintes accentuées ou vaporeuses du paysage.

L'été, Christiania est le quartier général des touristes anglais qui viennent pêcher le saumon et répandent, avec leurs caravanes, quelque animation dans la ville. Aussi l'anglais est-il une langue presque courante, qu'on adresse de prime abord à tout étranger. Les grands chapeaux de l'armée du Salut, dont les processions tintinnabulent à travers la ville, achèvent la silhouette britannique de Christiania. C'est chose curieuse que les progrès extraordinaires que fait la précédente en ce pays. Le mysticisme grossier des salutistes, qui n'a pu avoir aucune prise en France, se trouve approprié de merveilleuse manière aux grandes masses des populations scandinaves. Qu'on songe que, dans cette dernière péninsule, les classes ouvrières se nourrissent exclusivement de pain noir séché pendant des semaines, de pommes de terre et d'un peu de hareng salé, sans goûter de la viande qu'une ou deux fois par an. On concevra que l'état moral et nerveux qui résulte d'un tel régime prédispose admirablement à l'extase et au visionnarisme, ainsi qu'à des rêves naïfs de réorganisation sociale, des imaginations assez frustes et violentes, habituées par le protestantisme à un certain degré de libre réflexion et à une préoccupation constante des choses de la conscience.

La troisième sœur, la plus jeune, des capitales scandinaves, semble figée, en dépit du sourire de ses eaux, dans ce puritanisme si caractéristique de la Norvège. Les chants ailés des musiciens, bourdonnant dans les cafés comme un essaim d'abeilles, qui prêtent on ne sait quelle grâce poétique aux cités du Nord, se taisent ici. Christiania semble ne compter aucun de ces lieux de « beuverie » si nombreux dans le reste de la Scandinavie. Il en existe un cependant, paraît-il, fréquenté par les étudiants, mais presque fermé au public. La présence de ces derniers, déambulant par les rues rectilignes avec leur casquette à gland noir, ne réussit même pas à égayer la physionomie de la cité.

Mais ce n'est pas la splendeur des grandes métropoles, vivants écrins d'art et de beauté, qu'on vient chercher si loin vers le Nord. C'est une face plus vierge et noble de la nature qui là-haut, où le sang de ses veines se raréfie et s'apaise, entend mieux ce que le ciel enseigne d'infini aux cimes pétrifiées et aux eaux profondes.

Une vision m'est restée. Sur l'eau calme du fjord, le steamer glisse entre les falaises de rochers qui, de chaque côté, se dressent rigides et sombres comme les murs d'une geôle. Leur ombre noircit les deux rives du fjord, laissant entre elles seulement un étroit sentier de lumière où nous passons. Au-dessus de nos têtes, le ciel s'enlève, pan d'émeraude pâle découpé par la silhouette immobile des rocs. Dans un creux, parfois, quelque sapin difforme, semblable à un arbuste nain. Puis le fjord s'élargit. Une crique s'ouvre, entourée de pitons qui plongent en son sein leurs pyramides mornes. Et, au tournant, une brusque percée découvre, déroulée en fuyante perspective dans ce cadre fantomatique d'eaux mortes et de rocs stériles, la tache chantante des prairies et des arbres verts.

Les pluies ont commencé, précipitées en lourds torrents du ciel inépuisable. Nous nous sommes trop attardés. Il n'est plus temps d'accomplir le tour traditionnel, de voir Bergen, la ville du poisson, la vieille cité de la Hanse, et d'aller s'embarquer à Trondhjem, l'antique métropole des Northmans, pour ce cap Nord où s'allume l'effarant soleil nocturne. Nous remettons à une autre année ce complément indispensable d'une excursion en Norvège et reprenons à Christiania le steamer qui doit nous ramener en France. Nous emportons du moins de ce voyage trop restreint, — ainsi hasardons-nous de l'espérer, — une intelligence meilleure, un sentiment plus exact, d'un peuple et d'une littérature qu'on ne peut guère bien entendre sans connaître d'abord le sol et la nuance de civilisation qui l'ont produite.

LA LITTÉRATURE SCANDINAVE

LA LITTÉRATURE SCANDINAVE

C'est d'hier seulement que la littérature scandinave est entrée dans les lettres européennes. Elle paraît devoir exercer une influence non sans importance sur notre prochaine production littéraire. Ainsi que toutes les littératures tardives, au reste, elle porte en elle l'empreinte très reconnaissable des divers mouvements intellectuels qui l'ont précédée en Europe. Ce qu'elle y a ajouté, quelles voies nouvelles elle a ouvertes à la pensée contemporaine, nous essayerons de le mettre en lumière dans la série des études suivantes.

La littérature du Nord peut être comparée assez justement à un fleuve qui, sauvage et magnifique près de sa source, s'enfonce ensuite sous terre pour ne réapparaître que longtemps après à la gloire du jour. Nous n'avons pas à parler ici des *Eddas* et des *Sagas* scandinaves. On sait que ces poèmes, légendes et traditions écrites dans la vieille langue primitive du Nord, contiennent les archives profanes et sacrées de toutes les races issues des peuples adorateurs d'Odin. Le vieux génie des Barbares, resté tard entier, tandis qu'il s'assouplissait en Europe sous la main du Christ, dans ces nids de pirates abrités par leurs glaces et demeurés païens, s'y est inscrit en mémorial éternel avec sa férocité et sa noblesse, sa personnalité indomptable, sa forte volonté et sa mélancolique et funèbre conception de la destinée humaine et de la vanité finale des dieux. Et, dans ce présent renouveau de la pensée du Nord, il peut être intéressant de chercher ce qui reste de cette vue originelle des choses chez les petits-neveux des scaldes et des rois de mer.

Composées pour la plupart durant les huitième et neuvième siècles, gravées parfois sur ces pierres runiques dont les caractères mystérieux, retrouvés jusque dans l'Amérique septentrionale, témoignent des antiques et lointaines pérégrinations de ces hardis coureurs de mer, les *Eddas* (1) se conservèrent surtout par la tradition orale. Elles furent recueillies et rédigées en Islande durant les onzième et douzième siècles. La Scandinavie était devenue chrétienne. Sa muse sembla périr avec les anciens dieux. Il faudra près de mille ans avant qu'elle renaisse. Durant cette longue période, les dialectes différents de l'ancien normannique ou islandais se fixent et produisent le suédois et le danois modernes, restés d'ailleurs si proches l'un de l'autre que, malgré quelques différences assez caractéristiques, ils restent intelligibles d'un pays à l'autre. La Norvège, moins heureuse, en dépit de quelques efforts récents pour élever son propre dialecte, demeuré plus voisin de la souche commune, à la hauteur d'une langue littéraire, a été contrainte de subir jusqu'à présent dans le royaume de l'esprit le joug de ses anciens maîtres, et toutes les œuvres des grands dramaturges norvégiens sont écrites en danois.

(1) Il y a deux *Eddas* : 1° l'*Edda* poétique, qui se divise en chants des dieux et chants des héros. Parmi les premiers le *Völuspa*, où sont développées les théories des anciens Scandinaves sur la création du monde, son progrès et sa fin ; le *Havamal* (chant du très haut, c'est-à-dire d'Odin), où s'exprime en apophtegmes et sentences leur philosophie et leur conception de la vie. Parmi les seconds, les *Niflung*, qui ne sont autres que les *Niebelungen* germaniques.

2° L'*Edda* prosaïque, rédigée au douzième siècle par Snorre Sturleson, qui n'est guère qu'une glose de la première. Les *Sagas* sont la collection des légendes héroïques ou divines écrites en prose islandaise. Ainsi l'*Edda* prosaïque fait partie des *Sagas*.

CHAPITRE PREMIER

LA LITTÉRATURE SUÉDOISE.

Les premiers essais de la littérature suédoise datent de la Réforme. Elle commence par la traduction des Psaumes. Il faut attendre jusqu'au temps de Gustave-Adolphe pour que Stienhjelm, surnommé le Père de la poésie suédoise, applique le rythme à des sujets profanes et introduise l'hexamètre en des allégories renouvelées de la mythologie grecque. Mais la Suède ne commence à avoir d'école littéraire que sous Gustave III, disciple de la France, ainsi que tous les rois philosophes du dix-huitième siècle. Kellgren, Creutz, Gyllenbor, Leopold, produisent alors une poésie régulière, élégante, ornée, formée sur les classiques français et dépourvue de toute initiative. Parmi ces poètes de l'époque gustavienne, une seule figure se détache, originale et populaire, toute débordante de la sève locale : celle de Bellman. Son nom est, avec celui d'Esaias Tegnér, le chef de l'école romantique qui, au début de notre siècle, ressuscita le souvenir des antiques dieux scandinaves, le seul qui mérite d'être retenu du passé littéraire de la Suède.

I. — BELLMAN.

Si vous vous égarez sous les ombrages de Djurgarden, le bois de Boulogne des Stockholmois, — mais un bois de Boulogne incomparable, qui pour tour du lac a le *fjera* et les îles de l'archipel, — sans doute votre capricieuse promenade vous mettra en face d'un buste couronné de pampres et de raisins qui sourit, sur son piédestal, comme un satyre en sa gaine de pierre. Vous retrouverez la même figure, à la chevelure ornée des attributs de Bacchus, tout près de là, à *Hasselbacken*, le restaurant d'été où se donnent toutes les fêtes et tous les gais repas de la belle saison C'est Bellman, le chansonnier populaire, « le premier des chanteurs du Nord », ainsi que l'appelle un poète de son pays, dont la Suède a fait comme la personnification de la gaieté bachique, inspirée et galante. C'est à Djurgarden, le site préféré de ses chansons et de sa vie tant soit peu bohème, que son ombre se plaît davantage à revenir. Djurgarden, qui n'était pas alors un parc aristocratique, semé de restaurants luxueux, d'Alhambras et de Tivolis, où les plus fameux équilibristes de l'Europe évoluent sur la corde raide, mais un endroit un peu sauvage, rempli de guinguettes, où le menu peuple venait le dimanche danser et boire de la bière, et comme une manière enfin de Porcherons.

Qu'il fût un temps où l'âme suédoise était gaie, c'est presque là un de ces faits psychologiques qui déconcertent l'observateur et lui font se demander si le caractère national d'un peuple est aussi fixe qu'on le suppose et n'est pas, au contraire, très malléable à toutes les contingences de son histoire. Tout au moins, les races, de même que les individus, offrent parfois d'étranges modifications suivant les changeantes périodes de leur évolution. A peine, ainsi qu'en les divers êtres successifs que renferme un seul homme du berceau à la tombe, un trait léger, une résonance intime et complexe, vous rappellent-ils que vous êtes en présence d'une unité aussi réelle et aussi vivante que celle qu'à travers toutes ses modifications on reconnaît pourtant pour une même créature humaine. Ainsi la morose Angleterre, avant que le doctrinarisme protestant eût mis en sa main la verge de raison et sur son dos la chape d'hypocrisie, connut les heures joyeuses de fantaisie, de licence, de gaieté débridée, de verve étincelante et crue, qui lui valurent son surnom de *merry old England* et qu'a chantées le grand William.

Pour la Suède, cette ère enchantée s'ouvrit et se ferma avec le règne de Gustave III, le roi élégant et jouisseur, le protecteur des belles-lettres et des arts. A l'instar du grand Frédéric et des princes éclairés de son siècle, il s'était fait de la France comme une seconde patrie d'élection et prodiguait tous ses efforts pour transplanter au fond de la Baltique l'esprit et la civilisation de cette dernière. C'est en songeant à cette époque que Tegnér s'écriait cinquante ans après :

« Il y avait une lumière sur les jours de Gustave. Fantasque, capricieuse et vaine, si tu le veux : mais c'était de la lumière et du soleil. Et si tu t'en plains, dis-moi où nous serions nous-mêmes, si elle n'avait jamais lui. »

C'était le temps où, pour ne parler que des artistes, le peintre suédois Roslin balançait un instant à Paris la fortune de Greuze, où son compatriote Lafrensen dessinait ses charmants pastels, si recherchés des amateurs. Le roi se faisait envoyer par Wertmuller le portrait en pied de Marie-Antoinette, qui est au musée de Stockholm et dont il écrivait : « Il lui ressemble, mais non pas en beau. » Il voulait avoir son Sèvres à lui et fondait la manufacture de Marieberg, qui ne lui survécut pas. Stockholm était devenu comme une succursale de la cour de Versailles. Et, l'exemple donné en haut lieu descendant d'échelon en échelon jusqu'au peuple, on vit le curieux spectacle d'une Suède badine et galante, sceptique et libertine, éprise avant tout de la beauté des choses et de la joie de vivre.

Bellman est la vivante incarnation de cette époque. C'est à la fois le Béranger et l'Anacréon de son pays, avec quelque chose d'autre encore : une manière de trouvère ou de barde vagabond, qui va chantant ses chansons, accueilli de tous et ne dédaignant personne, des palais du roi et des châteaux orgueilleux à l'humble échoppe et au cabaret rustique. Et tout cela, il l'est, non pas avec l'artificielle habileté d'une imitation étrangère, mais avec la simplicité naïve d'une fleur sur laquelle luit soudain le rayon de soleil qui la doit faire éclore, avec la franche vérité d'accent qu'on trouve seulement dans un accord profond avec le sentiment populaire. C'était lui-même une âme enfantine et simple : tel il s'est peint dans une lettre curieuse, qu'avait en sa possession à Paris un collectionneur finlandais, le docteur A... : « Je suis un être bon et paisible, écrit-il. J'adore l'homme de noble caractère et j'aime avec une flamme qui ne s'éteint jamais les femmes et les petits enfants bien élevés. Je mange selon mes moyens et selon mon appétit, peu et bien : le dimanche, soupe de choux; le jeudi, soupe de pois secs, et le samedi, des sardines avec des pommes de terre et du beurre. » Ces plats traditionnels, encore aujourd'hui, paraissent à jour fixe dans toutes les maisons de Suède, et jusque sur la table royale.

Bellman demeura toujours fidèle à ces goûts modestes. Les gravures qui se plaisent à populariser son image le montrent d'ordinaire improvisant, en frôlant des doigts sa guitare, tantôt dans la splendeur d'une royale présence et tantôt dans le désordre pittoresque d'un atelier ou sous la tonnelle. Mais c'est en ces derniers endroits que resta uniquement son cœur. Bien que Gustave l'accueillît avec cette grâce familière et charmeuse que ce roi dilettante réservait aux artistes, son lieu de prédilection fut toujours les guinguettes de Djurgarden. Il se plaît à y conduire la bande endiablée de ses personnages, petits marchands, petits employés, sous-officiers ivrognes, filles de boutique : Fredmand, Mollberg, le caporal Mowitz, le père Bergström, l'hôtelier ; tous ces types peints avec une verve hilare et puissante, burlesque et crue, malicieuse et tendre, et si profondément gravés dans l'imagination nationale. Sa Lisette est mademoiselle Ulla Vinblad (Ulla Feuille de vigne), la légendaire servante de café. Les filles de cette classe, dans les villes de Suède, jouent à peu près le rôle de nos grisettes et, concurremment avec les vendeuses de cigares, y remplissent les fonctions du demi-monde exilé par les bonnes mœurs. Le soir, dans les cafés rutilants de lourdes dorures, elles circulent entre les tables, accortes et alertes, portant les plateaux chargés de verres et de liqueurs, presque demoiselles par leur toilette, provocantes et farouches, esquivant avec une œillade et un rire le contact des doigts humides de punch qui tacheraient leurs corsages clairs. Et rien de plus agréable aussi que de voir, dans les boutiques encombrées de caisses de havanes, empilées du plancher jusqu'au plafond, les jeunes et jolies vendeuses tenir en espalier devant leur comptoir les messieurs de la ville, qui viennent faire un bout de causette et de flirt en allumant leurs cigares et récolter là les cancans du jour...

Sous cette sève abondante et joyeuse, Bellman pourtant cache une mélancolie latente, mais profonde, par laquelle il se retrouve bien vraiment de sa race et qui, plus que tout autre don peut-être, a contribué à établir des harmonies si fortes et si vraies entre le poète et le cœur de son peuple. « Un trait de mélancolie paraît sur ton front, s'écrie Tegnér dans son ode célèbre, tandis que les amours rient autour de tes lèvres... Ce chagrin couleur de rose est le signe distinctif des chanteurs du Nord. » Ce n'est pas la mélancolie sentimentale et légère qu'a parfois notre Béranger, faite d'une goutte de pitié ou de regret souriant, ombre dont le plaisir aime à s'envelopper parfois pour mieux jouir de lui-même. C'est la tristesse intense d'un fils de la fantaisie, d'un amant des couleurs, du rythme et de la joie, exilé par la fatalité de sa naissance loin du soleil et de ses contrées heureuses. Cette nostalgie inavouée du soleil et des pays de lumière qui sommeille au fond de l'âme scandinave et fait sa mélancolie native, tous les artistes l'ont sentie avec une force centuplée et souvent exprimée en une plainte éloquente. Tel le peintre Egron Lundgren, poussé, après trente ans d'absence, vers la terre natale par les visions évoquées des jours de son enfance, s'enivre d'abord du charme de ses souvenirs; puis, quand les premières neiges commencent à tomber sans relâche et qu'arrive le terrible hiver, s'attriste, languit et s'enfuit enfin vers le Sud. Jusqu'à ce que, contraint par les circonstances de revenir en Suède, il meurt bientôt du regret dévorant des flots bleus de la Méditerranée et de l'azur italien. Ils aiment pourtant leur patrie et connaissent ainsi que nous le lien fatal et doux qui lie l'homme au sol maternel; mais leur amour souvent a la poignance d'une de ces souffrances qu'on chérit jusqu'à ne s'en pouvoir détacher.

Un autre caractère aussi, au milieu de cette verve bachique et galante, élève singulièrement la poésie de Bellman. Ce caractère, qu'il possède également en commun avec tous les autres poètes scandinaves, semble bien vraiment le fruit naturel de cette terre sévère et pauvre, pareille à une mélancolique et noble veuve, assise, en sa ceinture de rocs et de sapins, près du miroir de ses lacs et de ses mers et cherchant infatigablement, songeuse, dans le ciel pâle, les traces d'Hélios absent. Il pénètre comme un air subtil l'œuvre du joyeux chanteur, visible seulement au brusque tournant d'une phrase, ou sous la transparence d'un mot, d'une intonation : semblable à un fantôme voilé qu'on ne voit pas, mais qu'on sent présent derrière soi. C'est l'anxieuse interrogation devant le mystère de la vie et des choses, la sensation de vertige qui passe à certains moments sur les âmes rêveuses, et durant laquelle les formes et les êtres qui nous entourent ne sont plus que des ombres vaines, souffles d'illusion balayés par le vent de la mort sur la face de l'insondable abîme : *où rien n'est*, enfin, *que ce qui n'est pas*. — Ne semble-t-il pas très significatif qu'un des plus beaux morceaux du chantre du vin et des amours soit un quatuor funèbre : la marche mortuaire que chantent en le conduisant à sa dernière demeure les camarades de fête du père Smith, le vieil ivrogne ? Œuvre si étrangement remarquable par son énergie à la fois familière et lugubre qu'il est presque de tradition en Suède de l'exécuter à tous les services funéraires des membres d'une association quelconque.

Car chez Bellman, le poète est doublé d'un chanteur, ou plutôt l'un et l'autre ne font qu'un. Comme il arriva aux premiers jours du monde, le verbe et le chant jaillissent sur ses lèvres d'un seul jet, bercés au souffle du même rythme, modelés par la même pensée et si étroitement unis qu'on ne peut tenter de les séparer sans les trahir. C'est pourquoi il est impossible de traduire en vulgaire prose écrite ces charmants petits poèmes chantés où l'intonation musicale, comme un léger coup de marteau, fait pénétrer en nous tel sens ou tel accent de la parole, sans pourtant usurper jamais sur elle ni sans que Bellman, en réalisant cette intime union rêvée par quelques-uns de nos modernes, doive cesser d'être classé très nettement parmi les seuls poètes. — Mais je crois qu'une traduction en vers, telle qu'en sauraient réussir chez nous certains de ces derniers, pourrait s'ajuster à merveille sur la mélodie primitive et nous donner du tout une assez juste idée.

Vous ai-je dit qu'il y a en Suède des chanteurs, la plupart du temps amateurs, qu'on nomme les « chanteurs de Bellman » et qui s'adonnent tout spécialement à ces chansons là-haut si populaires? Il me semble qu'une tentative de ce genre, qui, considérant l'énorme différence des races et des tempéraments, ne s'adresserait ici qu'à un cercle restreint curieux de toutes formes d'art, ne manquerait pas toutefois de saveur.

II. — Esaias Tegnér.

Après la fin tragique de Gustave III, la Suède, sous son imbécile successeur, avait continué de descendre les échelons douloureux, qui, en moins de cent ans, l'avaient amenée du rang d'une des grandes puissances de l'Europe au dernier degré d'affaiblissement. La Russie, en 1808, venait de lui enlever la Finlande, la dernière de ces provinces qui, durant un temps, avaient fait de la Baltique comme un lac suédois. C'est alors que Tegnér, âgé de vingt-six ans, jeta son premier cri : le *chant de la landwehr de Scanie* courut comme un frisson de feu dans les veines du pays humilié et saignant. Son poète national était né au milieu des douleurs et des déchirements : il le reconnut et l'acclama avec transport.

Le début de notre siècle, en jetant les peuples les uns sur les autres dans une mêlée inouïe jusqu'alors, a éveillé en eux un patriotisme exclusif et farouche que la vieille Europe n'avait guère connu. De là date ce culte jaloux des nationalités, — souvent bien illusoire en son principe, — qui fait de chacune d'entre elles comme une secte nouvelle, aussi étroite en son esprit, aussi féroce en ses animosités, que les sectes religieuses dont elles ont pris la place. De là tout un essaim nouveau, inconnu auparavant, de poètes patriotes : Körner en Allemagne, Tegnér en Suède et, si l'on veut, Béranger chez nous : tous semblables du moins par l'amour ardent de leur pays, si d'énormes différences, imputables à la diversité du génie national, séparent la nature de leur inspiration. Un jour viendra peut-être où la nécessité, — si ses leçons ne sont pas trop tard entendues, — aura contraint toutes les nations européennes à se grouper en seul corps de peuple pour faire face à l'ennemi commun. Nos arrière-petits-neveux, alors, estimeront sans doute notre patriotisme local aussi mesquin et borné que nous apparaît dès à présent celui des bonnes villes et des provinces refusant jadis obstinément d'être réunies à la couronne de France. Mais aujourd'hui que la force brutale nous enserre de toutes parts, la nation consciente du devoir de sauvegarder pour l'avenir le trésor d'idées propres à sa race, doit souhaiter d'entretenir en elle la flamme qui fait les poètes comme celui dont nous parlons.

Trois ans après la publication de sa première œuvre, Esaias Tegnér, alors professeur d'esthétique à l'université de Lund, passait ses vacances dans le Vermland, son pays natal, près de sa fiancée, la fille du généreux protecteur qui avait soutenu et guidé son enfance orpheline. Le Vermland, voisin de la Norvège, est, avec la Dalécarlie, la partie peut-être la plus pittoresque et la plus caractéristique du royaume. Leurs fleuves écumants qui se précipitent en cataractes, leurs lacs limpides et profonds, leurs immenses forêts vierges et sombres d'où partit autrefois pour la Suède le cri de l'indépendance et de la victoire, en font comme l'incarnation du génie national, l'asile sacré des dieux indigètes.

Le nord de la province est semé de hauts fourneaux où l'on fond le minerai de fer. Puis celui-ci est ensuite transporté sur de lourds camions, qui marchent deux jours et deux nuits à travers l'austère labyrinthe des sapins géants, jusqu'aux lacs ou jusqu'aux cours d'eau navigables.

Tegnér, avec quelques-uns de ses camarades, s'était joint par jeu à la troupe chargée de conduire les chariots. Les nuits d'été, sous cette latitude, ne sont qu'un bref crépuscule. Les incendies funéraires du couchant y touchent presque la splendeur jaillissante de l'aube. L'intervalle entre ces deux apothéoses est rempli, sous le clair firmament sans étoiles, par une lueur étrange et charmante, qui n'est pas encore ou qui n'est plus le soleil, et qui semble à la fois le regretter et l'attendre.

Tegnér était jeune; il était amoureux et patriote; il avait l'âme tendue par toutes les cordes qui peuvent agir sur l'imagination et sur le cœur de l'homme. Exalté, transporté, par cette belle nuit d'été et par les sentiments enthousiastes dont il était inondé, il crut voir lui apparaître, dans la sombre forêt vêtue de mystique clarté, les ombres des antiques dieux du Nord et des héros de fer de sa race. Il crut entendre la voix de *Swea*, leur mère commune, qui déplorait la lâcheté présente de ses enfants et leur rappelait en paroles de flamme le fier courage et les exploits audacieux de leurs ancêtres.

L'ode qu'il composa durant ces deux nuits de romantique pèlerinage, rythmée, comme jadis au marteau de Thor, par le pas lourd des chariots qu'il conduisait lui-même, fit en Suède une révolution. Jamais auparavant on n'avait entendu parler la langue nationale avec cette harmonie, cette ampleur, cette justesse et cet éclat d'expressions et d'images. Tegnér avait trouvé sa voie. Il se donna pour mission de créer une littérature nationale et de rendre à sa patrie mutilée la force et l'espoir avec l'orgueil de ses souvenirs et de ses traditions.

C'est ainsi qu'il devint le chef de l'école gothique. Celle-ci se proposait avant tout de réagir contre l'imitation servile des littératures française et allemande, qui dominait toute la production littéraire scandinave. En dépit de son nom, elle représentait réellement pour la Suède l'esprit de jeunesse et de progrès. Ce fut comme une manière de *romantisme*, qui naissait en France vers cette époque : tous deux sortis de la même grande commotion qui avait ébranlé les peuples et leur faisait sentir le besoin de se retremper dans leur histoire, aux sources de leur héroïque passé. Tous deux alliant la richesse de la forme, le renouveau coloré de l'expression au goût des sujets archaïques : tel un enfant vigoureux, vêtu des robes chatoyantes de l'avenir, s'éjouit à brandir l'épée rouillée de ses pères ou se penche sur les grimoires au-dessus desquels ils ont pâli, dans l'espoir d'y trouver le mot magique qui doit lui ouvrir la route.

Tandis que le romantisme français se confinait volontiers dans le moyen âge ou remontait tout au plus jusqu'au cycle de Charlemagne et des douze pairs, Tegnér s'enfonça dans les fabuleuses antiquités de sa race, ramenant au jour les figures géantes et mi-effacées des vieux dieux scandinaves dont Wagner, plus tard, devait faire les héros de son épopée orchestrale. Il eut pour émule en cette résurrection le Danois Œlenschlager. Parmi les poètes de l'école gothique, il ne faut pas oublier Ling, assez médiocre auteur, mais qui s'illustra dans le souvenir de tous les patriotes de sa nation par la fondation de la gymnastique suédoise (1). La *Saga de Frithiof*, publiée en 1825, après nombre d'autres poésies et pièces fugitives, et composée elle-

___

(1) Ce serait ouvrir une parenthèse trop longue et trop en dehors de notre sujet que de donner ici une analyse détaillée de la gymnastique suédoise, qui constitue à la fois une éducation, une thérapeutique et une eurythmie du mouvement. Un de nos éminents physiologistes, M. G. Demeny, envoyé en Suède par le gouvernement français afin de l'étudier dans le pays même, en a fait l'objet de travaux importants.

même d'une série de petits poèmes de coupe et de formes variées, fut écrite par Tegnér d'après un recueil de vieilles *sagas* scandinaves. C'est l'histoire d'un jeune *Wiking* du neuvième siècle, avant la conversion de la Suède au christianisme : un frère de ces audacieux coureurs de mer dont les barques rapides venaient, suivant la légende, attrister de leurs incursions la vieillesse de Charlemagne et faire couler des larmes sur la barbe fleurie du vieil empereur. La figure de sa fiancée Ingeborg est peut-être la plus douce et la plus pure qu'aient créée les littératures du Nord. Encore aujourd'hui, au milieu de la défaveur que jette le goût moderne sur toutes les productions de cette période, la *Saga de Frithiof* est entre les mains de tous les adolescents suédois comme le missel des gloires aurorales et des fiers souvenirs nationaux.

Entre temps, Tegnér était entré dans les ordres. Pourvu d'abord, ainsi qu'il arrive en Suède à maint professeur d'université, d'une de ces cures qui ne sont que des sortes de bénéfices et n'obligent pas à la résidence, il fut promu en 1824 à l'évêché de Wexiö. — A cette époque, le caractère étranger de la nouvelle cour donnait aux universités et au clergé une importance toute spéciale en concentrant uniquement autour d'eux le mouvement intellectuel du pays. Le maréchal Bernadotte, en effet, devenu le roi Charles-Jean, offrit le curieux spectacle d'un souverain qui gouverna un peuple pendant vingt-six ans sans entendre un seul mot de sa langue. Administrateur fort habile d'ailleurs, il en sut développer admirablement les ressources matérielles et réussit à le tirer de l'état d'affaissement où il était tombé. Son truchement ordinaire était le comte Magnus Brahe, le descendant d'une des plus anciennes familles du royaume et qui fut, avec le colonel de Schinkel, son favori et son inséparable ami. Brahe couchait dans la chambre de son maître qu'il ne quittait ni jour ni nuit, et l'attache était devenue si forte entre ces deux hommes qu'il ne put survivre à son roi et, par un exemple de fidélité bien rare dans les cours, mourut de douleur quelques semaines après lui. Le maréchal Bernadotte, fort superstitieux comme tous les gens d'éclatante fortune, croyait sa vie attachée à celle d'une vieille robe de chambre brune qu'il fallut repriser et rapiécer sans relâche pendant vingt-six ans, tant son royal possesseur était fermement convaincu qu'il ne pourrait durer lui-même plus longtemps que ce vêtement. Il se levait chaque jour vers quatre ou cinq heures de l'après-midi, travaillant avec Brahe et donnant des audiences dans son lit. La reine, née Désirée Clary, qui vécut en France pendant presque toute la durée de son règne et ne rentra à Stockholm que vers la fin de son existence, allait voir également lever l'aurore en son carrosse à six heures du soir et disait ingénument aux courtisans qu'elle rencontrait : « Quel beau matin ! » Elle, qui avait été une des plus jolies femmes du premier Empire, devint si petite, si menue, si ratatinée durant ses dernières années, que son petit-fils, le roi Charles XV, avait coutume de dire : « Grand'mère ne meurt pas : elle disparaît. » — Le couple royal dut forcément abandonner ce rôle de protecteur des belles-lettres qu'avait tenu avec tant d'éclat Gustave III et que Charles XV, ci-dessus nommé, ainsi que le roi actuel Oscar II, ont repris de brillante manière. Tegnér qui, en sa qualité d'évêque de Wexiö, siégeait à la Chambre haute et passait toutes les sessions dans la capitale, s'il fut sans doute présenté à ses souverains, vit son œuvre leur rester inintelligible et demeura à peu près étranger à leur personne.

Le caractère sacerdotal dont le poète avait été revêtu dut greffer sur son inspiration un nouveau rameau de religieuse effusion. Ses sermons passent pour des modèles accomplis de l'éloquence sacrée. Plusieurs de ses poésies diverses : *l'Ordination, la Première Communion*, sont sorties de la même source.

Le talent oratoire de Tegnér, empreint d'un sentiment moral très pur et d'un christianisme généreux, n'est nullement, au reste, de caractère dogmatique : la chaire protestante, du haut de laquelle parle à ses frères spirituels un père de famille comme eux, se prête au simple ton de la conférence morale et laisse pénétrer plus aisément l'esprit du siècle.

L'extérieur du poète lui-même était d'aspect fort peu dogmatique, bien qu'il sût garder merveilleusement, lorsqu'il le fallait, la gravité noble qui convient au sacerdoce. C'était un des plus beaux hommes de son temps et, ainsi qu'il sied à un *scalde*, un spécimen parfait de la race scandinave : taille élevée, carrure puissante, des yeux bleus étincelants, le visage clair, et cadré d'une chevelure aux boucles blondes. Il avait été coulé dans le moule de ses héros favoris, jeunes guerriers ou demi-dieux amis de l'hydromel et du sourire des jeunes filles et qui, après le combat, savaient chanter leurs exploits en vers harmonieux. Natures fortes et riches comme on en trouve quelques-unes en Scandinavie, où pourtant elles se font rares, qui savent épouser leur rude climat et, loin de se laisser abattre par lui, y puisent la sève joyeuse d'une victorieuse énergie. Gai vivant, d'un esprit largement humain, il adorait la jeunesse, dont il s'entourait constamment, et ne haïssait pas une histoire d'un peu verte saveur, que parfois même il daignait conter de ses lèvres pastorales. Ce type n'est pas très rare dans les églises luthériennes du Nord. L'archevêque d'Upsal, primat du royaume, prélat de haute capacité et d'énergique caractère, a la réputation d'un ferme buveur, grand joueur de cartes, fécond en jurons et en contes salés, et n'en est respecté que davantage.

La poésie de Tegnér, remarquable par la puissance et la largeur du souffle, brille surtout par sa prodigieuse entente de toutes les ressources du rythme, la langue suédoise étant, entre toutes celles de l'Europe, la plus nombreuse et la plus variée d'intonation. Il est également fameux pour une splendeur et une prodigalité de couleurs et d'images qu'on a pu parfois trouver excessives. « L'évêque Tegnér a de fort beaux diamants, « disait un de ses malicieux critiques. Ils font admira- « blement sur sa main. Mais pourquoi diable en fourre- « t-il jusqu'aux doigts du pied? » On lui a reproché de même (ainsi qu'au premier de nos poètes lyriques) de couvrir trop souvent des brillantes arabesques de sa royale fantaisie et des sonorités éclatantes de son verbe d'airain, un néant relatif de conceptions et de pensée.

Cette belle intelligence, harmonieuse et pondérée pourtant en même temps qu'abondante, chancela vers la fin sous les vents de vertige qui se plaisent à renverser les fronts plus hauts que l'ordinaire niveau. Tegnér fut fou durant les dernières années de son existence. Il se remit un peu et jeta quelques faibles lueurs avant de s'éteindre. Il mourut en 1848, à l'âge de soixante-six ans. La Suède accumula sur son tombeau tous les honneurs qu'un pays peut rendre à ses morts célèbres. Sa statue s'élève sur une des places de la ville de Lund, qui vit les débuts de sa gloire.

III. — Viktor Rydberg. — Les Universités suédoises.

De la Suède et des pays scandinaves, nous ne connaissons guère que les révoltés : ceux qu'une humeur vagabonde, un génie révolutionnaire, en opposition aiguë avec la constitution sociale de leur patrie, ont chassés comme de nouveaux Juifs errants à travers l'Europe. Ce sont eux, sans doute, qui excitent la curiosité la plus passionnée. Nous espérons toujours qu'un de ces hardis démolisseurs, peut-être, dans un pan de son manteau de voyage, va nous apporter le mot de l'avenir. Il est intéressant, néanmoins, d'en étudier un qui s'est développé en harmonie avec sa nation et, la prenant dans sa main, l'a su guider vers le progrès intellectuel et moral.

Viktor Rydberg, la plus noble figure de la Suède contemporaine, n'est pas, toutefois, un de ces penseurs officiels qui, degré par degré, suivant la filière, ont gravi jusqu'au plus haut de la machine enseignante. C'est un indépendant. Il n'a pas pris ses grades, — ce qui eût été la voie orthodoxe, — à l'Université d'Upsal. C'est cette dernière qui est venue vers lui et, sans qu'il eût jamais passé aucun des examens, lui a décerné solennellement le titre de docteur en philosophie.

Cet exemple de libéralisme honore la vieille Université. Il n'est pas sans précédents assez nombreux. Je ne sais si la routine le permettrait en France. Upsal est pourtant le palladium de l'esprit conservateur et des traditions anciennes. Du moins en ce qui concerne l'enseignement de ses professeurs : la jeunesse, grâce au ciel, étant en tout pays plus ou moins agitée par le vent du siècle.

La petite ville semble un vaste collège ouvert, tant elle leur appartient, à ses deux mille étudiants en casquette blanche : symbole de pureté qui nous ferait sourire, nous Gaulois, mais qui, appliquée à l'adolescence, a pourtant une beauté esthétique : tel l'héroïque chevalier du Cygne, avec sa virginale armure. Ils la portent avec fierté, — sans la mériter toujours, j'imagine. — Divisés en nations ou provinces, leurs *clubs* sont presque les seuls monuments de la petite cité. Ils sont installés avec luxe, si l'on songe surtout que la majorité des étudiants est très pauvre et sort de la classe des paysans. Chaque nation en fait elle-même les frais et s'obère lourdement le plus souvent pour subvenir à cette magnificence, où se manifeste le goût natif des Scandinaves pour un certain genre de faste, non très raffiné, mais de vastes proportions, abondant en confort et en gais décors. Les nouveaux bâtiments de l'Université sont fort somptueux et ont coûté un prix excessif. On parlait à cette époque de transporter celle-ci à Stockholm. Le roi, dit-on, redoutant pour la jeunesse l'esprit novateur et remuant d'une capitale, a voulu de cette manière la fixer définitivement à Upsal.

J'ai dit que nombre des étudiants sortaient de la classe agricole. Celle-ci jouit dans la presqu'île scandinave d'une importance spéciale qu'elle ne possède en aucun autre pays d'Europe. Les paysans suédois se peuvent vanter d'être demeurés exempts du servage qui a pesé si lourdement sur cette dernière, et d'avoir été libres, de toute antiquité. Depuis des siècles, ils ont formé un quatrième État et joui des droits politiques les plus étendus. Cependant, soit que leur extrême pauvreté imprègne en eux un sentiment de dépendance et d'infériorité, ou qu'une classification moins excessive et plus équitable ait été par cela même subie sans révolte, l'étranger est surpris de voir l'énorme ligne de démarcation qui sépare ici les conditions sociales. La petite fille pieds nus que vous rencontrez par les champs vous salue déjà, de sa sautillante et gentille révérence, avec un respect soumis. J'ai vu, dans un majorat des îles de l'Archipel, des enfants dressées pour accueillir un hôte à s'agenouiller en jetant des fleurs. Je ne crois pas qu'on eût pu songer à obtenir d'enfants français un tel cérémonial : s'ils s'y fussent prêtés par hasard, les parents eussent vomi feu et flammes et les environs fomenté une émeute.

Cette déférence, au reste, s'accompagne d'une certaine défiance. La seconde chambre du royaume est composée en très grande partie de députés paysans. Ceux-ci, à l'inverse de ce qui se passe chez les autres peuples, ne consentiraient jamais à être représentés par d'autres que par les leurs, ni à élire un bourgeois. Il faut, d'ailleurs, se bien garder de confondre les électeurs paysans avec la masse des simples journaliers. Le cens électoral requiert la possession d'une propriété foncière d'au moins mille couronnes (1,400 fr.) de valeur ou un revenu annuel estimé à huit cents couronnes. Ce qui, si faible que paraisse ce dernier chiffre, ne laisse pas moins en dehors les trois quarts de la population mâle en âge de voter.

Si l'on se souvient de l'outrance conservatrice qui saisit l'homme des champs dès qu'il commence à posséder, de la pente naturelle qui porte ses intérêts à s'unir à ceux de l'aristocratie territoriale, on se convaincra qu'un tel noyau paysan dans la représentation nationale est peut-être la plus forte barrière qu'un royaume puisse opposer aux progrès des doctrines socialistes. J'ai entendu, d'ailleurs, des esprits libéraux et fort distingués se plaindre amèrement des obstacles qu'opposait à toute innovation utile, à toute question un peu large, cet esprit de clocher à courte vue, dominé toujours par des considérations d'utilité exclusivement locale ou d'économie bornée (1).

La Suède est le pays d'Europe où l'instruction populaire est la plus avancée. Le dernier recensement don-

---

(1) Les membres de la Chambre haute sont élus par les conseils des provinces ou des villes de plus de 25,000 habitants. Pour être éligible, il faut avoir trente-cinq ans, posséder une propriété foncière d'une valeur d'au moins 80,000 couronnes ou un revenu taxable de 4,000 couronnes. Le mandat n'est pas rétribué. Les membres de la Chambre basse reçoivent une indemnité de 1,200 couronnes pour chaque session, qui dure de janvier à mai.

naît, sur cent conscrits, une proportion seulement de 0,27 ne sachant pas lire, tandis qu'elle est pour l'Allemagne de 0,72, pour la France de 12,29, et qu'elle atteint en Russie jusqu'à 78,79. (*Statistique suédoise à l'Exposition de Chicago.*) Et l'on peut dire que l'instruction secondaire, jusqu'à l'examen qui correspond à peu près à notre baccalauréat et ouvre l'entrée des universités, est également gratuite. Les élèves, en effet, au point de vue de la rétribution scolaire, y sont divisés en trois classes. La première, composée des fils de famille dont les pères, pourvus d'une bonne position sociale, sont en mesure de consacrer une somme aussi forte à l'éducation de leurs enfants, paye trente couronnes (1) par an. La seconde en donne quinze. La troisième, enfin, qui comprend des fils de servantes ou d'ouvriers agricoles, seulement sept. Encore est-ce presque toujours quelque bienveillant donateur qui les verse pour eux. Les écoliers de cette dernière catégorie subviennent à leurs besoins en servant de répétiteurs à des condisciples plus jeunes et plus aisés, moyennant une annuité médiocre ou parfois simplement la table de famille qu'on partage avec eux. Le régime de l'internat est inconnu en Suède. Les élèves dont les parents n'habitent pas la ville où se trouve le collège sont placés en pension chez des amis ou chez un des professeurs. Les fondations ou prix annuels de trois, quatre ou cinq cents couronnes en faveur des écoliers pauvres et méritants sont, d'ailleurs, extrêmement nombreuses, l'opinion universelle des citoyens et de l'État étant qu'il est de devoir strict de mettre l'instruction la plus complète à portée de tous ceux qui sont désireux d'y atteindre et capables d'en profiter.

Le baccalauréat obtenu, il s'agit, si l'on veut ache-

---

(1) La couronne vaut à peu près 1 fr. 40 c.

ver le cycle des hautes études, d'aller à l'Université. Là encore, le futur étudiant, s'il est sans ressources personnelles, parvient toujours à faire face aux premières dépenses, grâce à quelques généreux protecteurs qui, suivant l'usage curieux et si répandu dont nous avons parlé dans un précédent chapitre, garantissent de leur signature l'emprunt qu'il contracte dans une banque ou dans un établissement de crédit. A Upsal ou à Lund, il vivra de semblable manière, à l'aide de maigres répétitions, de *premiums* et surtout d'un système d'emprunts sans cesse renouvelés, se remboursant les uns les autres et échelonnés derrière lui pendant des années. Le plus étrange, c'est que ce n'est pas là seulement le cas des fils de prolétaires. Maint père, pourvu cependant d'une assez bonne situation, n'en dit pas moins au sien, en le lançant dans la vie : « Débrouille-toi. Fais comme moi : emprunte pour te faire une carrière. » Sur dix étudiants, un seul peut-être reçoit une subvention régulière de sa famille.

Aussi est-ce la marque d'un esprit rangé et d'une conduite sage que de quitter l'Université avec un passif de dix à douze mille couronnes seulement. Maint homme de loi, maint fonctionnaire, parvenu à l'âge de cinquante ans, peine sous le poids de ses dettes de jeunesse, énormément grossies par les intérêts, et qu'il n'a pu finir encore d'acquitter. Les plus heureux, lorsqu'ils sont arrivés à une position productive, s'en tirent au moment de leur mariage, l'habitude de régler en tel cas le passé pécuniaire de leur futur gendre étant la seule dot que donnent à leurs filles les Suédois, qui, lorsqu'ils le peuvent, y ajoutent parfois une pension annuelle.

Cet usage d'escompter ainsi l'avenir et d'en battre monnaie, malgré les inconvénients qu'il présente, ne réalise-t-il pas d'assez belle manière le vœu de quelques utopistes, qui voudraient que la valeur personnelle d'un homme pût devenir une valeur circulante et monétaire? On dit qu'on a trop abusé de ce système commode, que la confiance commence à se lasser et qu'un *krach* d'un nouveau genre pourrait bien se produire. Il faut pourtant reconnaître qu'en ce qui concerne les très longs crédits que trouvent les étudiants dans les villes d'Universités, il suffit que neuf sur dix, comme il arrive d'ordinaire, y fassent honneur, pour que les créanciers soient couverts et rémunérés.

Cette facilité inouïe d'effectuer les plus hautes études que ce vaste système d'emprunts et de dotations, combiné avec l'absolue gratuité de l'instruction tout entière, met à la portée du dernier des fils de prolétaires, a pour effet d'utiliser et de mettre au jour toutes les forces vives du pays. C'est à elle, sans doute, que la Suède doit de tenir un rang si honorable dans les sciences, avec une population aussi faible relativement à celle des grandes nations de l'Europe. Le revers de cette brillante médaille est le nombre de déclassés que fabriquent forcément de telles institutions. Les carrières libérales ne veulent plus nourrir leur homme. On voit des bacheliers redevenir commis et des docteurs en droit heureux d'accepter un poste de mille couronnes dans une administration. C'est d'un pareil état de choses, on le sait, qu'est sorti, en Russie, le *nihilisme*. Si de tels résultats ne se sont pas encore produits en Suède, c'est néanmoins à une semblable cause qu'il faut attribuer les symptômes de malaise social, l'humeur destructrice et moralement révolutionnaire qui tourne en ce moment tous les yeux vers les récentes productions de la littérature scandinave.

Upsal est une petite ville vieillotte et laide, plus sale et plus morne que ne le sont d'ordinaire les villes de Suède. On croirait que tous les *baralico* et *baralipton* qui se sont dépensés là depuis l'an de grâce 1477, date de sa fondation, obscurcissent encore la grise atmosphère. Située sur un plateau que balayent continuellement les âpres vents du nord, la pluie, le brouillard, la neige et la boue y règnent en maîtres pendant huit mois de l'année. Pas d'autres distractions qu'une cathédrale du moyen âge, construite en briques sur le plan de Notre-Dame de Paris, et un vieux château gothique à tour trapue, très suggestionnante de visions *hamlétiques,* et qui sert tout bonnement de résidence au préfet. Pas d'autre consolation que le train qui permet de filer en trois ou quatre heures sur Stockholm. Mais elle n'est pas toujours à portée de tout le monde. Que reste-t-il donc? Boire, boire et boire *for ever!* Un bon étudiant se doit à lui-même de s'enivrer à mort au moins une fois par semaine. C'est un sournois, un mauvais camarade, s'il ne le fait. Mais il n'a garde d'y manquer. Un spectacle touchant et doucement récréatif est celui qu'offre, le soir, à la porte des cafés, la file des buveurs fraternellement alignés au bord du trottoir et, les deux doigts dans la bouche, s'efforçant, non à la manière de Molière, mais à celle des anciens Romains, « d'expulser le superflu de la boisson » afin de recommencer sur nouveaux frais.

Si Bacchus est ainsi publiquement honoré, Vénus, en revanche, ne reçoit que des sacrifices honteux et furtifs. Jamais un étudiant ne se montre en compagnie d'une femme. Cette absence de l'élément féminin est une des choses, parmi beaucoup d'autres, qui différencient le plus l'aspect des cités universitaires du Nord de celui du quartier des Écoles à Paris. Pas de bons coups d'épée, non plus, signant sur les visages d'héroïques et coquettes balafres, ainsi que dans les Universités d'Allemagne, et rompant un peu la monotonie de l'existence. Le duel, sévèrement défendu par les lois, est, en Suède, depuis nombre d'années, complètement disparu des mœurs. Les différends se règlent à coups de poing ou chez le juge. Il en coûte cinquante couronnes d'amende pour rosser à fond le bourgeois qu'on a d'abord insulté, et, ainsi que je l'ai entendu dire à un brave citoyen, « il faut vraiment avoir le diable dans sa bourse pour se refuser cela à l'occasion ».

Tous ces jeunes gens, au milieu de ces continuelles libations, trouvent pourtant le temps de travailler énormément. Les programmes en Suède sont extrêmement chargés. Il faut dix ans pour terminer ses études de médecin. Je ne parle pas, bien entendu, des étudiants de trentième année, inscrits sur les matricules de l'*alma mater* depuis plus d'un quart de siècle, vénérables piliers que les générations successives de leurs camarades contemplent avec terreur et respect.

J'ai dit que l'esprit général de l'enseignement d'Upsal m'avait paru un peu gothique. Il m'a fallu venir aussi avant dans le Nord pour découvrir un grand philosophe, ignoré du reste de l'Europe. *Boström*, — je me hâte de publier son nom, — passe, à vrai dire, pour la jeunesse des écoles, au rang de tête de Turc. Mais sa doctrine brille toujours en tête des programmes, et plusieurs vieux professeurs, chargés de toutes les hermines de la science et de l'Université, s'occupent sans relâche à le comprendre et à l'interpréter. Pour ma part, j'avoue n'avoir pu y parvenir encore, soit que la langue suédoise et la latine, en lesquelles sont consignés ses mystères, gardent pour moi des arcanes trop profondes, ou que ma faible intelligence ne se soit pas trouvée à la hauteur de cette tâche ardue. Je me trouve à l'égard de la *Boströmische philosophie* dans la situation d'un jeune étudiant de ce pays, que j'ai le plaisir de compter au nombre de mes amis. Il s'en fut, un jour, à Upsal, chez un des professeurs, afin d'y passer un de ces examens particuliers qui, dans nombre d'universités étrangères, constituent une épreuve préliminaire à l'obtention publique des grades.

Il trouva le professeur au coin de son poêle de faïence, enveloppé de sa houppelande et tenant en main les Œuvres de Boström.

Celui-ci, fixant sur le récipiendaire un regard scrutateur :

— Où est ce poêle ? demanda-t-il d'un ton sévère.

— Ce poêle ? répéta machinalement le candidat ahuri.

— Oui, ce poêle. Est-il en vous ou hors de vous ?

— Il est hors de moi, maître, insinua le malheureux avec timidité.

Le professeur ferma le livre d'un air de mépris. Et, montrant la porte :

— Rentrez chez vous, monsieur. Et revenez me trouver quand vous aurez appris quelque chose.

Le trimestre suivant, l'étudiant se représente devant son juge et le trouve à la même place et dans le même décor que la fois précédente.

— Où est ce poêle, monsieur? répéta-t-il d'un ton inflexible. Est-il en vous ou hors de vous?

— Il est en moi, répondit triomphalement le candidat, charmé par la nouveauté de l'idée et convaincu cette fois qu'il tombait juste.

Le professeur ferma le livre avec courroux, et sans songer même à lui montrer la porte :

— Rentrez chez vous, monsieur, dit-il avec dignité. Et quand vous aurez appris à penser, nous reprendrons votre examen de philosophie.

Mon embarras, en ce qui concerne la doctrine du grand philosophe d'Upsal, est pareil à celui de l'infortuné récipiendaire. Il me serait malaisé de prononcer si c'est une chose ou l'autre, ou ni l'un ni l'autre, en même temps que tous les deux à la fois. Ma consolation est que, sans doute, cette situation fâcheuse est celle de tous ces profonds instituteurs de l'humanité, vis-à-vis de leurs propres théories. On conte que le professeur Ribbing, lorsqu'il eut terminé son étude : *Philosofiens grundlinier*, sur laquelle ont pâli des générations d'étudiants, relisant le manuscrit avant de l'envoyer à l'impression, s'écria, dans un transport de joie sans mélange : « C'est magnifique ! Personne au monde ne peut le comprendre, que Dieu le Père et moi ! »

Mais quand les épreuves lui furent revenues, après une seconde lecture, il s'exclama, avec un pleur de fière allégresse : « C'est prodigieux ! Dieu le Père seul au monde est capable de le comprendre ! »

La philosophie de Boström se réclame avant tout de Platon, qu'elle prétend parachever et embellir. On y retrouve un ressouvenir et comme une influence latente de la philosophie allemande, qui eut au début du siècle une si splendide floraison, mais sans rien de l'audace, de l'éclat vertigineux de la pensée, qui fait la beauté des œuvres de Hegel, de Schelling et de Schleiermacher.

« La philosophie, — suivant Boström, — est, *en sa vérité*, pour ses formes et son domaine, la connaissance absolue, identique à celle que possède Dieu lui-même. Mais la philosophie, *en l'homme et pour l'homme*, est, au contraire, la conscience de l'homme, identique ou du moins participant à la connaissance de Dieu, c'est-à-dire la conscience de l'homme pour la forme parfaite de la réalité vraie et absolue... Elle est encore (la philosophie) la science des êtres personnels comme tels, parce que tout réel est individuel et a nettement conscience de soi-même... »

« ... La vraie réalité n'existe pas dans l'espace, mais dans la pensée... — Les idées de Dieu sont des êtres personnels. Dieu est à la fois un transcendant et un immanent pour ce monde ; pour le développement de notre monde il est le fond, la loi et le but... — L'homme est une personne en son essence, c'est-à-dire une idée de Dieu. Ainsi le divin, la raison chez l'homme fait que celui-ci est aussi bien que Dieu une individualité, et par conséquent immortelle. »

Ces fragments sont fidèlement traduits d'un manuel *boströmique*, à l'usage des Universités. On y pourra reconnaître peut-être un mélange incertain et comme une tentative de conciliation entre un idéalisme transcendant et un panthéisme confus au sein d'un déisme pratique. Mais si la doctrine garde quelque chose de légèrement embrouillé en même temps que de peu neuf et de non original, les conséquences qui en découlent en sociologie sont admirables. C'est là, comme on dit, le fin du fin. Car l'État, comme tous les êtres rationnels, étant un être personnel et concret, il faut que cet être personnel soit représenté. De même pour l'Église et la famille, qui sont également des êtres personnels. D'où s'ensuivent tout naturellement la monarchie, l'épiscopat, le droit d'aînesse et la conclusion satisfaisante que la Suède jouit de la meilleure des constitutions dans le plus heureux des pays possibles.

On conçoit qu'une telle philosophie est pour plaire aux gouvernants. Rien de surprenant si Boström est devenu le philosophe officiel, enseigné et prôné, offert à la fervente admiration des bien pensants. Joignez-y l'orgueil national de s'être découvert pour soi tout seul un vrai philosophe suédois et de s'affranchir ainsi d'un tribut humiliant envers la pensée des autres peuples.

La jeunesse du royaume, cependant, pousse la malice jusqu'à bouder devant cette nourriture substantielle et patriotique, et à s'imprégner de préférence des idées de Spencer et de Stuart Mill. L'Université libre de Stockholm a été fondée, il y a une douzaine d'années, par un petit nombre de généreux donateurs, pour donner satisfaction à ce courant de la pensée moderne. On peut juger du mouvement d'enthousiasme dont elle est sortie, quand on sait qu'un seul de ces dons s'est élevé jusqu'à deux millions de couronnes. Bien qu'elle se soit toujours tenue vis-à-vis d'Upsal dans une déférente attitude, elle n'en forme pas moins avec celle-ci, par la seule force des choses, l'opposition vivante de l'avenir et du passé.

L'Université de Stockholm, au reste, n'est encore complète que pour les sciences. Mais on pense lui adjoindre prochainement les Facultés qui lui manquent. Elle s'enorgueillit de compter parmi ses professeurs les noms les plus éclatants de la Suède : Mittag-Leffler, pour les mathématiques, et Viktor Rydberg, la voix la plus chérie et la mieux écoutée de la jeunesse, qui y fait le cours d'histoire générale de la civilisation.

Rydberg, ainsi que Renan, sort de l'exégèse allemande. La similitude de leurs travaux, une influence égale sur leur temps et leur pays respectif, éveillent infailliblement, lorsqu'on aborde l'œuvre du premier, le souvenir du souriant auteur de la *Vie de Jésus*. Tous deux ont étudié les origines du christianisme et l'ont fait dans le même esprit de respect tendre, sans que celui-ci coûtât rien à la pleine liberté et à la rigueur scientifique de leur critique. Tous deux au fond sont des hellénisants, et sentent devant le « miracle grec » le même enthousiasme et la même piété émue. Et, à ce dernier point de vue, Viktor Rydberg est un exemple intéressant de la parfaite culture classique dans un pays où peut-être, par un préjugé semblable à celui que Taine nous a inculqué, avec quelque apparence de raison, au sujet des peuples germaniques, nous ne nous attendions guère à la voir fleurir, ou du moins donner des résultats très heureux.

Mais si l'écrivain suédois présente avec le maître français des analogies d'apparences aussi frappantes, il s'en distingue profondément par la nature du sentiment intime, qui n'est là au fond que la différence de génie des deux races. Tandis que Renan goûte en esthète la sublimité chrétienne et, sous la grâce religieuse et l'onction de son langage, garde un sourire qui prévient, Rydberg, devant la doctrine de Jésus, subit pleinement l'incantation de la beauté morale de celle-ci et, sans rien abdiquer de sa libre pensée, demande au « Fils de l'Homme », non plus un espoir ni un rêve berceur, mais une règle de vie féconde pour son peuple et pour lui.

C'est, à le bien définir, un *néo-chrétien*. En cela, il n'est besoin de chercher ni ses appartenances, ni ses origines. La religion nouvelle de M. de Vogüé flotte tellement dans le vent du siècle, elle forme un compromis si naturel entre ses aspirations diverses, qu'il n'est rien de surprenant à ce qu'elle s'épanouisse spontanément sur toutes les terres. Lequel d'entre nous n'a pas été *néo-chrétien* à quatorze ans? Et cela, sans s'en douter, aussi ingénument que M. Jourdain faisait de la prose. C'est l'âge où nous commençons à goûter à ce fruit de la science qui fait mourir l'âme; l'âge où, souffrants de ce que Bossuet appelait la difficulté de croire et que dédaignait son génie dogmatique et fort, troublés par l'inflexible rigueur de ces sciences nouvelles s'érigeant en face de l'enfance prophétique des Livres saints, nous sacrifions en notre cœur le merveilleux de la surnaturelle légende, en voulant garder toutefois le prix du sang du Christ : la paix donnée aux hommes de bonne volonté : nous agenouillant devant lui, non plus comme devant le Dieu sauveur, mais ainsi que devant le frère sublime qui seul peut nous montrer la vraie voie.

L'originalité de Rydberg n'est donc pas d'avoir ouvert

ce chemin. Le protestantisme, d'ailleurs, y porte presque naturellement les esprits. Il leur épargne tout au moins une bonne part du déchirement qu'on ressent à s'arracher du sein d'une maternelle Église. Bien que doctrinaire et parfois très intolérant en certaines de ses parties, il est le premier échelon de la libre pensée. Il habitue l'homme à faire usage de sa raison, à se former sa foi à lui-même. Il s'attache plus étroitement, au moins dans les plus élevées de ses sectes nombreuses, à la doctrine du Christ qu'à sa personne. Et l'on peut dire qu'à ce point de vue, le *néo-christianisme* est sa dernière fleur.

Le mérite intrinsèque de Rydberg, son côté vraiment personnel réside en son inébranlable fidélité à cette heure généreuse dont les meilleurs se lassent si vite. Un des premiers à accueillir les théories du transformisme de l'École anglaise, il n'a pas, au milieu de sa vaste curiosité de savant jaloux d'évoquer toute vérité, fléchi un instant dans sa foi en l'idéal, fût-il sans récompense et sans sanction. Il a su y conformer invariablement sa vie et son œuvre et, par celle-ci, imprégner l'âme de la jeunesse scandinave du sentiment contenu dans ces nobles vers où, faisant allusion à l'antique croyance sur la mort des dieux et la victoire finale des ténèbres, il s'écrie :

Réveillez-vous, tous les cœurs du Nord, — du long sommeil d'hiver !

. . . .

Écoutez, écoutez, les sons sonores du jardin de Balder — de l'enfance de votre race :
Les sons du cor de Heindal, les accords — de la harpe d'argent de Brage.

. . . .
. . . .

Réveillez-vous et voyez — comment vos aïeux combattirent — pour plus que la gloire et toute la splendeur sur terre.

Oui, pour plus que la joie même du Walhallah :
Pour la joie suprême de mourir à côté des dieux, — dans la dernière lutte pour la lumière!

Viktor Rydberg débuta dans les lettres par un roman philosophique : *Le dernier Athénien*. Il y retrace, avec un charme sobre et une piété d'artiste, le déclin de l'hellénisme mourant en face de la jeune aurore du christianisme. Écrit il y a environ trente ans, ce livre, s'il était traduit, nous paraîtrait sans doute se ressentir un peu trop de son époque. Durant cette longue période, il fut l'ouvrage le plus universellement admiré et lu de son pays, jusqu'à l'apparition de la *Chambre rouge*, de Strindberg, qui opéra une révolution dans le goût et les habitudes littéraires de la Suède. Rydberg donna ensuite : *Ce que la Bible nous apprend du Christ*, où il inaugurait ses études critiques sur les origines chrétiennes. Ses *Journées romaines*, qui renferment d'ingénieux aperçus sur les figures de la Rome impériale, se tiennent également dans la même grande sphère historique. Il a publié, de plus, nombre de travaux et de recherches sur les mythologies germaniques et scandinaves, ainsi que sur différentes périodes de l'histoire de la civilisation.

On trouve, dans toutes les œuvres de l'auteur du *Dernier Athénien*, la même simplicité harmonieuse et savante, la même pureté de langue, qui font de lui sans conteste le premier styliste de son pays. Ainsi qu'on l'a remarqué déjà pour les écrivains scandinaves, il unit le goût du détail familier à celui du symbole. Cette union, quoi qu'on en ait dit, n'a rien de fort extraordinaire. C'est le fait d'une vue sincère attentivement fixée sur la nature. Celle-ci est à la fois, en les choses les plus infimes ou les plus hautes, familière et symbolique. L'ennoblissement et l'étroite appropriation de ces dernières ne sont qu'artifice humain, qui volontiers se complaît dans les régions moyennes à sa mesure. Aussi avons-nous vu, chez nous, le chef de notre école naturaliste offrir le double caractère du symbolisme le plus vertigineux et de la crudité la plus franche. Rydberg ne va pas jusqu'à ces extrêmes. Il reste toujours, par la constitution même de son esprit, mesuré et noble. Nous l'avons dit, c'est un classique. Son style, même en ses conceptions les plus hardies, garde la lumière nette, l'élégante précision, des paysages de la Grèce. Nulle chez lui de ces brumes du Nord qui commencent à obscurcir si furieusement notre ciel intellectuel. Les clairs étés de Suède ne les connaissent guère : l'air frigide et pur, qui donne si fortement l'étrange impression d'être « en haut », y découpe tous les contours avec la netteté des horizons de l'Attique. Où Rydberg reflète vraiment le génie national, c'est dans la note particulière de sa mélancolie. Son âme ressemble à une des majestueuses forêts de sapins de son pays. Les pensées, comme ces arbres songeurs, héros vainqueurs des durs hivers, y montent droit vers le ciel, forçant à les nourrir l'ingrat sol rocheux. Le jour circule, harmonieux et paisible, entre leurs colonnades violettes qu'entrecoupe seulement la grâce attristée d'un svelte bouleau. Et, à leurs pieds, parmi les fougères, croissent les myrtilles et les fraises au parfum aromatique.

Le nom de Rydberg doit sa large popularité à ses poésies. Elles se distinguent par les mêmes qualités que ses œuvres en prose qui, elles aussi, sont toujours éminemment poétiques, et sous une forme plus brève et plus attrayante, ont amené jusqu'au grand public le même esprit qui respire en ses études historiques. Nous en donnons une ici qui nous paraît résumer le mieux les nuances diverses et les habituelles préoccupations de ce beau talent, ainsi que sa philosophie finale. On risque, nous le craignons, de la trouver un peu banale et poncive en sa forme. Il n'en serait rien, cependant, si nous pouvions rendre l'intensité métaphysique de la pensée. Car, pour le charme et l'éclat du style, il est bien entendu que nous n'y pouvons songer, quand nous avons l'impiété de traduire le rythme en langue vulgaire. Nous demandons grâce pour la bizarrerie de quelques tournures, que nous n'eussions pu atténuer sans dénaturer le sens.

D'OU VIENS-TU? OU VAS-TU?

Quand dernièrement j'avançai par ce chemin, — alors le printemps parait le bois et les prairies. — Le petit ruisseau offrait son miroir aux fleurs ; — et l'espace était rempli de gais tintements de cloches. — Et le soleil brillait dans les brumes du matin ; — et la chaumière, derrière sa grille peinte, était neuve.

De sa porte me rencontrait une douce : « Paix de Dieu (1) ». — Ils étaient là en costume de fête, le jeune paysan et sa nouvelle épousée. — Ils souriaient, heureux, et me demandaient : — « D'où viens-tu et où vas-tu, pèlerin ? »

Mais maintenant, tandis que j'avance sur cette même route, — le soleil descend parmi de lourds nuages ; — et la petite rivière est sombre et le ciel est voilé, — et les cloches tonnent gravement dans l'espace. — Sur la lande court en ravageant le vent d'automne. — La petite chaumière est grisonnante d'années. — Personne ne me salue plus avec une joyeuse : « Paix de Dieu ». — La porte comme avant est ouverte, mais une foule en deuil — s'en écoule vers les arbres jaunis du cimetière. — « Pèlerin, d'où viens-tu et où vas-tu ? »

Ainsi j'avance sur ma route silencieuse. — J'entends le Temps faire couler sa chaîne. — Il mesure la vitesse des secondes avec des cœurs qui battent et qui bientôt se brisent;

---

(1) Salut des paysans suédois.

— il mesure les époques des années après les années avec des générations qui suivent les traces l'une de l'autre. — De plus en plus profondément il laisse descendre le câble, anneau après anneau, — fait de tombeau à côté de tombeau, — afin de sonder la mer de l'infini ; et il cherche en vain à atteindre le fond, — pour y jeter l'ancre de l'éternité.

*
* *

Je rêvai que je fuyais parmi la multitude des soleils — d'un pays d'étoiles à un autre pays d'étoiles. — Chacune d'elles, hélas ! était une prison pour le doute, la souffrance et la destruction. — De toutes montait le même soupir : — « Quelle est notre source, et notre but? » — Chaque rayon d'astre qui s'envole à travers les espaces — n'est qu'un messager qui erre, et cherche, et supplie qu'on lui réponde. — Mais la réponse à l'éternelle question est cachée — dans le sein de l'Obscurité qui se tait.

Je me rêvais dans le meilleur des ports. — J'étais enfant dans les bras de ma mère. — A la question que tout à l'heure posaient les étoiles, — elle répondit seulement avec un doux baiser. — Nous nous regardions, et regardions encore l'un l'autre... — Tout dans le monde disparaissait, excepté elle. — L'infini de l'espace se concentrait dans son œil bleu. — Et le temps s'arrêtait : dans le regard de ma mère, — je pouvais regarder dans l'*éternel*.

IV. — SNOÏLSKY.

Le comte Snoïlsky est, avec Rydberg, le second des poètes lyriques de la Suède. Sans avoir la largeur et l'élévation de pensée de celui-ci, peut-être possède-t-il à un plus haut degré les dons spéciaux qui font les poètes : la vivacité de la sensation et la franchise du coloris. Dans le supplément d'une de nos grandes encyclopédies qui consacre par hasard deux lignes à Snoïlsky, j'ai vu appliquer à son œuvre l'épithète de sensualiste. C'est en effet celle que d'ordinaire on y attache en Suède. Il ne faudrait pas néanmoins prendre le poète pour un Catulle Mendès, le peintre voluptueux et charmeur des réalités amoureuses. Snoïlsky n'a que le sensualisme de la lumière et des couleurs. C'est celui d'un jeune aristocrate du Nord qui, parcourant en touriste l'Orient enchanté et l'Italie heureuse, s'enivre de soleil et de parfums et renvoie dans sa patrie d'éclatantes aquarelles dont ses compatriotes s'émerveillent et s'enchantent, avec un vague effroi pourtant du paganisme caché de cette joie méridionale.

L'amour, d'ailleurs, y tient fort peu de place. Dans plusieurs de ces recueils de vers que l'auteur publie presque annuellement, il est totalement absent. Là où par hasard il paraît, à peine le reconnaîtrions-nous, tant cette fluide et songeuse image ressemble peu à l'idée que nous nous en formons. C'est qu'il joue un rôle très effacé dans la vie scandinave. Nous le verrons mieux encore quand nous aborderons les dramaturges. Les jeunes révolutionnaires modernes n'en veulent étudier que le côté pathologique, sans doute par réaction contre les écrivains consacrés, qui en avaient fait une apparition insubstantielle presque aussi métaphysique que la Béatrice du *Paradis*. Certains de ces derniers, nous avons lieu de le supposer, le connurent sous une forme à la fois plus humaine et plus noble. Un poète français, en leur place, eût transmué en beaux vers ses ivresses et ses déchirements. Soit pudeur caractéristique de la race, ou dédain aristocrate à livrer ainsi son cœur en pâture à la foule, à peine un soupir en a filtré dans l'œuvre d'un Snoïlsky.

Alors que celui-ci était encore étudiant à Upsal, ses rimes d'adolescent l'avaient déjà signalé à l'attention publique comme un des plus somptueux lyriques promis à la Suède. C'était l'époque où le Parnasse, en France, inaugurait le culte de la forme et de la beauté pure ; l'époque qu'a décrite Anatole France avec son charme fin, « où l'on avait la prétention d'être impassible », où Paul Verlaine, ingénument, « se comptait parmi ceux qui cisèlent les mots comme des coupes » et pensait réduire les bourgeois au silence par cette interrogation triomphante :

> Est-elle en marbre, ou non, la Vénus de Milo ?

Théophile Gautier, Théodore de Banville, Leconte de Lisle, ancêtres et générateurs du Parnasse, avaient déjà donné presque tous leurs fruits et introduit dans l'art littéraire les principes des arts plastiques. Suivant les lois ordinaires du mouvement intellectuel en Europe, le courant, parti de la capitale du monde, s'était propagé en vagues successives jusqu'à la péninsule scandinave. Ainsi la Suède, depuis sa naissance à la vie de l'esprit, avait toujours fidèlement reproduit les phases diverses de la pensée européenne, avec, presque toujours, une certaine pâleur de satellite, qui renvoie en reflets d'argent la gloire du soleil déjà couché sous l'horizon, jusqu'au jour où le Nord prit sa revanche et, se trouvant enfin lui-même, renvoya à la *ville-lumière* le mot magique couvé par sa race pendant des siècles, durant l'âpreté des longs hivers.

Snoïlsky ne compte pas parmi ces hardis novateurs. Son originalité pour son pays, — qui n'en peut guère être une pour nous, — fut précisément de s'éprendre avec ardeur de ce culte de la beauté devant lequel la conscience protestante s'inquiétait vaguement, ainsi qu'au contact d'une impiété romaine ou d'un sortilège païen. Tandis que Rydberg, enfermé dans l'histoire et dans la contemplation du passé, et plus encore philosophe que poète, restait tourné vers le monde intérieur et les grands problèmes de la destinée humaine, Snoïlsky croyait assez louer les dieux en goûtant l'harmonie des choses et en la reproduisant en de courts poèmes semblables à des fleurs pour la splendeur et le velouté du coloris. Son vers, aussi pur et sonore que celui de Leconte de Lisle, auquel on le peut comparer en quelques points, s'il n'a pas la même majestueuse ampleur, est plus agile, plus maniable et plus spontané. Comme celui-ci, il abonde en trouvailles imagées dont l'abondance coule de source sans heurt et sans effort. Uniquement préoccupé de son rêve de beauté, en laquelle il n'était pas éloigné de voir la raison dernière du monde, il resta toujours en lui beaucoup de l'adolescent généreux qu'un de ses biographes suédois nous montre, absorbé devant l'existence comme devant le poème chatoyant d'une rosace magique et, dédaigneux de toute autre chose, prêt à crier comme Archimède sous l'épée du soldat : « Ne dérange pas mes cercles ! » Son intérêt, pour nous, est de nous offrir un modèle achevé d'un gentilhomme du Nord, chez lequel une large culture cosmopolite a atténué, sinon effacé, certaines dispositions caractéristiques de sa race, et qui pourtant, en dessous, se retrouve d'elle tout entier par maint trait délié, surtout par un grain d'ingénuité chimérique et par un idéalisme inflétrissable.

Issu d'une des premières familles de la Suède, le comte Snoïlsky était entré de bonne heure dans la diplomatie. Après quelques années de service dans les diverses légations de l'Europe, il avait été pourvu d'un poste important au département des affaires étrangères, à Stockholm. Un des dix-huit de l'Académie suédoise, jouissant d'une immense popularité en même temps que de la faveur de la cour, l'avenir le plus brillant semblait lui être promis. Après avoir célébré les pays du soleil, il avait ressuscité les pages héroïques de l'histoire de la Suède avec la simplicité pieuse d'un homme bien né qui, dans sa galerie d'ancêtres, évoque le souvenir des gloires familiales. La nature, par une complaisance dernière, avait revêtu sa personne de l'harmonie et de la beauté qu'il chérissait : noble type d'aristocrate blond aux traits réguliers, à la longue barbe d'or pâle. Dans cette position si riche de promesses enviées, mainte fois pourtant sans doute Snoïlsky avait senti gronder dans sa poitrine le cœur impétueux qui, quelques années auparavant, s'écriait en des vers célèbres :

Hélas! combien de temps ai-je été prisonnier, — en frac, dans la vanité, l'antinature... — Mon jeune lion, fais maintenant ton assaut, — et brise ta cage avec ta griffe !...

C'est à cette époque qu'une romanesque aventure, à laquelle il sacrifia fortune et situation, le jeta hors de sa patrie et le promena errant pendant toute une période de sa vie sur ces rives de la mer d'azur, où les fils du Nord vont chercher l'enivrement ou l'oubli.

Sept à huit ans plus tard, il fut rappelé par le roi, qui l'aimait, et nommé conservateur de la Bibliothèque nationale. Durant ces années d'exil, le talent de Snoïlsky s'était empreint d'un sentiment nouveau. Évolution naturelle de sa maturité, réflexions des jours plus solitaires, ou blessures secrètes infligées par une société souvent aussi cruelle qu'elle est frivole et changeante, sa muse, ainsi que, dans la tribune des *Uffisi* de Florence, il le demandait de l'*Aphrodite* de marbre, avait senti fondre son cœur et s'était inclinée vers le pauvre et vers l'artisan.

Chose à remarquer, d'ailleurs, et tout à l'avantage de l'aristocratie de naissance, celle-ci, maintes fois, s'est montrée très encline à s'éprendre des idées les plus avancées de son temps. On sait le rôle que joua notre noblesse à la veille de la Révolution. De nos jours, sans vouloir abuser du nom célèbre du comte Tolstoï, on peut dire que les principes du socialisme ont compté quelques-unes de leurs plus éclatantes recrues parmi celle de la Russie. Dans ce dernier pays, de même qu'en Scandinavie, elle vit d'une manière plus patriarcale que dans les contrées moins excentriques de l'Europe. Elle se trouve ainsi plus apte à comprendre les besoins du peuple et à sentir s'éveiller en elle l'instinct de justice et de compassion qui sommeille au fond du cœur de tout homme.

Le socialisme de Snoïlsky, qu'on ne s'y trompe pas, n'est au reste nullement révolutionnaire, de sentiment plus que d'application et, disons-le, presque aussi chimérique que l'*Utopie* de Thomas Morus. Il semble le rêver comme une sorte d'Athènes où tous les citoyens vivraient unis dans le culte et l'amour de la beauté. C'est elle qu'il croit pouvoir espérer pour messagère entre le peuple et « le monde égoïste de jouissance ». Il n'a pas manqué pourtant de voir les périls de l'heure actuelle et de signaler partout le danger latent comme un adjuvant à la pitié. Ainsi, dans l'*Aphrodite* et le *Rémouleur* (on sait que ces deux antiques sont placés l'un près de l'autre dans la tribune des *Uffizi*, à Florence), après s'être écrié douloureusement :

N'est-il pas de réconciliation possible — entre ces deux voisins? — Ne se laissera-t-elle pas adoucir, l'orgueilleuse, — jusqu'à venir avec miséricorde vers le géant?

Est-ce que la beauté, séparée du peuple, — s'enfermera toujours dans une vie d'égoïste jouissance? — Et lui, courbé vers le sol, — ne se redressera-t-il pas, son couteau au poing?

Il ajoute, avec une mélancolique prière où lui-même paraît n'apporter qu'un faible espoir :

Descends, toi, l'Aphrodite de l'art, — de ta hauteur marmoréenne.

. . . .

Penche-toi avec amour vers ton frère — pour lui adoucir le lourd fardeau du sort, — pour essuyer la sueur de son front — et faire tomber le poignard de sa main.

Le même sentiment éclate, avec un accent d'équité plus intense et plus profonde, dans le *Frère serviteur*, une de ses pièces les mieux venues, où il a fait preuve de qualités d'originalité et de franche énergie qui parfois manquent un peu à son talent pur et pondéré. Nous eussions aimé le traduire en entier, sans la trop forte impression d'ironie amère à mutiler ainsi la langue des dieux :

LE FRÈRE SERVITEUR

. . . .

Dans le voyage de la vie — tu es si tranquille et satisfait ! — A chaque station, il est certain — qu'une table bien servie t'attend. — Tu traverses les plus belles contrées. — Puis, tu jouis sur le duvet — d'un repos largement mesuré. Dors bien : — le *frère serviteur*, lui, veille, en tout cas.

. . . .

Il se grille dans la suie des machines — et te porte en tes rêves souriants — autour de la mouvante planète. — Quand, en enchantement, tu te promènes, — dans les colonnades des poètes, — au milieu des harmonies immortelles : — C'est le frère serviteur, le noir, — qui les a fixées sur la neige du papier.

Ainsi, il trotte en silence, — dans la route que le sort, et non lui-même, a choisie. — Tout va selon la vieille habitude, — et tu penses : « Moi, j'ai payé. » — Cela suffit, tu le crois. — Mais songe un peu, si le génie qui te sert, — un jour prenait une autre forme, — et furieux, terrible, se dressait, mer de têtes orageuses...

. . . .

Apprends à voir en lui — la personne d'un pareil, d'un ami. Serre sa main calleuse, — et n'y glisse pas seulement une pièce de monnaie. — Aide-le à se transformer librement — en quelqu'un qui sache penser, agir, — et regarde en face dans son visage. — Fais la connaissance du travailleur, ton frère. — Mais prends mon conseil : ce que tu dois faire, *fais-le bientôt*.

Cet esthète qu'est Snoïlsky semble en être venu jusqu'à douter de l'art lui-même, la religion de sa vie. Et, parlant à l'humble potier, il s'exclame avec mélancolie :

> Hélas! cette main dont nous dédaignons l'œuvre, — est bien plus nécessaire que nous, — qui soufflons de frivoles bulles de savon — pour l'amusement des raffinés surnourris.
> Oh! si l'on pouvait ainsi donner à la poésie — la forme simple que les millions d'êtres comprennent . . . . . .
> . . .forger dans une minute heureuse — la coupe où tous pourront boire, — et qui se remplira au profond puits des temps, — pour rafraîchir les foules qui ont soif du chant!

Ce souhait, nombre de poètes l'ont formé. La naïveté, l' « enfance » d'impressions nécessaire pour le réaliser, manqueront sans doute toujours à ceux qu'une culture trop affinée a séparés dès leur naissance du vaste troupeau humain. Mais il est consolant de voir une fois de plus que chez les nobles âmes, de quelque point qu'elles soient parties, le travail de la vie aboutit toujours à la Pitié.

V. — STRINDBERG.

Maintenant, nous abordons le monstre. Avec Strindberg, nous entrons dans le chaos : un chaos génial de contradictions, de paradoxes et d'éclairs ; un coup d'œil d'aigle qui transperce tout ce qu'il touche ; une misérable incertitude qui, le lendemain, avec la même sûreté d'invincible orgueil, ricane et crache sur ce qu'il a édifié la veille ; un mépris sanglant, les outrages les plus bas, déversés sur tout ce qu'on estime devoir rester sacré au dernier des mortels ; et, en même temps, une souffrance si amère, une logique si intense, des aperçus si neufs et si originaux, que, parmi la révolte de tous vos sentiments froissés, un trouble vous gagne, à le lire, et qu'on en vient parfois jusqu'à se demander tout bas avec inquiétude : « N'aurait-il pas raison ? »

Tout se trouve dans cette œuvre, y compris le médiocre qui, pourtant, est le plus rare. Strindberg, d'ailleurs, a parlé de lui-même avec une liberté si absolue, étalé ses plaies avec une complaisance si crue, invitant chacun à les venir toucher du doigt, qu'il est impossible de conserver vis-à-vis de lui la réserve de rigueur avec tout autre. Tant sa vie privée, par sa volonté propre, est devenue partie intégrante de sa littérature et appartient par cela même au public.

Sa production, pour l'abondance et l'universalité, peut se comparer, — toutes proportions gardées, bien entendu, — à celle du seul Voltaire. Il a tout fait, poésie, romans, drames, critique, journalisme, histoire, et quoi encore? C'est un tempérament à la Rousseau, nerveux, misanthrope comme celui-ci, et comme lui souvent sur le bord de la folie, dépassant peut-être en cynisme les aveux les plus décriés des *Confessions,* qu'aggrave encore chez Strindberg la crudité du langage : non dépourvu, au milieu des sautes de dureté sceptique et méprisante d'un talent déséquilibré, de l'humanité généreuse qui fit de ces deux grands hommes les apôtres de la Révolution. Et, je ne sais pourquoi, sa figure impose aussi un rapprochement avec celle de Carlyle. S'il est loin de la hauteur de conscience, de la foi enthousiaste et forte du grand puritain, il en a l'humeur violente et sauvage, la verve sarcastique, irritée et sanglante, les paradoxes *vrais,* qui bouleversent et retournent une question, pour vous y faire voir des profondeurs inconnues. Il a surtout le même âpre amour pour la vérité, la même religion de franchise et d'absolue sincérité. Et c'est ce dernier trait qui, en dépit de tant de défaillances morales orgueilleusement avouées, mérite encore à Strindberg le respect et l'admiration. Ceci et l'indépendance de caractère, indomptable et désintéressée, qui lui a fait accepter les pires misères plutôt que de courber sa volonté ou son caprice sous un joug quelconque. Quelqu'un, qu'on ne peut accuser de doctrines subversives, Lamartine, n'a-t-il pas dit : « Qui sait si le génie n'est pas une de vos vertus? » Et pour heurté, trouble, infécond peut-être qu'il soit resté, on ne peut refuser à Strindberg une parcelle au moins de ce trésor divin.

Peut-être, s'il était né et s'il avait vécu dans une ville comme Paris, ne serait-il pas devenu la créature d'incohérence et de révolte qu'a faite de lui sa patrie. Sans doute, ici comme partout, son humeur ingouvernable et fantasque lui eût créé des difficultés, suscité nombre d'ennemis. Il se fût heurté le front contre bien des murailles. Mais il y eût, certes, rencontré des gens assez amis d'un talent prime-sautier pour excuser en sa faveur quelques excès de langage et pardonner quelques boutades. Enfin la plus exaspérante souffrance que puisse connaître un artiste de choix, ayant une conscience même exagérée de sa valeur, lui eût été épargnée : celle de se sentir seul de son espèce, et montré au doigt, au milieu d'un peuple hostile. La classe des artistes bohèmes est très nombreuse dans notre capitale. Elle a ses cénacles, ses cafés, son quartier et presque ses théâtres. Elle se comprend, s'entr'aide, s'admire et s'encourage elle-même, se donne, avant le grand public et parfois à l'encontre de celui-ci, un avant-goût des douceurs de la gloire. La plupart des hommes « arrivés » y ont passé peu ou prou et lui gardent un souvenir attendri. Si M. Prudhomme, au fond du cœur, nourrit quelque dédain pour le rapin ou le symboliste à longs cheveux, cette compassion discrète demeure empreinte de bienveillance ; il ne lui donnerait pas sa demoiselle en mariage, c'est évident, mais il lui serre la main à l'occasion, rit de ses bons mots et daigne le trouver amusant. Le bohème enfin profite, dans une certaine mesure, de la sympathie et du respect qui, dans notre admirable pays de France, comme en nul autre sur le globe, s'attachent aux arts et aux belles-lettres. Fût-il seul, délaissé, ulcéré, il lui reste du moins les rues populeuses et vivantes où chaque minute lui offre un spectacle pittoresque et nouveau, où le remous continuel de la foule, le va-et-vient des visages étrangers, distrait sa pensée sans jamais évoquer ses douleurs. Il lui reste enfin les nobles paysages de la Seine, si riche de songeries et de souvenirs, et chaque coin, chaque monument, chaque détour de cette ville unique, d'une physionomie incomparable et sans égale, où les pierres mêmes semblent pétries avec de l'intelligence.

Il faut connaître en revanche Stockholm et la vie suédoise pour imaginer le martyre qu'y dut subir un être tel que Strindberg. La Suède, je crois l'avoir dit quelque part, peut être définie par excellence un pays essentiellement bureaucrate, d'institutions et d'esprit. Les sciences y sont fort respectées. Les lettres aussi, bien qu'à un degré moindre. Mais il faut qu'elles consentent à se laisser enrégimenter par l'État et à devenir pour ainsi dire service public. Dans un royaume où chacun a son titre ou le veut avoir, où l'on ne s'adresse pas à un marchand sans ajouter à la troisième personne : « Monsieur le négociant désire-t-il quelque chose ? » un artiste doit obtenir un poste honorifique quelconque afin de se pouvoir qualifier : « Monsieur le bibliothécaire » ou « Monsieur le professeur ». Rester « Monsieur » tout court est presque une ignominie qui déclasse immédiatement son homme. On comprendra aisément la place réservée dans une société semblable à un écrivain d'humeur indépendante et d'opinions subversives comme celui qui nous occupe. Il commença à le sentir avec amertume presque dès le premier jour de son retour à Stockholm. Son premier soin, ainsi que lui-même l'a raconté sur un ton plein d'*humour*, avait été d'emprunter de l'argent pour se louer une chambre modeste près du parc de Djurgarden. Il a tracé un tableau énergique de ces humiliants déboires dans la troisième série du *Fils de la servante* qui, sous le nom de Johann (le second des prénoms de Strindberg), nous livre une autobiographie fidèle de l'auteur. « Le métier de journaliste était fort mal vu, écrit-il, et Johann avait conscience qu'au point de vue social il se trouvait maintenant au-dessous de ses frères, de tous ses amis les commerçants : au-dessous des cabotins même... On avait pourtant quelque égard pour les journaux conservateurs, mais aucun pour les libéraux. Il allait par instinct avec les derniers, tout en sachant qu'on le regardait comme un paria auquel tous peuvent jeter la pierre. Et, descendu de son rang d'étudiant plein d'avenir et de futur écrivain protégé du roi, il prenait de plus en plus les sentiments et la manière de voir des basses classes. »

Fils d'un armateur du port de Stockholm et d'une servante que son maître, à son troisième enfant, avait fini par épouser, lui-même, en racontant l'histoire de sa naissance, attribue ses goûts populaires au sang plébéien qu'il tenait de sa mère. Cependant, par une de ces contradictions si naturelles à l'homme et dont il devait être le plus mémorable exemple, le manque de tenue et le laisser-aller vulgaire de certains de ses confrères ne laissaient pas de choquer l'ancien étudiant d'Upsal. Il se demandait parfois avec malaise pourquoi il s'était jeté dans une semblable carrière : « Mais choisissait-il? on ne choisit pas ses instincts. Ce n'est pas un mérite que d'être démocrate quand on hait la classe supérieure et qu'on a répugnance à la fréquenter. »

La situation s'est grandement modifiée à ce point de vue depuis 1872. La Suède a suivi le progrès des idées qui s'est fait dans toute l'Europe. De grands journaux libéraux, tels que l'*Aftonbladet*, et le *Dagens Nyheter* dont le tirage égale celui des feuilles les plus lues du continent (j'aime à les nommer pour leurs ferventes et fidèles sympathies envers la France), ont conquis à la presse l'importance et le respect auquel elle a droit. Mais qu'on se rappelle quelle aurait pu être dans notre patrie même, il y a une trentaine d'années et dans une ville de province, la position d'un écrivain radical, et l'on ne trouvera la peinture de Strindberg ni exagérée, ni improbable. Il connut alors la souffrance lancinante de voir ses amis, ses anciens égaux, se détourner de lui et, dans la rue, regarder fixement autre part ou enfiler la venelle pour éviter son salut et ne pas se compromettre en marchant trois pas près de lui. Piqûres intolérables comme les morsures des taons au front du taureau, et cent fois le jour renouvelées dans ces étroites et silencieuses cités scandinaves que pas une voiture ne semble animer du pas de son cheval et où les passants, sur les trottoirs, s'en vont en deux minces courants opposés et parallèles, avec l'allure nonchalante de convalescents qui tuent le temps dans quelque promenoir d'hospice. Chacun s'y connaît d'enfance, s'y observe et s'y coudoie : un étranger, même à Stockholm, durant la saison d'été qui amène quelques touristes dans les pays du Nord, est un phénomène devant lequel les indigènes s'arrêtent bouche bée, le regard fixe, avec une ingénuité de Huron, un événement capable de faire retourner sur leurs bancs, avec l'ensemble d'un régiment de grenadiers prussiens, les voyageurs d'un des tramways qui, toutes les dix minutes, traversent les artères centrales de la capitale. J'ai vu, pour ma part, de menus incidents de ce genre se produire sur le passage de femmes que la note pourtant très discrète de leur toilette eût laissées inaperçues partout ailleurs. Si quelques légères dissemblances extérieures éveillent ainsi une curiosité d'aspect assez peu bienveillant, on jugera à plus forte raison à quel point il doit être dangereux de s'écarter du patron intellectuel et moral généralement admis.

Strindberg, de plus, avait été contraint par la nécessité à accepter quelques services de divers citoyens aisés. Ceux-ci l'avaient aidé avec la bonhomie rude et la générosité native d'un peuple non encore endurci par le luxe et l'âpreté de la concurrence, et chez lequel la bourse s'ouvre presque aussi aisément que le cœur. Ils comptaient, en revanche, qu'il les en récompenserait par sa sage conduite et par de louables écrits. Il est malaisé qu'un bienfaiteur et un obligé restent longtemps d'accord. Un de nos célèbres moralistes en a donné la raison : c'est qu'on ne s'entend jamais sur le prix du bienfait. Ce que l'on reçoit est toujours si peu ! et ce qu'on donne est tant ! Strindberg s'offensa qu'on crut avoir acheté un droit de contrôle et de réprimande sur lui. Et, comme la violence de son tempérament le portait toujours aux extrêmes, il éclata bientôt en injures et, sans nier le service reçu, le cracha avec virulence au visage des bourgeois pleins d'ire, en l'attribuant à de vils motifs d'amour-propre et de basse domination. On juge si cette façon d'agir fit scandale. Il n'en avait cure et, toute sa vie, prêta le flanc avec complaisance à de semblables accusations d'ingratitude et de langue éhontée. De même lorsqu'il osa attaquer le roi Charles XV qui, sur la lecture de ses premières œuvres d'adolescent, l'avait envoyé à Upsal et fait les frais de son séjour à l'université. « Élevé à la brochette pour la gloire du règne, développait Strindberg avec amertume, il fallait que je devinsse coryphée royal et poète bien pensant. » Un homme ainsi bâti n'est pas né pour la société. Rien ne lui demeure cher ou sacré à côté de ce qu'il estime la vérité, et nul sentiment humain ne peut le contraindre à la taire, pour choquante ou déplacée qu'elle doive paraître. Il devait en donner dans le cours de sa vie des exemples plus étranges et plus éclatants. Ce besoin de sacrifier à tout propos, et souvent hors de propos, à la déesse que les Grecs représentaient nue, est un trait caractéristique de la race scandinave : vieux levain de puritanisme que nous retrouverons dans l'œuvre des dramaturges et qui a sa grandeur, bien qu'il touche parfois à la délation et blesse nos idées les plus strictes sur l'honneur. Mais, si l'on peut encore haïr celui qui, se sacrifiant lui-même, n'hésite pas à sacrifier les autres, on perd du moins le droit de le mépriser.

Une cause plus profonde que ces misérables querelles devait creuser davantage l'abîme entre Strindberg et ses concitoyens et lui donner de plus en plus le sentiment d'être étranger dans sa propre patrie : la spontanéité, la rapide ardeur d'assimilation qui le faisait épouser avec fougue les doctrines nouvelles les plus avancées, et le mettait ainsi en conflit ouvert avec ses compatriotes demeurés fidèles aux vieilles traditions.

1872 marqua pour les pays du Nord l'ère d'une renaissance littéraire, un moment suspendue par la guerre franco-allemande et par la stupeur qui suivit dans toute l'Europe le dénouement de cette lutte épique. Les communications intellectuelles reprenaient avec le continent; les traductions affluaient, celles de Taine entre autres et des récents travaux de la philosophie anglaise.

Strindberg n'eut pas plus tôt jeté un coup d'œil sur celle-ci qu'il se reconnut de suite sur son propre terrain. « Il avait toujours cherché à poser un pied ferme sur la terre, et n'avait jamais aimé ni les voyages en ballon de la poésie, ni les feux follets de la philosophie allemande... Il s'était désespéré, dans l'impossibilité d'y rien comprendre, sur la *critique de la raison pure*, jusqu'à en venir à se demander lequel de lui ou de Kant était un imbécile, car il fallait qu'il y en eût un. »

La forte affinité du tempérament suédois et de l'esprit anglais est une chose curieuse à remarquer. Est-ce la double conquête des Danois et des Normands (celle-ci pourtant bien francisée) qui dans la nature britannique a déposé cette profonde alluvion scandinave ? mais par quelle bizarrerie alors est-ce au plus éloigné des trois rameaux du vieil arbre qu'elle s'apparie davantage ? Tandis que le rude peuple de la Norvège rappelle plutôt celui de l'âpre Écosse, le suédois, idiome du groupe normannique de la famille germanique, est plus proche voisin de la langue anglaise que de l'allemande. Si l'on examine les œuvres des peintres de cette nation, on verra que, en dépit d'une éducation artistique française, la note particulière d'un coloris plus fantastique ou plus violent, telle touche vaporeuse de *keepsake* ou tel détail minutieux de réalité familière, évoquent aussitôt le souvenir de telle école d'Albion. Le type suédois aussi, bien que plus doux et plus effacé, possède une indéniable ressemblance avec le type britannique. Une des villes de Suède, Gothembourg, la grande cité commerçante, offre un remarquable exemple de la facilité d'assimilation réciproque des deux races : les mœurs, les habitudes, la langue de la Grande-Bretagne y ont à peu près totalement remplacé celles du pays, et, dans un intérieur gothembourgeois, on pourrait presque se croire chez des sujets de la reine Victoria.

De même pour celui qui nous occupe, Strindberg, c'est parmi les écrivains anglais qu'il faut chercher sa famille d'esprits. Il en a souvent l'humour, la bizarrerie fantasque, en même temps que le sens net et perçant, et surtout l'invincible personnalité. Rien de surprenant si la libre pensée anglaise trouva de suite chez lui un accès si favorable. Il s'éprit des idées de Buckle dont l'*Histoire de la civilisation en Angleterre*, publiée en 1867, arrivait seulement en Suède quinze ans après.

On sait que les doctrines de ce philosophe dérivent en grande partie de celles de Darwin. Pour lui, l'homme dépend uniquement des lois de la nature, ainsi que tout autre être organique. Les qualités qu'on nomme spirituelles reposent sur un fond purement matériel, et les propriétés chimiques le sont par conséquent au même degré que la sympathie des âmes. Toute philosophie qu'on tente d'édifier n'est qu'une théologie. Pas de système, tel est son mot d'ordre invariable. La vérité qu'il convient de rechercher n'est que la découverte de la nature. La science est ce qui existe de plus haut, et la morale, n'étant que la manière relative de se conduire, dépend des inventions diverses de la société.

« Si Johann, — a dit Strindberg de lui-même, — avait eu ce qu'on appelle dans le monde du caractère, c'est-à-dire s'il avait été capable de se diriger vers un but unique et de se donner tout entier à une seule passion, il aurait fondé un système sur Buckle, mais il avait l'âme d'un chercheur de vérité qui n'hésite devant aucune contradiction. »

Il tomba ensuite sur Tocqueville et sur Prévost-Paradol : « Tocqueville confirma ses doutes sur la possibilité de la démocratie dans une société vieille et peu éclairée. Il indiquait avec tant de force et de justesse les dangers de la puissance des masses, que Johann en reçut comme un coup de massue sur le front. » Il fut frappé surtout de ce que raconte Tocqueville sur le manque presque absolu de la liberté de penser qui règne aux États-Unis, où la pression écrasante de la majorité enferme celle-ci dans un cercle de fer. « C'était la masse dont Johann avait senti les talons sur sa poitrine, partout, à la maison, à l'école, au théâtre, dans la rue, la masse qui lapide maître Olaf (1) tandis qu'il lui prêche la liberté... Si c'était ainsi en Amérique, que pouvait-il espérer de l'Europe ? Il se trouvait dans une impasse. Aristocrate, il lui était impossible de le devenir : tous les instincts dont il avait hérité se révoltaient là contre. Et, avec le peuple, on ne pouvait rien faire... Il eut conscience que tout son être tombait en morceaux, et devint bientôt mûr pour l'absolu scepticisme. »

Il continua ses lectures, dévorant l'un sur l'autre philosophes, économistes et critiques, les fouillant avec une prodigieuse faculté d'assimilation, ne se servant de l'un que pour détruire l'autre et tirant de chacun le même suc amer. Il finit par s'affermir dans l'idée que le monde, quoi qu'on en pût dire, « irait toujours son train, idiotement et majestueusement, au diable ». « Il se fit alors un rôle de sceptique, de matérialiste et de négateur universel. Et il jugea que cela lui allait très bien. De cette façon, il se trouvait débarrassé de toutes sortes de préjugés sociaux, politiques et moraux. »

Cette crise au milieu de laquelle s'était débattu Strindberg, il est peu d'intelligences modernes qui n'en aient subi une semblable. Il est rare toutefois qu'elle soit aussi complète, et qu'on n'en sauve pas quelques épaves du cœur. La plupart, après l'avoir traversée, sans s'en guérir, l'oublient. Ils se reprennent au travail de la vie par leurs intérêts, leurs affections, par des goûts tenaces qui peu à peu recréent en

---

(1) Héros d'un drame que composait Strindberg à cette époque.

eux un fantôme de la foi défunte. Ils vont, du moins se tiennent debout, agissent comme les autres, en vertu de cette force obscure, accumulée par les générations, qui guide encore l'homme quand le ressort intérieur est brisé. Le malheur et la grandeur de Strindberg furent de ne le pas pouvoir. Après avoir tout jeté bas, avec cette énergique audace, et fait place nette de l'ancien monde, on se fût attendu à le voir élever sur ses débris en poudre quelque construction extraordinaire et superbe. Mais il manquait des défauts nécessaires aux instituteurs des peuples. Son esprit aigu pénétrait trop d'un seul jet les antinomies des choses, leurs réciproques destructions. Il resta ce que lui-même avait choisi d'être : celui qui dit toujours *non*. Toute création féconde, avec ses ombres et ses taches inévitables, ne sort jamais que du cœur ou de l'instinct. Et celui-ci n'était qu'un intellectuel. Pour avorté qu'il demeura ainsi en son talent et en ses promesses, il n'en reste peut-être que plus significatif et plus intéressant pour nous. Il fut victime et martyr de l'esprit de son époque, dont nul plus que lui n'est un complet exemple. Un mythe ingénieux, de tournure alexandrine, retrouvé par Anatole France qui l'expose en sa *Thaïs* dans un entretien digne du *Banquet*, nous montre Eunoia, la pensée de Dieu, s'incarnant ici-bas dans un corps de femme et commettant volontairement toutes les impuretés, afin de s'en charger elle-même et d'obtenir du Très-Haut le pardon des hommes. Strindberg m'apparaît ainsi courbé sous le faix de tous les péchés intellectuels de son siècle, de ses blasphèmes, de ses injustices et de ses défaillances. Sa noblesse est d'en avoir voulu souffrir, de n'avoir pas fait du doute et de l'universelle négation le chemin commode à toutes les concessions et à toutes les complaisances, d'être resté la voix qui, dans le cyclone qui balaye le vieux monde, maudit, accuse et désespère.

Nous avons vu plus haut que Strindberg, tandis qu'il refaisait à sa mode son éducation philosophique, écrivait en même temps un drame en vers : *Maître Olaf*. Celui-ci avait été refusé une première fois au Théâtre-Royal de Stockholm, ce qui, avoue l'auteur, ne contribua pas peu à renforcer ses opinions nihilistes sur ce que l'on pouvait encore attendre du monde. Cette œuvre de jeunesse, sa première en date, se trouve être un des deux ou trois chefs-d'œuvre qui brillent comme des perles dans la mer ensablée et trouble, enchevêtrée d'algues fantastiques et peuplée de monstres bizarres, de son encyclopédique production. Elle tient à présent sans conteste le premier rang sur tous les théâtres de la Suède. Celle-ci, qui, au milieu des floraisons littéraires assez brillantes du règne de Gustave III et du début de ce siècle, n'avait pas compté encore d'auteur dramatique digne de ce nom, espéra un instant que son grand dramaturge était né et pourrait rivaliser avec ceux de la Norvège.

Maître Olaf, c'est Olaüs Petri, l'apôtre qui, accueilli dès la première heure par Gustave Wasa, introduisit en Suède la réforme de Luther. Strindberg, dans son autobiographie (1), en a indiqué la genèse et développé les symboles cachés sous ses personnages. On y peut remarquer les traces indéniables de l'ébranlement profond que communiquèrent à toutes les imaginations, jusqu'en ce coin perdu de l'Europe, le dénouement de la guerre de 1870-71 et les tragiques événements qui suivirent.

« En maître Olaf, — explique-t-il, — il avait voulu incarner l'*idéaliste*, et le *réaliste* en Gustave Wasa. L'anabaptiste Gerdt représentait le communard. Et, pour mettre en plein relief sa conception de ces différents types, il fallait que Gerdt fût à peu près fou, qu'Olaf abandonnât

---

(1) *Le Fils de la servante.*

ses idées et que le roi seul eût raison,... sans que cependant aucun des autres eût tort. L'évêque Hans Brask, défenseur du vieux parti, était traité avec égard, ainsi que quelqu'un qui posséda autrefois la vérité, devenue maintenant l'erreur par le simple progrès des temps. »

Cette dernière, Strindberg l'attaquait violemment en tant que vérité éternelle. « Car, disait-il, elle est dans une perpétuelle évolution, qui s'arrête seulement chaque fois qu'un homme parvient à persuader à la foule que lui-même la tient en sa possession. Aussi toutes les vérités utiles sont-elles relatives et changeantes. » Il attaquait également les gouvernements, malgré un certain respect pour Wasa, « parce que celui-ci, le *réaliste*, ainsi qu'un autre Bismarck, prenait tous les fruits d'un travail qui n'était pas fait par lui ». Le peuple, la foule aveugle, il le traitait « comme un vil troupeau ». « Tout ce que souhaitait la multitude, c'était d'être délivrée des taxes de l'Église. Elle voulait d'ailleurs garder toutes ses vieilles superstitions et jetait des pierres à ses réformateurs. » Un trait caractéristique de Strindberg, c'est, en même temps que sa haine contre toute organisation sociale, son mépris foncier pour la masse. Le peuple, selon lui, n'a jamais été capable de rien faire, pas même la Révolution française, accomplie tout entière par la noblesse, la bourgeoisie et le clergé. Il n'intervint à la fin que pour tout gâter, tout compromettre et tout perdre. Ceci explique que Strindberg, avec l'outrance de ses théories antisociales, ne soit jamais devenu un révolutionnaire militant. Son *nihilisme* n'est que l'œil à mille facettes d'une universelle misanthropie.

Déjà, dans *Maître Olaf*, apparaît de curieuse manière une des singularités les plus frappantes de l'écrivain qui nous occupe : son dédain et son aversion pour la femme. L'influence à son gré avilissante de cette dernière y était stigmatisée dans la mère et dans l'épouse d'Olaüs Petri, toutes deux incapables de le comprendre et anxieuses seulement de l'abaisser jusqu'à elles. Strindberg, pourtant, estime qu'à cette époque lui-même était beaucoup trop emprisonné dans le culte de la femme, et « qu'étant encore garçon, il fut infiniment trop poli pour cette jeune dame. Déjà pourtant, il flairait la tyrannie de la puissance maternelle et du pouvoir féminin. Et, partout où il voyait injustice et oppression, il frappait, fût-ce, ainsi qu'en ce cas, sur un point qui, à cet âge voisin de l'adolescence, lui demeurait fort sensible : le culte de sa propre mère morte. Culte qui, au fond, n'est pas autre chose que celui des sauvages pour leurs ancêtres et qu'il faut déraciner impitoyablement, de même que toute vénération pour les vieilleries, si l'on veut vraiment faire quelque progrès. Plus avancé dans la vie, il se représentait toujours une petite maman égoïste, de l'espèce soi-disant tendre, retenant son fils par les pans de son habit, quand le jeune homme voulait courir et prendre part à telle grande lutte de l'existence qui ne rapporte pas d'or. Ce ne fut néanmoins qu'après plusieurs années d'efforts qu'il parvint à détruire tout à fait dans son cœur cette vieille superstition : le respect pour la mère et pour l'épouse. »

Il professe également peu de tendresse pour les irrégulières, et, bien qu'il en ait dessiné une dans *Maître Olaf*, « pour montrer que la différence entre elle et l'épouse n'était pas si grande », il s'est toujours fortement gaussé de la manie rédemptrice d'une certaine école, ayant toujours remarqué, explique-t-il en termes dont nous renonçons à reproduire la simplicité pittoresque, que les *Traviata* de toute catégorie avaient été guidées dans le choix de leur carrière par une véritable vocation et l'accomplissaient avec dilettantisme.

Nous nous sommes étendu un peu longuement sur

la misogynie très caractéristique de Strindberg, car non seulement elle tient une place tout à fait proéminente dans son œuvre, mais il nous semble qu'on y surprend à nu l'habituel procédé de son esprit : l'observation perspicace d'un fait véridique, souvent fort ténu ou non aperçu jusqu'alors, et qui, sous son microscope impitoyable, s'amplifie à vue d'œil et menace de tout submerger. Oui, l'influence des femmes, ainsi qu'il l'en accuse, peut devenir parfois antisociale. Leur tendresse trop vive, et par cela même d'un égoïsme un peu étroit, tend sans cesse à ramener les pensées des êtres chers au cercle borné de la famille. Elles sont rares celles qui, à l'exemple de la Spartiate et de la mère des Macchabées, enverraient leurs fils à la mort ou au bûcher. Il en fut pourtant : il en serait peut-être encore. Qui ne voit d'ailleurs que cet excès féminin des tendresses de la chair est sans doute ce qui cimente le mieux entre elles, par une loi de dépendances réciproques, les molécules de cet édifice social auquel d'abord il paraissait s'opposer ? En tout cas, on jugera, selon toute apparence, bien extrême le remède que Strindberg en a maintes fois proposé. Entre autres réformes urgentes, il réclame la suppression radicale de la famille, afin de soustraire les enfants à la déchéance morale qui résulte de l'éducation maternelle, et veut que désormais les femmes soient reléguées au rang de servantes de l'homme et de passives procréatrices que la nature leur a marqué. Puissent les charmantes Parisiennes pardonner ces fureurs au barbare écrivain du Nord ! Leurs sœurs de la zone arctique les ont amplement vengées. Et, à l'instar du prophète Élie qui changeait en ours les petits polissons qui l'insultaient, les femmes ont fait subir à leur imprudent détracteur, — lui-même les en a chargées publiquement, — de bien étranges métamorphoses.

Strindberg avait composé *Maître Olaf* pendant l'été de 1872, durant lequel, pour vivre au grand air et travailler en paix, il s'était réfugié dans l'archipel de Stockholm, parmi les pêcheurs. Ce drame toutefois ne vit le jour qu'en 1878, après l'éclatant succès de la *Chambre rouge*, qui lui ouvrit le chemin de la scène.

La Suède, jusqu'alors, n'avait connu que le roman moral et châtré d'Émilie Flygare-Carlen et de Frederika Bremer, dont les ouvrages popularisés par nombre de traductions s'étaient répandus dans toute l'Europe, pour la spéciale édification de la jeunesse. Aussi la *Chambre rouge* fit-elle une sensation profonde. Ce fut une révolution tout entière dans les goûts et dans les habitudes littéraires du pays. Les œuvres de Flaubert, de Goncourt et de Zola venaient de pénétrer dans la péninsule scandinave, mais n'étaient guère connues encore que des lettrés. Sans qu'on puisse dire qu'il y ait de la part de Strindberg imitation directe, tant il reste vraiment original dans la conception et dans les détails, il demeure évident qu'elles lui indiquèrent la voie du naturalisme ou, comme on dit en Suède, de l'*objectivisme* dans le roman.

La *Chambre rouge* est moins un roman, à proprement parler, qu'une série de tableaux de la vie de bohème à Stockholm, tracés avec la plus heureuse vivacité d'impressions et de coloris. En dépit de sa sonorité tragique, c'est tout bonnement le nom de la salle particulière de Bern-salon, un des plus grands cafés de la capitale, où tous les soirs un petit cénacle de jeunes peintres et d'écrivains se réunissait pour discuter et boire du punch. On voit là quel admirable artiste réside en Strindberg quand il se contente d'être simplement le miroir vivant où viennent se refléter les choses. Les figures y sont dessinées avec une vérité qui, malgré toute l'*humour* du conteur, devient parfois sinistre, tant elle perce jusqu'au fond douloureux de l'existence. C'est Falk, le héros du roman, où se retrouvent quelques traits de l'auteur; Falander, le vieux cynique ivrogne, et le peintre Sellen, qui brûle en hiver, pour se chauffer, le plancher de son atelier, et lorsque le dîner a brillé par son absence, lit à haute voix à ses amis, pour charmer sa digestion, les recettes merveilleuses d'un livre de cuisine.

Le souvenir de Murger s'impose devant ces jeunes folies. Mais les bohèmes de Strindberg sont amers et tristes, déjà mi-désillusionnés. Peut-être parce qu'ils n'ont pas de Mimi Pinson. Ils sont toujours seuls, entre hommes. Seulement le soir, après minuit passé, quand ils ont trop bu, ils s'en vont au fond d'un quartier perdu, dans quelque maison louche où des femmes leur versent encore du *porter*. La chambre de l'une d'entre elles, peinte avec une simplicité voulue, avec, au mur, seulement, la photographie d'un enfant qu'elle a eu, à côté de celle de son premier amant, est d'un *impressionisme* étrange et émouvant. Non que Strindberg, presque toujours acerbe et colérique, s'attendrisse jamais ni cherche l'émotion, mais il y atteint parfois malgré lui par la seule puissance du rendu.

Le dénouement conclut dans le même sens que *Maître Olaf*. Falk, le héros, après avoir essayé quelques années du journalisme libéral et de la vie militante, renonce à la lutte, découragé par l'inutilité de ses efforts. Il se résigne à accepter une place dans la bureaucratie, à devenir enfin un « bon sujet ». C'est, me dit-on, l'histoire de nombre de jeunes gens en Suède et, j'imagine, en beaucoup d'autres pays. Combien, embarqués au seuil de la jeunesse avec un bagage de volontés généreuses, vaincus au premier combat par l'égoïste leçon de l'expérience, ont prononcé en leur cœur les amères paroles d'Olaüs Petri :

« Me voici sur la grève solitaire où les flots m'ont jeté : car j'ai gagné enfin le rivage sauveur.

« Et j'envoie maintenant mon salut et mes souhaits aux navigateurs audacieux, qui ne voudront pas s'instruire par l'exemple de celui dont le vaisseau s'est brisé là-bas sur les écueils.

« Va droit contre le vent, vers l'infini de la mer, au but que si passionnément tu désires atteindre !

« Tu dériveras pourtant, comme nous l'avons fait tous : même si tu prends ton point de repère sur une étoile :

« Car les astres eux-mêmes tombent dans le ciel bleu ! »

Nous ne suivrons pas Strindberg dans sa carrière agitée et dans sa production abondante et capricieuse de ces vingt dernières années. Une partie est à peu près oubliée ou perdue. Ce serait une tâche fort ardue et qui nous paraît oiseuse que d'essayer une nomenclature et une classification exacte. Citons seulement, un peu au hasard, parmi les pamphlets : *le Nouveau Royaume*, satire virulente de la société suédoise qui souleva d'ardentes colères et commença le divorce entre son pays et lui ; *Utopie*, dont le titre semble plein de promesses d'ailleurs non réalisées. Parmi ses drames : *le Secret de la corporation*, *le Voyage de Lycö-Per*, *le Père*, traduit en français, je crois, *Mademoiselle Julie* et *les Créanciers*. Au nombre de ses études historiques, il convient de relever particulièrement *le Vieux Stockholm* et ses *Histoires suédoises*, scènes de la vie du peuple il y a quatre ou cinq cents ans, où il a fait preuve d'une science archéologique et d'un don de résurrection admirables.

Il avait donné, dans les trois volumes successifs réunis sous le titre commun de *Fils de la servante*, sa propre autobiographie, ou plutôt une série de planches anatomiques où lui-même s'était placé, lui et les siens, sous le scalpel, avec la sereine conscience d'un professeur faisant une démonstration *in animâ vili*. Certaines parties du livre avaient causé un gros scandale. On s'était offensé de voir l'auteur peindre sa mère, la servante devenue épouse, vulgaire, acariâtre, négligée dans sa mise, dépensant ses journées à ramasser des cancans parmi les bonnes du voisinage, et abreuvant des pires dégoûts le mari assez débonnaire pour ne pas lui imposer silence à l'aide de l'argument frappant cher à Sganarelle.

Ce fut bien pis quand parut, tout dernièrement, *le Roman d'un fou* (1). Nous eussions aimé nous taire sur ce pamphlet. Strindberg y a déchiré de ses propres mains les derniers voiles qui pouvaient cacher au public les secrets d'une union malheureuse et maintenant dénouée. On trouvera sans doute assez justifié l'unanime concert de réprobation qui s'éleva contre un ouvrage où l'auteur n'avait pas craint de publier les détails physiologiques les plus intimes sur la mère de ses enfants, et cela avec un dédain si absolu de tout palliatif convenable, que le premier mari de celle-ci s'y trouvait ouvertement désigné, sinon par son nom, au moins par sa situation, son titre, sa demeure, sa personne extérieure et toutes les circonstances qui le pouvaient rendre reconnaissable aux Stockholmois.

Strindberg, il faut en convenir, s'était singulièrement écarté cette fois de la scientifique impassibilité qui, à ses propres yeux, l'investissait du droit de fouiller dans sa propre chair et dans celle des autres pour la plus grande instruction du peuple. Le dernier mot du livre le trahit : « Je me suis vengé maintenant, ma bien-aimée ! » Ainsi, de son aveu même, cette polissonnerie répréhensible n'est qu'une vengeance d'amant trahi et encore brûlant. Sans prétendre l'excuser en rien, peut-

---

(1) Mme Arvède Barine a publié cet été, dans le *Journal des Débats*, un article très complet et très mesuré qui nous dispense de plus longs développements sur ce sujet.

être convient-il d'invoquer à sa décharge cette hérédité, à laquelle il s'est si souvent référé lui-même, et qui l'a laissé trop étranger à un joug auquel les hommes formés par une certaine éducation ne se soustraient jamais. Nous avons pardonné à Rousseau, — qui eut, en quelques points, beaucoup du tempérament de Strindberg, — ses malséantes confidences sur Mme de Warens. Et si l'auteur du *Roman d'un fou* a besoin d'une semblable indulgence, nous croyons que la postérité et le public de France, qui la devance, ne la lui refuseront pas.

Le titre douloureux de ce dernier ouvrage, — en lequel Strindberg voulut seulement exprimer la démence qui le soumit longtemps aux caprices d'une femme, — ne résume-t-il pas aussi avec éloquence les misères et les angoisses de toute sorte qui, plus d'une fois, durent faire souffler un vent de vertige sur le front du malheureux écrivain? Tour à tour célèbre, fêté, presque riche, quand lui sourit son premier succès, puis haï, méprisé, réduit à la pire détresse et mis à l'index d'une société qu'il ne pouvait se tenir de provoquer incessamment, il avait mené la vie la plus errante et la plus décousue. Il vécut plusieurs années à l'étranger, en France, — où il écrivit d'intéressantes études sur nos paysans, — puis en Allemagne ; envoyant à sa patrie comme salut lointain de colériques diatribes, rentrant ensuite pour s'y fixer de nouveau, menacé de la prison par un procès ridicule; jusqu'à ce qu'enfin, après plusieurs autres alternatives d'exil et de séjour en Suède, il finit par s'établir à Berlin. Il y a quelques semaines, les journaux suédois annonçaient qu'il venait de se faire naturaliser sujet de l'Empire. Il s'est tout dernièrement remarié avec une Allemande : prouvant ainsi, par une inconséquence bien naturelle et qui n'est pas pour le troubler, que, même après une fâcheuse expérience, il est plus aisé de supprimer dans ses livres la famille et le foyer que de s'en passer soi-même.

Il avait pourtant fort malmené la plus séduisante moitié du genre humain dans *Mariés*, un recueil de douze nouvelles où il s'était complu à décrire les divers inconvénients que la vie conjugale réserve à ses élus mêmes. Moins encore, il est vrai, que dans diverses feuilles ou publications à peu près oubliées maintenant. On sait que ce volume, pour une plaisanterie sur la transsubstantiation et une phrase incidente sur le Christ, « ce démagogue exécuté il y a dix-huit cents ans », fit mettre l'auteur en accusation et faillit le faire condamner par un aéropage de « soutiens de la société ». Son intérêt pour nous réside dans l'opposition très nette, humoristique et sensée, où Strindberg s'établit, moins vis-à-vis d'Ibsen que de ses indiscrets disciples féminins. Pessimiste comme le grand Norvégien, comme lui convaincu que la société est mauvaise, établie sur des bases fausses, — comme lui encore chassé de son pays par l'intransigeance des opinions régnantes, — il ne partage nullement ses vues sur les moyens de réformer cette société. Chez Ibsen, comme en toute riche nature qu'un idéalisme ardent conduit d'abord au pessimisme, celui-ci, parvenu au bord de l'abîme, fait pour ainsi dire volte-face sur lui-même et se tourne en mysticisme. Les hommes de cette catégorie ont d'ordinaire le culte de la femme, car ils sentent en elles leur plus docile argile et le plus sûr instrument de leur œuvre. Comme elle, d'ailleurs, ils ont d'intuition cette divine injustice des croyants, plus haute que l'équité même, qui fit dire au Christ : *Si quelqu'un ne hait pas son père et sa mère...* Mais cette surnaturelle parole, puissante en nobles fruits dans les âmes très hautes, peut être infiniment désastreuse lorsqu'elle tombe dans un esprit égoïste et pauvre. Misogyne déclaré, comme les intellectuels purs, — heureusement fort rares, — qui, n'ayant aucune prise sur la femme, s'irritent contre elle et finissent par la mépriser, Strindberg devait être plus que tout autre choqué des impertinences féminines provoquées par les théories de l'illustre auteur de *Maison de poupée*. La pièce venait de faire sensation (c'était en 1884) ; les petites têtes de poupées avaient travaillé, et chaque maison scandinave contenait une Nora en herbe, prête à se révolter contre la tyrannie jusqu'alors inaperçue de son seigneur et maître. L'auteur de *Mariés* s'élève fortement, avec une *humour* digne de Swift, contre ce dernier travers. Dans la nouvelle à laquelle il donne ce même titre de *Maison de poupée*, il nous montre un honnête marin rentrant chez lui après une longue absence et douloureusement surpris de trouver sa femme totalement changée à son égard. Elle l'accueille avec une mélancolie semi-hostile et accable le malheureux de phrases ibséniennes : « Avons-nous vécu *en vérité*, Wilhem? Notre mariage a-t-il été un vrai mariage? Nous sommes-nous assez occupés des grands intérêts de la vie? — Je crois que oui, répond en substance le brave homme, car nous avons rudement travaillé pour élever nos quatre enfants. » Strindberg remporte ici le facile triomphe qu'obtiennent toujours le bon sens pratique et l'équité courante lorsqu'ils s'attaquent aux mystiques théories du *droit spirituel*, ramené indiscrètement au niveau d'une âme moyenne. Il y fait preuve de la mordante clarté, de la verve lucide, à l'emporte-pièce, qui distingue le grand humoriste anglais que nous citions tout à l'heure, et qui souvent se trouvent jointes de curieuse façon, — le doyen de Saint-Patrick en est un autre exemple, — à l'irritabilité nerveuse la plus extrême et à l'équilibre le plus instable de la pensée. Ajoutons que *Mariés* est écrit, ainsi que la *Chambre rouge* et généralement toutes les œuvres de Strindberg, avec une certaine *verdeur* de style. Non que cette fréquente crudité du langage touche guère au côté obscène. Elle trahit plutôt un trop grand laisser-aller d'habitudes et des fréquentations tout au moins douteuses. Il convient de remarquer ici à sa décharge que, si l'on en excepte la bonne compagnie, les Suédois, race plus fruste et naïve que la nôtre, sont d'ordinaire assez rudes en leur langage, fertiles en jurons et en gros mots qui surprendraient en France chez des hommes du même niveau social. Et ceci s'allie à une réelle innocence de cœur, à une foncière chasteté d'âme qui subsiste de curieuse manière au milieu même de leurs désordres.

Je ne voudrais pas terminer cette étude sans citer deux ouvrages de Strindberg, qui comptent à mon sens parmi ses meilleures œuvres : *Hemsöborna* (Les habitants de Hemsö) et *I Hafsbandet* (Au bord de la mer libre). Le dernier est assez récent (1890). Ni l'un ni l'autre ne sont, que je sache, traduits. Ils ont pour scène tous deux l'archipel de Stockholm, qui semble avoir été le lieu de prédilection de l'auteur, le séjour préféré de ses heures de repos, tête à tête avec la nature et la mer.

Le premier est une sorte de paysannerie naturaliste qui nous conte les aventures d'un gars de Smaland, la province la plus pauvre, l'Auvergne de la Suède, arrivant en service dans l'île de Hemsö, chez une riche veuve, déjà sur le retour, qu'il finit par épouser, après la lettre. Il périt au reste misérablement, sous la main vengeresse de ses beaux-enfants qu'il a chassés de leur demeure, un jour d'hiver où il s'est imprudemment engagé dans les méandres de l'archipel, sur la glace mal sûre. Plusieurs épisodes sont traités avec une bouffonnerie épique digne de Rabelais. Ainsi les noces de la veuve où, durant toute la soirée, à travers les danses et les beuveries, on a cherché en vain le pasteur disparu. On le retrouva enfin, vautré sur le lit nuptial, qu'il a souillé outrageusement, et dormant à poings

7.

fermés du sommeil de l'innocence. C'est le matin, à l'aube. Deux gars vigoureux le soulèvent, sans qu'il s'éveille de sa torpeur de plomb, et, avec des rires énormes, le portent jusqu'à une petite crique où les pêcheurs ont coutume d'accumuler les débris des poissons qu'ils salent et préparent. Et, le balançant en cadence, ils lancent dans les eaux puantes le malheureux pasteur, qui tombe la tête la première parmi les détritus et les raclures d'écailles dont la nappe lépreuse couvre la surface du bassin. Strindberg se montre là un peintre de mœurs singulièrement audacieux, coloré et puissant. De même les couples qui, le soir des noces, s'esquivent, un à un, de la salle de danse, et disparaissent furtivement dans la nuit. Le fermier, le lendemain, trouve sa planche de pois foulée en maint endroit de significative manière et se récrie dans un langage que se refuserait à traduire le plus hardi de nos naturalistes. C'est là dans sa naïveté le peuple ingénu et biblique dont un pasteur, précisément des îles de l'archipel, — mais non pas de Hemsö, — me disait : « Depuis vingt ans que je suis ici, j'ai célébré soixante mariages : il n'y en avait que cinq qui ne fussent pas absolument urgents. » Encore si un gars, par grand hasard, se fiance à une fille sans la pression de cette naturelle contrainte, il s'offenserait grandement qu'elle lui refuse toutes avances d'hoirie désirables.

Également, dans la scène finale du meurtre, l'auteur de *Hemsöborna* a rendu en plein relief l'humeur rancunière et sauvage, prompte aux coups tragiques, qu'on prête aux habitants de l'archipel et où notre imagination croit reconnaître le sang des vieux pirates. Mais ce qui, là comme *Au bord de la mer libre*, révèle en Strindberg un merveilleux côté d'art, c'est la peinture de la nature et de la mer. On voit qu'il l'aime entre toutes et la sent jusqu'en chacune de ses fibres profondes, cette nature rocheuse de l'archipel où la Baltique, roulant au bord de ses *fjerds* innombrables d'inverses forêts sous-marines de processionnels sapins, s'en vient mourir dans les anses abritées de ses îlots, telle qu'une mare d'eau du ciel, ou tel qu'un océan minuscule, servi dans une coupe d'algues d'or aux jeux de quelque enfant-dieu.

Ce n'est pas que Strindberg, à vrai dire, s'impressionne ni s'émeuve jamais devant elle. *Il la voit,* et cela suffit. Il possède, en face de la nature, la merveilleuse acuité de vision et d'oreille d'un Peau-Rouge : pas un frémissement de la vague qui lui échappe ; pas un craquement de branche ou de feuille sèche qui passe inaperçu. Chaque aspect du paysage se reflète en lui comme dans un clair miroir, avec une impersonnalité grandiose et je ne sais quelle virginité auguste qui semble n'avoir jamais été touchée par l'homme. Pas un naturaliste n'a peint comme lui la vie des oiseaux de mer, et le peuple étrange des poissons, sous son regard, s'anime et vit, dans l'Océan transparent, avec toute la liberté spontanée de ses formes et de ses mœurs bizarres. Sa phrase est incomparable pour rendre d'un trait rapide et sûr, qui jamais n'appuie ni ne pèse, les diverses physionomies des choses. « La mer s'étendait, sans une ride, *telle qu'un drapeau qui flotte.* » Ces derniers mots ne suscitent-ils pas devant votre vision intérieure, en un brusque raccourci, tel aspect souvent contemplé de l'Océan, la fraîche ambiance de la brise et la mystérieuse force vivante cachée dans l'ondulation spontanée du flot ?

Au bord de la mer libre met en scène un intendant de pêcherie, envoyé parmi les populations maritimes de l'archipel de Stockholm. Strindberg y a voulu manifester la supériorité de l'homme cultivé sur la nature brute. C'est là presque une thèse à la Jules Verne. Elle importe peu d'ailleurs. La seule chose qu'il convient de retenir et qui ressort de cette œuvre, ainsi que de nombre d'autres de l'auteur, c'est que, au milieu de ses contradictions, de ses colères et de ses égarements, Strindberg — cela se lit d'éclatante manière sur cette physionomie tourmentée, ce front énorme surplombant le visage aigu — reste avant tout un très grand, un admirable artiste.

CHAPITRE II

LA LITTÉRATURE DANOISE (1).

I. — George Brandes.

Avant d'esquisser les traits généraux et les principales figures de la littérature danoise-norvégienne d'aujourd'hui, il convient d'inscrire au fronton du temple le nom de celui qui l'a suscitée. Nous voulons parler de George Brandes. Son nom a pénétré en France jusqu'au public lettré. Mais son œuvre y est à peu près inconnue. Aucun fragment n'en a été traduit dans notre langue. Nulle étude qui ait tenu compte du rôle important qu'il lui fut donné de remplir, ne lui a été consacrée. On sait par la préface que M. Édouard Rod mit

---

(1) Il n'y a pas de littérature danoise avant le dix-huitième siècle. Jusqu'à cette époque le théâtre, à Copenhague, parle français comme la cour. *Holberg* (1684-1754), regardé comme le fondateur de l'art dramatique en Danemark, est le premier qui osa porter sur la scène élégante l'idiome vulgaire, abandonné aux farces de la populace. Encore débute-t-il par une traduction de Molière, *l'Avare*, et se modèle-t-il soigneusement, en dépit d'une naïveté aimable qui sent son terroir, sur le goût français. Après lui paraît *Œhlenschläger* (1778-1850), le chef des romantiques danois, qui inaugure dans les lettres le mouvement nationaliste que poursuit en Suède à la même époque le poète Tegnér, et ressuscite en ses drames les héros et les dieux des antiques mythes scandinaves. L'influence d'Œhlenschläger et de ses disciples s'est prolongée jusqu'à l'avènement de l'école moderne.

en tête des drames d'Ibsen, qu'il a introduit les doctrines de Taine dans les pays du Nord. On n'ignore pas peut-être l'émotion tumultueuse que soulevèrent les cours de littérature professés par lui à l'Université de Copenhague au lendemain de la guerre franco-allemande. Et c'est là tout, pour la grande majorité des esprits cultivés, sinon pour quelques écrivains que la direction spéciale de leurs travaux a pu mettre en rapport immédiat avec le mouvement intellectuel septentrional.

C'est à Brandes néanmoins qu'il convient de rattacher la floraison actuelle de cette école scandinave moderne qui, pour avoir été quelque peu surfaite, croyons-nous, en certaines de ses manifestations, n'en a pas moins apporté un élément rénovateur à l'art de notre époque, et peut s'enorgueillir de compter avec Henrik Ibsen un de ces hommes qui suffisent à la gloire d'un peuple. L'impulsion créatrice que lui doit celle-ci est un fait basé non sur une appréciation personnelle quelconque, ni même sur un rapport évident d'antériorité, — qui peut cependant passer pour probant lorsqu'il s'agit de la même langue et de la même contrée, — mais sur le consentement unanime des trois royaumes du Nord et sur l'aveu de presque tous les jeunes écrivains de la Scandinavie.

Brandes lui-même, ne l'oublions pas, n'est ni un poète dramatique ni un romancier, mais un critique. Sa tâche a été moins d'invention que de simple propagande. Disciple direct d'Auguste Comte et de Taine et, par ce dernier, de l'école scientifique anglaise, il a répandu dans sa patrie les théories de l'auteur de la *Philosophie de l'art*, déjà vivantes dans les œuvres de Balzac, — ce voyant qui devina la science qui allait être, — de Flaubert et des de Goncourt. Telles furent les semences fécondes qui, germant profondément dans le sol presque vierge encore de la Scandinavie, produisirent, parmi tant d'autres de moins haute poussée, un Ibsen et un Björnson : car la manière antérieure des deux grands dramaturges de la Norvège, pour ne pas être peut-être inférieure à leur seconde efflorescence, en est si totalement différente qu'elle ne fait que souligner davantage la transformation qui s'opéra en eux sous l'influence de l'apostolat de Brandes. D'où cette indéniable vérité : *le théâtre norvégien et le roman scandinave contemporains procèdent du naturalisme français, qui lui-même découle de la science anglaise et de Darwin, dont l'immense figure commande toute la production intellectuelle du siècle.*

Dans toute l'Europe, — exception faite des pays latins, — George Brandes passe pour la plus haute personnification du critique international. Si l'on examine la situation géographique et politique de sa patrie, on aperçoit que celle-ci semblait prédestinée entre toutes à produire le critique qui, suivant les paroles de M. Leroy-Beaulieu, « a le mieux compris le génie des diverses littératures ». Une grande nation comme la France a derrière elle un passé trop riche, elle possède une production journalière trop importante, pour ne pas demeurer un peu absorbée en elle-même. Tant de charmantes figures de femmes, tant de recoins inexplorés et nouveaux, dans notre vieille civilisation, tirent irrésistiblement notre regard en arrière, quand nous voulons quitter notre courant quotidien ! Ce n'est guère qu'un bref mouvement de curiosité qui nous incite à jeter par hasard un coup d'œil hors de nos frontières. A moins que ce ne soit, comme en l'instant présent, l'inquiétude profonde d'une société vermoulue qui cherche aux quatre coins du ciel le côté d'où va souffler vers elle l'esprit de vie.

Le minuscule Danemark, au contraire, par suite de la faiblesse numérique de sa population, n'a pu avoir de forte tradition nationale intellectuelle. La culture indigène y a été tardive et restreinte, abreuvée presque uniquement aux sources étrangères. D'autre part, c'est un pays d'accès facile, situé sur la grande route maritime du Nord, en contact incessant avec l'Angleterre, dont le pavillon remplit ses ports, mêlé à ceux de l'Empire germanique, de la Russie et des États scandinaves; appuyé, de plus, à l'immense *Vaterland*, qui laisse couler directement jusqu'à lui le grand courant de la pensée européenne. Le Danemark semble avoir eu pour fonction spéciale de faire refluer celui-ci jusqu'au lointain Septentrion et, en revanche, de ramener au grand jour du continent les songes symboliques et les aspirations éclos au bord des fjords glacés. Nulle merveille si l'intellectualité d'une telle nation est avant tout cosmopolite. Qu'on se souvienne de plus que ce petit peuple d'un million et demi d'habitants, durement foulé aux pieds, humilié par son puissant voisin, a dû puiser dans ces cruelles épreuves, dans la révolte de son orgueil blessé, avec le mépris de la force brutale, le culte ardent de ce vaste royaume de l'esprit où, tout en gardant au cœur l'amour de son étroite patrie, on devient vraiment citoyen du monde.

Voici bien des causes qui peuvent expliquer dans une large mesure le caractère particulièrement international que revêtit dès son principe la pensée de Brandes. Il en est une autre peut-être plus active encore. Brandes est, de naissance, un coreligionnaire de Henri Heine, et la nuance cosmopolite du tempérament danois se double en lui du cosmopolitisme beaucoup plus profond de sa race. Il serait assez piquant de rechercher quelles qualités spéciales a apportées celle-ci dans la littérature. On voit au premier coup d'œil qu'elle a été surtout abondante en critiques. Elle est merveilleusement adaptée à cette forme littéraire par son étonnante intuition des hommes et des choses, — le sens aigu et sûr des grands manieurs d'argent, — et par l'absence complète, très favorable à la vue nette de l'esprit, de préjugés religionnaires et nationaux; tandis qu'elle manque presque absolument de la force d'imagination naïve et sublime qui seule peut dresser debout, avec une vie plus intense que de réelles créatures de chair, des personnages de rêve. N'est-il pas significatif — soit dit en passant — que les trois grands courants qui tendent à dominer notre fin de siècle soient précisément la triple formule intellectuelle et sociale de la pensée juive : Capitalisme, Cosmopolitisme et Criticisme?

Brandes, par la forme extérieure ainsi que par la structure intime de son œuvre, relève de celle-ci bien plus que de la scandinave (1). Il a l'esprit prompt et clair, sans rien de cette lourdeur et de ces nuages dont s'enveloppent les visions profondes et vagues des peuples de souche germanique. Volontiers il illustre ses aperçus de courtes anecdotes qui les résument et condensent. Sans qu'il soit incapable — il l'a prouvé — de grandes conceptions d'ensemble, ses portraits atteignent à la ressemblance plutôt par une série de petites touches précises et nettes, une suite de légers coups de burin donnés au bon endroit. On pourrait dire de son énergie ce que lui-même a dit de celle des de Goncourt : « qu'elle était plus aiguë que large ». Enfin, — bien que je sente qu'il ne faudrait pas trop presser cette comparaison, — sa nature psychologique me paraîtrait en quelques points assez voisine de celle de Heine. Il a, de même que celui-ci, ce sens affiné de la juste mesure

---

(1) « Vous me croyez cosmopolite, — nous écrit à ce sujet « M. George Brandes. — Je suis au contraire Danois, et très Danois. » Il est bien entendu que nous n'avons prétendu, en appliquant ce mot de cosmopolitisme à l'œuvre de l'honorable écrivain, que rendre hommage à la large universalité de son esprit, qui ne peut nuire en rien à la vivacité des sentiments patriotiques les plus respectables.

qui est comme l'aristocratie de l'intelligence, ce dédain inné de la foule et du *philistin* qu'engendre sa vraie indépendance, ainsi qu'une teinte de cette mélancolie toute particulière, sceptique et amère, lucide et résignée, qui est à la fois celle de l'*Ecclésiaste* et celle de l'*Intermezzo*. Son lyrisme, parfois impétueux, surtout en sa verte jeunesse, abondant en expressions fortes et colorées, laisse pourtant subsister entière une ironie d'esprit qui sans cesse analyse ses propres enthousiasmes en leur donnant l'essor, et sait au besoin les refréner d'un sourire. Tel quel, et semblable encore en ceci à l'illustre poète, il était fait mieux que tout autre pour comprendre, goûter et répandre au dehors le génie de la France.

Il n'est qu'exact, en effet, de dire que, du moins durant la première période de son activité, Brandes fut essentiellement Français. Lorsque, au sortir de l'Université de Copenhague, sa ville natale, il entra dans la vie littéraire militante, le Danemark était encore sous le coup de la déprimante angoisse qui avait suivi les événements de 1864. La défaite qui, nous en avons eu un exemple, jette à bas les gouvernements chancelants et déjà minés en dessous, avait amené au contraire, dans ce petit royaume, une forte réaction de l'esprit conservateur : ce qui, — nous pouvons nous souvenir nous-même d'un phénomène à peu près identique, — semble comme le mouvement naturel de contraction d'une nation blessée qui, renonçant aux périls d'une marche en avant que sa faiblesse estime impossible, veut seulement vivre et durer. Le peuple tout entier s'était serré autour de son roi, de son armée, des corps constitués, comme autour de la seule force organisée qui pût rendre un peu de cohésion et de vitalité à ses membres encore pantelants. Une recrudescence formidable de cléricalisme s'en était suivie : le Danemark, qui, depuis, a fait beaucoup de progrès dans le sens de la liberté, fut alors en proie à un piétisme aussi noir que celui de la Norvège actuelle. Toute libre pensée devint suspecte. La fatale issue de la guerre avec la Prusse avait momentanément suspendu toute communication morale avec l'Allemagne, qui jusqu'alors avait été la grande source de culture intellectuelle. Il en était résulté un arrêt de développement, un recul en arrière de celle-ci. Quelques timides partisans de la philosophie hégélienne essayaient de sauver au moins à la science un semblant d'indépendance, en démontrant que son domaine et celui de la religion étant absolument distincts, elle ne pouvait en rien risquer d'être jamais contraire à l'orthodoxie protestante et à la confession d'Augsbourg (1).

Cette délimitation a été mainte fois essayée, et par des esprits très divers. On peut, à l'exemple d'Herbert Spencer, reléguer avec respect l'idée religieuse dans le royaume de l'Inconnaissable et mener paisiblement à part d'elle le libre travail de l'inquisition scientifique. Cette méthode concilie l'autonomie de la pensée avec la déférence due aux croyances d'autrui et avec le scrupule de ne troubler aucune conscience naïve : elle sied au sage solitaire, sinon au conducteur de peuples. Il n'est pas moins certain qu'une telle tentative n'est le plus souvent qu'un essai détourné de réduire la science à n'être, comme autrefois, que la servante de

(1) Il convient de citer à ce propos le curieux ouvrage de Sören Kierkegaard, antérieur d'ailleurs de plusieurs années à l'époque dont nous parlons : *Enten-Eller* (Ceci ou cela), qui posait nettement l'inévitable opposition de la science et de la religion et se prononçait en faveur de cette dernière. Sören Kierkegaard (1813-1855) est un penseur indépendant, qui se laisse difficilement classer. Théologien et métaphysicien, en même temps qu'humoriste fantaisiste, il a le premier en Danemark, dans *Don Juan*, le *Journal d'un jeune homme*, etc., donné des essais de psychologie analytique. Comme forme littéraire, sinon comme sujet, sa manière rappellerait pour nous en quelques points le *Journal* d'Amiel.

la théologie ; ou, lorsqu'elle vient de la part de la première, qu'un aveu de sa faiblesse qui peut compromettre gravement son intégrité.

C'est ce que Brandes sentit dès le premier instant. Il était alors dans cet âge d'intransigeance généreuse où les opinions ne sont pas, ainsi qu'il advient souvent à la maturité plus rassise et désabusée, de simples préférences que tempère une pointe de scepticisme ; mais d'exigeantes idoles, adorées et servies avec une foi sans restrictions. Peut-être aussi s'y joignait-il un peu de l'humeur batailleuse d'un jeune ambitieux, jaloux de se signaler en de périlleux tournois et d'attirer l'attention par d'agiles coups de lance. Il prit une position avancée dans le parti libéral qui n'acceptait aucune limite au libre examen et publia quelques opuscules et essais : le *Dualisme dans la nouvelle philosophie*, des *Études esthétiques*, etc., qui lui valurent l'orageuse célébrité si prompte à obtenir dans les petits pays. Les temps toutefois n'étaient pas mûrs. Le terrain devenait brûlant. Il quitta sa patrie pour aller passer à Paris plusieurs années.

Brandes vécut, dans notre capitale, en plein milieu du courant philosophique et littéraire d'alors. Ce n'est pas ici le lieu de tracer un tableau du mouvement intellectuel vers la fin du second Empire : chacun le peut faire à notre place en rappelant, sinon ses propres souvenirs, au moins celui de ses lectures. Brandes s'imprégna des doctrines d'Auguste Comte qui, mort quelques années auparavant, avait laissé des continuateurs distingués et fervents. Il connut les œuvres des de Goncourt, des Flaubert, et des jeunes qui commençaient à poindre, vit l'auteur de la *Vie de Jésus* et noua d'étroites relations personnelles avec Taine, qui devait avoir sur la direction définitive de sa pensée une influence si décisive et auquel il dut sans doute le goût de la philosophie anglaise, entre autres de

Stuart Mill, dont il donna plus tard une traduction danoise.

Il rentra à Copenhague au lendemain de la guerre de 1871. On s'imagine difficilement en France, — absorbés comme nous le fûmes alors par notre filiale douleur, — le profond effet de stupeur que produisit dans toute l'Europe ce qu'on crut la chute de la France. Les tragiques événements de la Commune qui suivirent, défigurés et grossis encore par la distance, parurent comme un signe du jugement de Dieu sur la nation maudite qui, dans les spasmes de son agonie dernière, se déchirait et s'ensanglantait elle-même de ses propres mains. Les peuples qui, durant la lutte, prudemment s'étaient tenus à l'écart sans souffler mot, commencèrent à sentir l'admiration judicieuse que la nature a mise au cœur de l'homme pour le plus fort. Les anciennes victimes de la Prusse oublièrent presque leur vieille rancune dans la satisfaction d'avoir désormais cette éclatante compagne d'infortune. Toutes les sectes du protestantisme, pieusement, levèrent les mains au ciel et rendirent grâce de la défaite de l'impie. Et, dans ces joies malignes et mal dissimulées, s'agitaient sourdement toutes les secrètes rancœurs que les marchandes d'herbes, dans la vieille Athènes, devaient nourrir contre l'amie de Socrate et de Périclès.

En de telles circonstances, Brandes fit preuve d'un vrai courage moral et d'une réelle élévation d'âme. Et de cela la France lui devrait, il nous semble, quelque reconnaissance. Il eut foi en son génie, en sa force de résurrection. Il continua de voir en elle, malgré ses fautes et ses malheurs, le soldat du progrès et de la liberté, et se posa hardiment en champion des idées françaises au moment où, — ainsi qu'il le rappelait dernièrement lui-même dans un de nos journaux, — il s'exposait publiquement, de la part de ses adversaires, au reproche de choisir, pour se faire le promoteur de cette civilisation, « l'instant même où celle-ci venait de démontrer son irrémédiable corruption ».

On sait le tumulte, l'enthousiasme, les polémiques et le déchaînement de colères qu'excitèrent les cours publics qu'il professa alors à l'Université de Copenhague (1). Beaucoup, parmi les hommes mûrs, se souviennent encore en cette ville du temps où, jeunes étudiants, ils attendaient à la porte de la salle durant des heures, sous le froid mordant d'un hiver presque arctique, afin de s'assurer une place au cours de Brandes. La parole alerte et brûlante du conférencier avait réveillé les aspirations libérales qui sont toujours en puissance dans l'âme de la jeunesse. Pour en bien comprendre toute la portée, l'effet rapide et foudroyant, et pour apprécier avec justice une œuvre qui fut avant tout une œuvre de combat, — de combat pour la lumière et pour la vérité, — il importe de bien se rappeler la situation en Danemark à cette époque précise.

Nous avons parlé déjà de la formidable réaction politique et religieuse dont ce petit royaume était devenu la proie, après la grande détresse de Dybböl. C'était encore pis, au point de vue purement intellectuel et littéraire. Le grand mouvement scientifique et philosophique de l'Angleterre, les méthodes de la critique française, la psychologie et l'étude réaliste des milieux dans le roman, y étaient totalement inconnus. La littérature vivait sur la desserte d'Œlenschläger, le pompeux évocateur des héros et des dieux scandinaves, mort depuis 1850, et sur la queue du romantisme qui, comme toutes les écoles vieillissantes, avait perdu sa dernière goutte de sève et s'en allait croupissant dans un marais.

La partie était belle, si difficultueuse, et brillante à jouer. Brandes arrivait tel qu'un jeune Alcide, prêt à terrasser l'hydre de l'obscurantisme et de la réaction, ou tel qu'un semeur, la main pleine de vérités qui, lancées hardiment sur le sol jusqu'alors stérile, demain vont germer et s'épanouir en moisson féconde. Le monstre à vaincre était le romantisme qui, sans force pour rien créer désormais, avait encore griffes et ongles pour se défendre. C'est contre lui que se tourna tout l'effort de Brandes et que fut dirigé spécialement son ouvrage capital : *Les grands courants de la littérature au dix-neuvième siècle.*

Le titre seul, — on l'a dit déjà, — constituait une trouvaille géniale. C'était plus qu'un programme : toute une doctrine. Avec l'instinct dramatique propre à sa race et naturel d'ailleurs aux hommes d'action, qui y trouvent les saisissantes images dont ils ont besoin pour agir sur la multitude, il avait conçu l'histoire de la première moitié du siècle comme un duel épique, en six actes, entre l'esprit du passé et celui du progrès, et se jouant successivement dans les trois grands pays qui forment la scène intellectuelle de l'Europe : la France, l'Allemagne et l'Angleterre. L'esprit du passé, c'est-à-dire la réaction, s'incarnait pour lui dans le romantisme. Il le montrait triomphant, au début du siècle, dans les deux premiers de ces pays, puis, bientôt assailli par le reflux grandissant de ce libre esprit du dix-huitième siècle qu'il avait cru vaincre, déjà plus qu'à demi submergé et près de disparaître sous le flot montant de l'océan vainqueur. Les péripéties du drame et ses protagonistes, il les exposait en six actes, en six volumes : I. *la Littérature des émigrants;* II. *l'École romantique en Allemagne;* III. *la Réaction en France;* IV. *le Naturalisme* (1) *en Angleterre. Byron et son groupe;* V. *l'École romantique en France;* VI. *la Jeune Allemagne.*

(1) « J'ai créé ce mot, — nous écrit M. George Brandes, — pour
« la littérature anglaise en 1874, ne sachant pas même que Zola
« l'employait ou voulait l'employer plus tard pour le mouvement
« (tout différent) qu'il a baptisé naturaliste. Je voulais dire simple-
« ment amour de la nature, éloignement du surnaturel... »

Un si vaste ouvrage, conçu dans une époque de lutte et de fièvre, prête sans doute à bien des critiques de détail, malgré le soin qu'a pris l'auteur, dans les éditions successives, d'y introduire une distribution plus judicieuse et des remaniements utiles, en même temps que d'effacer ce que l'ardeur du combat, sous le coup de fouet d'attaques journalières et de conférences publiques, avait pu lui arracher d'appréciations hâtives et de paroles trop vives. Dans ses tableaux du mouvement romantique en France, par exemple, il a pu attribuer à certaines œuvres plus d'importance que nous ne leur en accordons généralement nous-mêmes, et, au contraire, en passer sous silence d'autres qui jouèrent alors un rôle non méprisable. Il faut se souvenir aussi que nous sommes maintenant de vingt ans plus en arrière et que les lignes de la perspective sont ainsi un peu déplacées et groupées autrement. Puis, bien que George Brandes soit certes le critique étranger qui ait eu à un plus haut degré l'exacte intuition de notre tempérament national et qui, sans tomber jamais dans ces grossières erreurs auxquelles sacrifient trop souvent à ce sujet, hors de nos frontières, des intelligences d'ailleurs très hautes, ait su le mieux pénétrer, sous notre légèreté et proverbiale « immoralité », la forte raison et la part d'idéalisme exalté qui constitue le génie français, — cependant il n'est que naturel que certaines des productions de celui-ci revêtent une couleur et une forme un peu autres, en se réfléchissant dans un esprit formé par une culture différente. Non qu'on puisse d'aucune manière, en un tel cas, accuser ce dernier d'inexactitude. Si la collaboration de l'*objet* et du *sujet* est nécessaire, — ainsi que nous le croyons savoir, — à la formation de l'image, qui décidera que l'une est plus légitime que telle autre? Et le piquant de la critique internationale, son caractère instructif aussi, consiste précisément à nous montrer les physionomies variées que peuvent revêtir nos créations, selon les milieux divers où elles se reflètent.

On a accusé Brandes d'avoir trop aveuglément systématisé, dans un intérêt de parti, son assimilation du romantisme et de la réaction. Il est certain que les « grands courants » d'un siècle ou d'une littérature, — pour nous servir de l'expression de notre auteur, — n'ont pas la netteté parfaite des lignes qui, dans les cartes marines, indiquent la direction des courants de l'Océan. Ils se mêlent parfois et se confondent sur leurs bords; ils s'empruntent l'un à l'autre des teintes et des reflets qui peuvent induire le regard en erreur sur leur tendance vraie. Le romantisme français, par exemple, souffrit diverses infusions de l'esprit libéral. Dans sa seconde époque surtout, — j'entends avec Hugo, — il fut vraiment un cri de guerre contre l'oppression des vieilles formules et la tyrannie des préjugés d'école. On n'ignore pas toutefois à quelle tentative de restauration politique se rattache chez nous son origine. Revenu de l'émigration dans les malles de Chateaubriand et de Mme de Staël, son essence fut avant tout l'*irréel*. De *René* à *Hernani*, à travers les différents tempéraments d'écrivains, c'est toujours le même dédain des lois ordinaires de la vie, le même vide chatoyant, paré de toutes les effervescences du langage, peuplé des fantômes d'une imagination enfantine ou malade qui, soit qu'elle exalte ou blasphème, ne sait qu'errer, à jamais impuissante, sous les colonnades croulantes des vieux âges. Si, dans quelques-unes de ses dernières productions, frissonne un souffle de renouveau, précurseur d'une transformation prochaine; si d'autres, plus anciennes, respirent parfois cette haleine de liberté que le génie, qu'il le veuille ou non, porte presque toujours avec lui; si, enfin, des hommes en sortirent qui travaillèrent puissamment à l'œuvre de leur siècle, ceci n'infirme en rien la vérité de ce qui précède. Une critique impartiale doit se tenir présentes et noter au passage ces dissonances légères, nécessaires et constantes, parce qu'humaines, à l'accord fondamental d'une période qu'elle étudie. On comprend cependant qu'une synthèse un peu générale deviendrait impossible, s'il n'était permis de les négliger quelquefois et de laisser à la sagacité de son lecteur le soin de les expliquer lui-même.

Où Brandes nous paraît avoir fait preuve d'une pénétration fort juste et d'un vrai sens historique, c'est lorsqu'il rattache l'évolution intellectuelle moderne à un retour de l'esprit du dix-huitième siècle. On l'a taxé d'ignorance à ce sujet pour avoir cru qu'il y avait *un* esprit du dix-huitième siècle et n'avoir pas perçu l'opposition fondamentale de Voltaire et de Rousseau. Mais, dans une nation, les visages sont divers, de variété presque infinie : les âmes aussi, et les natures. Cela n'empêche qu'il existe un type, un caractère national, qu'on étudie et auquel on peut constamment se référer. De même pour une époque : les génies les plus contraires y participent tous néanmoins à ce trait commun, à ce procédé d'investigation intellectuelle qu'on nomme l'esprit du siècle. Il est en Rousseau comme en Voltaire et les Encyclopédistes et comme en Montesquieu. C'est lui qui dirige l'éducation d'*Émile,* au même titre que les recherches sur l'*Esprit des lois* et la rédaction du grand Dictionnaire philosophique, lui qui fonde la première ainsi que les autres sur l'étude des phénomènes et sur la seule raison. Et c'est lui également qui pénètre tout le développement de la pensée moderne, d'Auguste Comte et de Taine au roman réaliste, naturaliste, analytique ou psycho-physiologiste, ainsi qu'il plaira de le nommer.

On peut remarquer aussi que Brandes, s'il accorde trop d'importance à quelques-uns des poètes lakistes et à Byron lui-même, a donné un témoignage de sens critique très net et perçant en plaçant en Angleterre le mouvement initial du naturalisme.

Si ses leçons à l'Université de Copenhague marquèrent au reste une époque absolument décisive pour la littérature scandinave, ce fut moins encore par les sujets qu'il y traita que par la méthode qu'il y révélait. C'est, à peu de chose près, la méthode de Taine, la méthode moderne : l'homme et l'œuvre étudiés par les milieux qui l'ont produit. Brandes cependant semble accorder plus à la réaction personnelle du penseur et de l'artiste sur son temps. Et, on doit le reconnaître, une vaste et noble conception se révèle dans cette identification du mouvement social et du mouvement littéraire qui nous montre les grands hommes, d'abord formés en lui en quelque sorte, conduisant ensuite dans leur voie le chœur de leur peuple.

Taine avait exposé comment l'œuvre d'art est toujours l'expression vivante et comme la concrétion synthétique de son époque. Brandes professa comment cette œuvre d'art, poème, drame ou roman, pour être digne de ce nom, *doit* en effet s'appliquer à résumer en elle, et s'il se peut à résoudre, les grands problèmes vitaux qui intéressent son siècle. Des exemples, non plus inconscients, tels que ceux qu'avait relevés en foule l'illustre auteur de la *Philosophie de l'art*, mais intentionnels et voulus, il en trouvait d'innombrables dans la littérature française des vingt ou trente années précédentes. « Ainsi, — disait-il, — George Sand avait traité du mariage, Dumas des relations des sexes, Augier des rapports de la société. » Telle était, selon lui, *de nos jours*, la condition *sine qua non* de toute production pourvue de quelque mérite et de quelque signification.

Des critiques ont relevé cette dernière expression, dont ils semblent n'avoir pas bien entendu le sens vrai ni la portée. On a demandé à Brandes s'il pensait qu'il y eût, *de nos jours*, de nouvelles recettes pour créer des chefs-d'œuvre, ajoutant avec une justesse parfaite que la seule qu'on eût connue jusqu'à présent consistait à faire entrer en ceux-ci la plus large part possible de vie et d'humanité. C'est précisément pour une telle raison, si nous ne nous trompons, que Brandes s'est trouvé conduit à formuler cette demande. Racine, en écrivant sa *Phèdre*, comme les vieux aèdes, en déclamant leur *Iliade*, n'avaient pas à se préoccuper de problèmes sociaux, qui n'existaient pas. Ils vivaient dans une société primitive ou accomplie, héroïque ou polie, mais qui se considérait elle-même comme un tout parfaitement achevé : leur poésie, pour être belle, devait seulement refléter cette harmonie heureuse ou cette élégante simplicité. On peut reconnaître néanmoins, chez maint grand écrivain des siècles antérieurs, des traces non équivoques de ce que nous nommerions aujourd'hui *esprit de tendance*. Brandes l'a montré chez Gœthe et chez d'autres. Si l'on voulait remonter jusqu'à l'antiquité, on le ferait aisément pour Eschyle et Sophocle. Comment d'aussi nobles intelligences eussent-elles ignoré qu'une œuvre est avant tout une *action*, souvent un plaidoyer, mais qu'il demeure presque toujours vain de le vouloir réduire à n'être qu'une fleur éclatante, une ingénieuse arabesque, ou un conte touchant? Vérité cent fois plus évidente encore à notre époque, condamnée à résoudre d'urgence tant de graves problèmes qui, dans la famille et la société, la sollicitent de toutes parts. Se désintéresser de ceux-ci, pour la littérature, n'est-ce pas précisément, *de nos jours*, se mettre hors de la vie et de l'humanité de son temps, et, pour ainsi dire, se réduire au néant?

Brandes lui-même, à diverses reprises, s'est exprimé très nettement sur ce point :

« Ce mot de *tendances*, a-t-il écrit, a été trop sou-
« vent l'épouvantail avec lequel on a réussi à tenir les

« écrivains à distance des fruits de l'arbre de la science.
« Ces récriminations contre la littérature ainsi qualifiée
« sortent des théories de Kant, formulées en France
« dans cette expression de *l'Art pour l'Art*. On a
« souvent employé ces derniers mots, dans les pays du
« Nord, pour écarter de notre littérature toutes les
« idées modernes. On reprochait à telle poésie donnée
« de tendre vers un but, alors qu'elle ne devait avoir
« d'autre but qu'elle-même. L'arme d'ailleurs était à
« double tranchant. D'une part on proclamait : « La
« poésie *n'a pas* son but en elle-même : elle doit res-
« pecter la morale » ; et la morale, comme on sait,
« n'était autre que le bon ton. D'autre part, dès qu'une
« œuvre trahissait le goût de la pensée moderne, on
« s'écriait : « Drame de tendance, littérature de ten-
« dance, Messieurs et Mesdames, la vraie poésie ne
« doit avoir d'autre objet que soi-même. » Ce qu'on con-
« spuait sous le nom de tendances, c'était l'esprit du
« siècle, les idées du siècle. Mais ces idées sont, pour
« la poésie épique ou dramatique, la même chose que
« la circulation du sang dans les veines du corps hu-
« main (1). »

Brandes, cependant, nous l'avons dit, n'avait pas
été sans soulever contre lui de furieuses et puissantes
colères. C'est une grande erreur, entretenue chez nous
par un groupe d'historiens plus enthousiastes qu'im-
partiaux, que de se figurer l'orthodoxie protestante
plus tolérante et plus amie de la liberté que la catholique. Brandes, au reste, n'avait ménagé ni les amours-
propres ni les intérêts dans sa critique d'accent souvent
presque lyrique et d'une ironie d'autant plus mordante
que, dédaignant toute personnalité directe, elle aggra-
vait son mépris en jetant sur ses contradicteurs le voile
de l'anonymat. On réussit à lui faire fermer les portes

---

(1) *Det moderne Gjennembruds mænd*. Copenhague, 1891.

de l'Université. Il résista quelques années, terminant son vaste ouvrage : *Les grands courants de la littérature du dix-neuvième siècle*, dont il n'avait pu exposer qu'une partie dans ses cours ; publia en même temps diverses études, entre autres un essai sur l'*Esthétique française de nos jours*, et une galerie de portraits sur les *Poètes danois* et le Suédois *Tegnér*, et fonda une revue mensuelle : *le Dix-neuvième Siècle*, qui vécut trois ans, de 1874 à 1877. A cette dernière date, las sans doute d'une lutte infructueuse et de tiraillements incessants, il quitta pour la seconde fois sa patrie et fut s'établir à Berlin.

Il dut à cet exode, qui dura environ cinq ans, sa réputation universelle de critique international. Celle-ci, sans doute, eût été de beaucoup plus lente à se répandre, s'il fût resté confiné dans les limites de son étroit petit pays. Il refondit à nouveau son ouvrage le plus important : *Les grands courants de la littérature du dix-neuvième siècle*, dont il publia lui-même trois volumes en allemand, et produisit une foule d'essais, de critiques et de portraits sur toutes les figures littéraires de l'Europe, qui propagèrent au loin son renom de penseur cosmopolite, en même temps que celui de la jeune école scandinave.

Il laissait toutefois derrière lui l'œuvre la plus féconde de sa vie que, par un bonheur rare, il fut donné à sa jeunesse d'accomplir. Durant ces six années, il avait été, — suivant l'expression qu'un de ses disciples empruntait à Heine pour la lui appliquer, — « la flamme et l'épée » dans la littérature du Nord. Le roman scandinave et le drame norvégien étaient sortis de son enseignement. Non que sa pensée, s'il eut le triomphe de la voir élargie et transfigurée par de géniales réalisations, n'eût été souvent aussi mal comprise et rapetissée jusqu'à la mesquinerie contre laquelle elle s'était dressée. Il avait voulu que la littérature de son pays s'imprégnât, ainsi que d'une atmosphère ambiante, des grandes questions qui intéressent le siècle, qu'elle réfléchît les luttes, les aspirations, les tendances, des âmes de notre époque. Il eut en horreur de la voir transformée en machine à thèses, en sèche succursale de la chaire protestante, plus insipide et plus vide encore que le creux romantisme qu'il avait combattu.

Durant ces quelques dernières années, la Scandinavie a été inondée, par les suiveurs d'Ibsen et des grands dramaturges norvégiens, d'une multitude d'ouvrages où, sous couleur de modernisme et de théories de Brandes, s'étalaient à perte de vue les plus fastidieuses conférences sur tous les problèmes sociologiques ou moraux imaginables. Brandes n'a cessé de protester avec force contre cette interprétation erronée de ses doctrines.

Peut-être son trait le plus caractéristique est-il précisément cet amour ardent du progrès qui, au lieu de le laisser se figer comme tant d'autres dans les idées auxquelles ils durent leurs premiers succès, le fait pousser sans cesse en avant et réclamer infatigablement, pour chaque génération nouvelle, une forme d'art et de pensée plus haute. Son long séjour en Allemagne, le cours aussi des années, ont modifié dans une certaine mesure la physionomie primitive de son talent. Dans la sérénité perçante dont s'est armé son esprit, on aurait peine à retrouver l'ardeur révolutionnaire des leçons de Copenhague. De plus en plus, il s'enferme, ainsi que dans une forteresse, en cette hautaine solitude de pensée où semblent se réfugier la plupart des grands penseurs de notre fin de siècle, et qu'Ibsen a résumée dans cette parole du docteur Stockman : « L'homme le plus puissant est celui qui est seul. » État d'âme auquel convient admirablement cette épithète de « radicalisme aristocrate » que Brandes a inventée pour Nietzsche.

Nous terminerons avec la conclusion de sa magistrale étude sur le philosophe allemand : elle nous paraît présenter un tableau intéressant des opinions actuelles de Brandes sur l'école dont il fut le promoteur et sur l'avenir des lettres en Europe.

« J'ai voulu parler de lui (1) (Nietzsche) parce qu'il
« me semble que les belles-lettres du Nord ont main-
« tenant remâché un peu trop longtemps les idées
« qui furent proposées dans les dix années qui pré-
« cèdent celles-ci. On dirait que la faculté d'en trouver
« de géniales ou de se les approprier est désormais
« épuisée. On ressasse à satiété les mêmes doctrines :
« certaines théories de l'hérédité, un peu de darwi-
« nisme, d'émancipation de la femme, de morale uti-
« litaire, de libre pensée, de culte du peuple. Et
« quant à l'éducation de nos lettrés, le moment paraît
« proche où le niveau marqué par la revue française
« des *Deux Mondes* deviendra le point culminant de
« leur culture. Aucun, même parmi les meilleurs d'entre
« eux, ne s'est encore clairement aperçu que la culture
« vraiment élevée commence précisément de l'autre
« côté de la *Revue des Deux Mondes*, à la grande
« personnalité originale et féconde en idées. Le déve-
« loppement intellectuel des pays du Nord a été assez
« rapide. Nous avons vu de grands écrivains qui com-
« mencèrent comme de très naïfs orthodoxes, réussir à
« sortir de l'orthodoxie. Ceci sans doute est fort res-
« pectable, mais, lorsqu'ils se montrent incapables de
« pousser plus haut, c'est pourtant peu de chose. Il
« y a une vingtaine d'années, les écrivains scandinaves
« commencèrent à comprendre que cela n'allait plus
« de travailler toujours sur le vieux fonds de la confes-
« sion d'Augsbourg. Quelques-uns la lâchèrent tout
« doucement, sans faire de bruit ; d'autres firent contre

(1) Copenhague, 1889.

« elle une opposition plus ou moins bruyante. La plu-
« part prirent soin de se sauvegarder vis-à-vis du public
« et vis-à-vis de leur propre mauvaise conscience d'en-
« fant, derrière la morale protestante acceptée une fois
« pour toutes, derrière une bonne morale bourgeoise
« de pot-au-feu : je l'appelle ainsi parce qu'on fait tant
« de bouillon dessus. Aussi tout ce qui existe mainte-
« nant, attaques aux préjugés ou défense des institu-
« tions, incline à descendre également dans le domaine
« vulgaire et connu. Je suis convaincu qu'on sentira
« bientôt vivement que l'art ne peut se contenter
« d'idées et d'idéal pour la moyenne, non plus que de
« restants de vieux catéchisme, mais qu'il exige des
« esprits qui, par leur originalité, leur indépendance et
« leur noble hardiesse, soient à la hauteur des grands
« penseurs qui ont illustré l'humanité. »

II. — Le Roman danois.

La moderne génération des romanciers danois pourrait s'appeler à juste titre « la génération de Dybböl ».
Tous ces jeunes gens en effet arrivèrent à l'adolescence
lors de la terrible guerre qui broya plus qu'à demi leur
pays sous le poids disproportionné de la Prusse; un
petit nombre d'entre eux étaient encore des enfants.
Ce choc effroyable et les conséquences qui en suivirent les marquèrent d'une empreinte ineffaçable qui
domina toute leur formation morale.

Nous avons connu par nous-même l'angoisse qui suit
de pareils déchirements. Mais la France, si bas qu'on
la crut tombée, après la stupeur de sa défaite, gardait
encore un vaste territoire, des ressources matérielles
incalculables, — elle le prouva bientôt, — et des forces
de beaucoup moins entamées qu'on ne l'estima d'abord :

elle tenait en main des cartes suffisantes pour reprendre un jour la partie et pour consoler son orgueil de l'espoir d'une revanche. Mais quel espoir pouvait nourrir le Danemark, surtout lorsque, quelques années après, il vit se dresser à sa porte, le pied sur ses provinces perdues, le fantôme ressuscité de l'Empire germanique? Tout ce qui pensait, tout ce qui sentait dans le pays, connut l'irrémédiable détresse des nations qu'a condamnées le destin et qui, impuissantes à sauver le génie de leur race, voient monter autour d'elles l'envahissement brutal et vainqueur du nombre. « Nous nous promenions dans Copenhague, — a écrit Herman Bang en parlant de cette époque, — invisiblement amputés, et la vie de notre peuple n'était que la fièvre après la blessure de Dybböl. »

Rien de merveilleux si de telles circonstances modelèrent une génération douloureuse et désillusionnée, sans énergie pour l'action, sans foi en elle, et en même temps, comme tous les malades, curieuse de ses souffrances, raffinée dans ses sensations, tourmentée de rêves aigus dont l'efflorescence languide et somptueuse s'endolorissait de scepticisme découragé. N'est-ce pas là par excellence un des états les plus fréquents de l'âme moderne? Tous, comme si nous pleurions la ruine d'une patrie, ne portons-nous pas en secret dans le cœur le deuil du vieux monde, des vieux *credo* qui s'en vont, balayés par l'implacable évolution des choses, nous laissant les pieds dans le vide, ne sachant encore d'où nous luira l'aurore, ni quel logis la société future prépare à notre race? Distraits seulement de notre inquiétude, quand la force nous manque pour lutter dans l'obscurité, par l'ardente curiosité de contempler ce grand spectacle, et par ce dilettantisme des formes et des idées où se réfugie l'idéal.

C'est dans cette génération ainsi préparée que Brandes vint jeter la parole moderne. Qu'elle fût admirablement disposée à en goûter les théories mécaniques et le fatalisme intellectuel, ainsi que les épanouissements prodigieux, l'infinie variété de notes et de couleurs, on le conçoit aisément par ce qui précède. L'École danoise, sortie de la même impulsion que la norvégienne, forme avec celle-ci un contraste frappant. La différence est aussi grande que dans la langue qui, identique au point de vue de l'écriture et de la grammaire, s'atténue et glisse, sur les lèvres du plus méridional des deux peuples, comme un balbutiement d'enfant ou d'oiseau, tandis qu'elle se martèle durement dans la bouche de son ancien frère du Nord, et dessine avec vigueur les consonnes comme une ossature de granit. Comment l'École norvégienne transforma la donnée primitive transmise par Brandes pour en créer un art nouveau, nous le verrons en son lieu. L'École danoise resta plus près de ses modèles, de Flaubert entre autres, dont l'influence est très visible dans les œuvres du plus brillant de ses auteurs : Jacobsen. Mais elle y ajouta un modernisme très poussé, une vision symbolique de la nature, avec un sérieux intense dans les choses du sentiment, une entente profonde des mystiques et vastes sensibilités de l'âme, qui semblent appartenir tout particulièrement aux races différentes du vieux tronc germanique, et dont l'expression complexe devient parfois presque impossible en notre langue, tant toute une gamme d'impressions et de sensations y correspond peu exactement au clavier ordinaire de l'âme française. Elle se distingua enfin par une merveilleuse entente de la technique de l'art et des procédés d'exécution.

Ce qui frappe et surprend, au premier coup d'œil jeté sur la littérature danoise contemporaine, c'est, à côté d'une douceur et d'une naïveté, — qui n'exclut pas une délicate pénétration, — un sensualisme exubérant de formes, de couleurs et de parfums, qu'on s'est habitué à considérer comme l'apanage seulement de contrées plus méridionales.

Le Danemark, en effet, peut passer, nous l'avons dit ailleurs, pour *la Riviera* du Nord. Ce petit royaume, il est vrai, est sous une zone déjà très septentrionale. Les hivers, assez précoces, y sont rudes : si rudes que des bras de mer de trente à quarante kilomètres de largeur y sont souvent entièrement congelés, et cela sur une telle épaisseur, que le roi Charles X, de Suède, au dix-septième siècle, put donner le curieux spectacle d'une armée de trente mille hommes traversant avec son artillerie deux détroits sur la glace pour venir mettre le siège devant Copenhague. Mais, en été, le climat respire toute la riante douceur des îles. Ce sol plat, découpé d'innombrables *fjords* dont les flots, par une bizarrerie d'optique, paraissent dominer la terre dont ils viennent humblement baiser la robe brodée de fleurettes, revêt, sous la blancheur nacrée de son tiède soleil, une grâce touchante et simple, que le large ondoiement de la vague dormante emplit d'infinie rêverie et de volupté mystique. Dans la campagne, où tout à l'heure va se jouer sans doute quelque idyllique bergerie, les maisons proprettes, autour de leur clocher en abat-vent, semblent autant de feuilles de roses tombées d'une tige mi-effeuillée sur le gazon vert. Les traits de cette nature se reflètent dans le caractère du peuple. Le Danois a l'œil plus artiste, il est plus sensible à la beauté extérieure des choses que les autres nations de sa race. Sa physionomie morale a les contours un peu atténués, l'imprégnation facile, d'un sol uni, sans vallonnements, mais fertile, aisément fécondé, avide de l'eau du ciel et poétisé par l'insinueuse et multiple étreinte de l'Océan. Quelle production éclatante et morbide a pu donner la combinaison de ces trois facteurs que nous venons d'énumérer : désespérance patriotique, initiation réaliste et tempérament national, c'est ce que nous verrons mieux qu'en tout autre dans l'écrivain qui va nous occuper : Jacobsen.

I. — Jacobsen.

Il fut d'abord botaniste. Il avait rédigé sur les fleurs deux mémoires, couronnés par l'Académie de sa patrie, dont l'un était écrit en français. Il entra dans la littérature par la science et traduisit l'*Origine des espèces et la descendance de l'homme*, de Darwin, au moment même où Brandes, dont il fut l'ami personnel et le premier disciple, publiait à Copenhague les théories nouvelles et menait sa guerre victorieuse contre le romantisme. Cette origine restera flagrante dans toute son œuvre. Il traitera ses personnages comme des plantes ou comme des fleurs vivantes, les scrutant d'un regard fouilleur et patient, armé du microscope du botaniste, jaloux de ne laisser inobservé aucun des organes cachés de leur délicate structure et d'en découvrir les fonctions secrètes. Il se plaira à en étudier les transformations, les dégénérescences successives, suivant que le hasard les transporte dans des milieux plus ou moins favorables. Il s'informera avec curiosité de la souche et des croisements divers qui les ont produits. Prenant leur histoire *ab ovo*, et même au delà, il leur construira, ainsi que les de Goncourt à leur *Chérie*, toute une généalogie. A lui commence ce souci constant de l'hérédité, de l'atavisme, du transformisme des races, tous dogmes tirés du nouvel Évangile de Darwin, et dont une partie de l'École danoise finit par être hantée jusqu'au malaise.

Son scalpel toutefois n'est pas l'instrument d'analyse meurtrière qui détruit la vie pour l'observer. Sa flore vivante, il ne la couche pas, classifiée, desséchée, dans un herbier. Il la laisse debout, mouvante et vibrante, sur sa tige et dans son terroir. Il respire avec délices leurs parfums capiteux ou subtils, et s'en enivre lui-même jusqu'à l'extase presque mortelle que versent, dit-on, certains arbres du désert à l'imprudent qui s'oublie sous leur ombre voluptueuse. Balzac envisagea l'humanité comme une vaste ménagerie, peuplée de toutes les bêtes de l'arche de Noé, depuis la colombe jusqu'au chacal et au lion rugissant, et, sur cette donnée, il écrivit sa *Comédie humaine*. Jacobsen la vit comme une serre immense, à ciel ouvert, où, dans l'atmosphère électrisée de tièdes senteurs, les fleurs les plus étranges et les plus monstrueuses s'épanouissaient, languides et somptueuses, près des plus humbles, luttant entre elles pour l'existence avec une furie sans pitié, épandant de toutes parts leurs jets avides et leurs rameaux, puis bientôt, vaincues, voyant se flétrir leurs éclatantes corolles, leur sève tarir, et laissant enfin leur âme fuir avec leur dernier parfum.

Ainsi sans doute il se fût plu à nous la rendre tout entière, si des jours plus nombreux lui avaient été comptés. Le temps, qui lui fut mesuré d'une main avare, ne lui permit de remplir qu'une partie seulement de ce vaste cadre. Il n'a laissé qu'un recueil de nouvelles, quelques poésies et deux romans : *Marie Grubbe* et *Nils Lyhne*. Deux de ses portraits, pris à des époques différentes, le représentent, le premier, jeune visage de professeur ou de savant, la face pleine, aux traits accentués, arrondis pourtant avec une certaine douceur naïve, l'œil clair et visionnaire derrière le lorgnon; le second, profil émacié, joue creuse, le regard obscurci par la maladie qui devait l'emporter avant la quarantième année. Et de ces deux hommes, l'un figure admirablement l'auteur de *Marie Grubbe*, l'autre le père de *Nils Lyhne*.

Celle-ci parut en 1875. Jacobsen, né en 1847, avait alors vingt-huit ans. Un recueil de nouvelles, parmi lesquelles *Mogens*, *Et Skud i Taagen* (Un coup de fusil dans la brume), paru auparavant, était resté presque inaperçu, malgré le réel talent dont elles donnaient déjà des preuves. Mais *Marie Grubbe* causa une révolution littéraire, semblable à celle que produisait en Suède, à peu près vers le même temps, la *Chambre rouge*, de Strindberg. C'était la première œuvre écrite en danois d'après la formule moderne. « Ce qui doit en ressortir, — écrivait Brandes, — n'est pas une *idée*, mais un principe artistique avec lequel l'auteur triomphe ou succombe. »

Marie Grubbe est un type historique du dix-septième siècle, une fille d'une des plus nobles familles du Danemark qui, épouse d'abord d'un bâtard royal, finit, d'aventure en aventure et de chute en chute, par devenir celle d'un hobereau campagnard, puis d'un passeur. Ce qui tenta Jacobsen dans un pareil sujet, — il est aisé de le voir au premier coup d'œil, — fut précisément, à côté d'une de ces reconstitutions du passé qui séduisent toujours les artistes d'intense imagination plastique, cette série d'avatars moraux et de décadences successives qui lui permettait de suivre son héroïne à travers les milieux les plus divers, et d'étudier en elle, en même temps que la réaction de ces milieux, le secret mécanisme de passions dont la progression continue l'avait conduite dans cette voie descendante.

La critique adressée d'ordinaire à *Marie Grubbe* est que cette dernière semble moins *une* seule femme, qu'une collection de femmes très diverses. Il convient peut-être de voir en ceci, non pas une involontaire inadvertance de l'écrivain, mais l'application raisonnée d'un principe. Taine, en effet, a envisagé la personne humaine comme une série d'états de conscience reliés entre eux, ainsi que les anneaux d'une chaîne, par le lien frêle du souvenir, c'est-à-dire par les modifications plus ou moins persistantes que chacun d'eux apporte dans les cellules cérébrales, mais en réalité sans plus de *sujet*, de *substratum* unique, qu'il n'en reste à la chaîne si l'on supprime mentalement chacun de ses anneaux. Et sans doute il ne faudrait pas presser beaucoup sa théorie psycho-physiologiste pour en faire sortir l'opinion que chacun de nous possède plusieurs groupes d'âmes successifs ou simultanés, plus ou moins manifestes ou latents. Ainsi Jacobsen a-t-il conçu la mobile nature de son héroïne, tour à tour ingénue, sensuelle, dévote, révoltée, presque meurtrière, puis tendre, rêveuse, soumise, humiliée, descendant d'un luxe royal au campement d'un bohémien et à un comptoir d'aubergiste, comme une suite de reflets que projettent en elle les circonstances ambiantes ou le jeu des passions qui s'éveillent dans ses veines. Et pour osée que paraisse, aussi rigoureusement appliquée, une telle conception, qui ne sent que cette unité que tous les romanciers, ceux mêmes des écoles littéraires les plus avancées, se croient tenus d'imprimer à leurs personnages, est absolument factice, hors nature? Au moins lorsqu'elle s'étend sur une période un peu prolongée et non seulement sur la vieille action classique en vingt-quatre heures, admirablement logique sur ce point. Quel d'entre nous peut se regarder lui-même, quelques années en arrière, parfois même beaucoup moins, sans reconnaître que tout a changé en lui, manières, opinions, goûts, croyances, jusqu'à son allure extérieure et son masque même? si bien que son être nouveau ne diffère pas plus de tel passant inconnu que de son fantôme ancien.

« Jacobsen, — dit Brandes, — a composé son œuvre selon la méthode de ces peintres français qui ne veulent pas que leur toile charme seulement par son ensemble, mais que, fût-elle mise en pièces, chacun de ses fragments garde sa valeur et contienne toute sa beauté. » Chaque page de *Marie Grubbe* est un petit tableau parfaitement achevé et qui se suffit à lui-même. Feuilletées l'une après l'autre, elles forment une galerie de scènes d'un intérêt fort piquant, dessinées avec un grand art de reconstitution historique, sur le Danemark du dix-septième siècle, avec sa civilisation fruste et pourtant très cosmopolite, ses gentilshommes rustres et buveurs qui, non contents de se battre contre le Suédois, vont guerroyer jusqu'en Espagne, consultent les alchimistes, rossent les prêtres, jurent mort et damnation dans toutes les langues de l'Europe, baisent la main des dames en récitant des vers de Mme Deshoulières, chantent en français parmi les courtisanes :

> Ami des morceaux délicats
> Et de la débauche polie,
> Viens noyer dans nos vins muscats
> Ta soif et ta mélancolie,

et meurent debout en brisant leur épée et, les mains sur ses morceaux en croix, criant « Miséricorde ! » vers Jésus.

Mais c'est surtout par l'intense coloris, la richesse surabondante du style, que *Marie Grubbe* tient le premier rang dans la littérature de son pays. « La langue d'un peuple, a dit Brandes, est un instrument qui a besoin d'être accordé de temps à autre. » Jacobsen est un de ces accordeurs habiles qui, pour la première fois, ont su mettre leur langue maternelle au ton de l'âme moderne, créer en elle des sonorités, des résonances, des harmonies jusqu'alors inconnues. « Nul avant lui, dans la littérature scandinave, n'a su peindre ainsi avec des mots. C'est le plus grand coloriste de notre prose (1), l'original le plus plein d'âme et le plus poétique. Tout ce qu'il voit, il le transforme en lui-même. Tout ce qu'il écrit porte sa marque personnelle. Cette person

---

(1) BRANDES, *Det moderne Giennembruds mœnd.*

nalité dans la forme va jusqu'à la manie. Il est si intense qu'il en devient maladif. Chaque goutte qui tombe de lui est lourde et forte comme une goutte d'élixir ou de poison, enivrante comme une goutte de parfum. Il y a quelque chose d'enlaçant, d'intoxicant dans son œuvre. Jamais plus forte boisson de sentiment n'a été brassée dans notre langue. »

L'effort est tel, chez Jacobsen, pour donner à la parole la puissance d'une vision plastique, la rendre sensible à l'œil et à l'oreille en même temps qu'à la pensée, qu'il en vient parfois à verser dans un quasi-symbolisme. Il accumule infatigablement les images et les comparaisons, frappe sans relâche sur les sensations les plus ténues, les réminiscences les plus fugitives, pour éveiller l'apparition qu'il souhaite évoquer. Ainsi quand il veut peindre son héroïne :

« Il est une fleur qu'on nomme hyacinthe de perle : et, comme elle est bleue, telle était la couleur de ses yeux. Mais leur pur éclat les rendait semblables à la goutte de rosée qui glisse : profonds aussi comme le saphir qui repose dans l'ombre. Ils pouvaient se baisser, doux comme un son très doux qui meurt; ils pouvaient se relever, éclatants comme une fanfare. Mélancolique, — oui, quand le jour vient et que les étoiles pâlissent tristement, — ainsi son œil quand il devenait mélancolique. Ils pouvaient se reposer sur vous avec une intimité si souriante, qu'il vous semblait qu'on vous appelait en rêve. Mais quand cet œil s'assombrissait, c'était comme si on entendait pleuvoir des gouttes de sang. »

Nul écrivain n'a été, à un degré égal, hanté jusqu'à l'obsession par la perception aiguë, presque douloureuse en sa volupté, de la vie de la nature et des choses. La plante s'anime pour lui ; elle respire, elle sent, elle aime, j'allais dire *elle veut*. Tandis que l'être humain s'épanouit souvent en végétation inconsciente de sensations et de songes, elle monte jusqu'à lui, semble boire sa personnalité, s'imprègne et vibre de ses émotions latentes et s'unit à elles dans une fraternité de souffrance ou d'extase. En ceci, Jacobsen me rappelle toujours ce monomane étrange d'une nouvelle de Maupassant, épris des fleurs comme d'autres le sont d'une femme, oubliant l'univers entier, ainsi qu'en un sérail de houris, dans la contemplation de leurs chairs somptueuses et parfumées et des mystérieux regards de leurs corolles. En elles se réfugie tout le sensualisme de son œuvre : le sensualisme du Nord, brûlant, mystique, plein de trouble et d'angoisse, si différent du clair sensualisme méridional. Quand il parle de ses bien-aimées, son style involontairement se hausse et devient presque métrique. Pour les décrire à son gré, il épuise, fouille et torture toutes les expressions de cette langue scandinave, si riche et si incroyablement variée pourtant dans la peinture du monde extérieur. Il aime, aux heures décisives de leur existence, à montrer ses personnages encadrés dans leurs gerbes odorantes; il en fait le symbole qui commente ou prophétise les mouvements secrets de leur être intime, les virtualités encore cachées en eux. Telle, tout d'abord, il nous présente sa *Marie Grubbe* :

« Les moustiques dansaient à l'entour des houblons. Du jardin montaient, comme une large haleine intermittente, des odeurs de menthe et de sauge, mêlées de *dill* et d'anis. Un insecte qui courait sur sa main la fit quitter d'un bond le banc où elle était assise. Elle alla vers la porte du jardin et se dressa pour atteindre une rose qui éclatait dans la verdure; mais elle n'y put atteindre. Elle sortit alors hors de la clôture et se mit à cueillir des roses grimpantes, jusqu'à ce qu'elle en devînt tout animée et que son tablier fût plein. Puis elle rentra dans le berceau et s'assit devant la table. Une à une, elle prit les fleurs massées dans son giron et les posa sur le plateau de pierre, qui bientôt disparut sous une nappe pâle et rouge, odorante. Elle secoua son tablier vide et demeura assise, les mains sur ses genoux, regardant les roses. Cette gerbée de fleurs épandues se moirait de nuances et d'ombres, du blanc qui commence à rosir au rouge bleuissant, du rose mouillé, tout lourd, jusqu'à un rose si léger qu'il semblait flotter et s'évanouir dans l'air. Chaque pétale, arrondi en courbe gracieuse, s'adoucissait en la pénombre, éclatant dans la lumière en milliers de reflets et d'étincelles presque invisibles, tout son sang de rose ramassé dans ses veines et répandu en sa chair délicate. Et une senteur lourde et sucrée montait, telle qu'une vapeur, du rouge nectar qui bout au fond de la fleur...

« Vite, elle retroussa ses manches et mit ses bras nus dans l'humide et douce fraîcheur des roses. Elle les tournait et retournait parmi celles-ci, dont les pétales, s'effeuillant, tombaient en tournoyant sur le sol. Elle se leva d'un bond, d'un coup fit table rase et rajusta ses manches... C'étaient les quatorze ans de Marie Grubbe, fille d'Erik Grubbe, du château de Tjele. »

Flaubert a dit qu'en rêvant *Salammbô*, il avait songé seulement à produire un coloris d'un rouge éclatant, tandis qu'en écrivant *Madame Bovary*, il avait eu en vue ce ton de moisissure des vieux murs habités par les cloportes. Ainsi *Marie Grubbe* nous apparaît comme une gerbée de roses odorantes, de toutes nuances et de toutes variétés : roses somptueuses, couleur de sang pourpre, aux capiteuses senteurs; fraîches roses de haies, au virginal calice, au subtil et tremblant parfum; roses musquées, roses pompons, roses à peine entr'ouvertes, roses au cœur effeuillé, mi-flétries et bientôt mourantes. Et *Nils Lyhne* n'est qu'une jonchée de fleurs funéraires, pâles cinéraires, asphodèles funèbres, symboles du doute, de la désespérance et de la mort.

Nils Lyhne est devenu, pour la littérature danoise, une sorte de roman-type dont le héros a été mainte fois calqué et reproduit. Nous l'avons connu, nous aussi, ce héros impuissant, solitaire et rêveur, ballotté entre le vieux monde qu'il dédaigne et pleure et le nouveau qui n'a pas de place pour ses pareils : dernier legs du romantisme, plus lamentable encore que *Werther* ou que *René*. Ceux-ci, au fond, ne souffraient encore que de la disproportion de leur orgueil avec la vie. Celui-là porte l'écrasant fardeau des ruines de dix-huit siècles. Il sait la cause et le nom de son irrémédiable misère morale : âme façonnée par une mère naïve pour un idéal défunt qui refuse de venir habiter en lui et n'y laisse à sa place qu'un vide incurable, peuplé de revenants fantômes ou de larves impuissantes.

Jacobsen, en ce livre, avait voulu peindre la génération de son pays qui fut élevée entre les deux guerres contre la Prusse : celle de 1848 et celle, plus fatale encore, de 1864. Il s'y reflète plus qu'un découragement d'homme : l'angoisse d'un peuple qui, par deux fois, s'est senti moins fort que son Destin. L'auteur y reste aussi très scandinave par un air de naïveté qui garde une pureté à cette œuvre de désillusion et d'amertume, en même temps que par une survie de la conscience sous le scepticisme le plus déprimant.

Jacobsen succomba, assez peu de temps après, à la maladie de poitrine qui le minait depuis plusieurs années. Il travaillait fort lentement, ciselant la moindre phrase avec un soin extrême, et passant quatre à cinq années sur chacun de ses ouvrages. Ainsi s'explique qu'il n'ait laissé qu'une œuvre aussi restreinte : elle suffit néanmoins à le classer au tout premier rang comme le plus fin psychologue, le styliste le plus coloré et le plus sûr qu'ait produit la littérature de son pays.

Il eut des émules et des disciples qui certes ne seraient pas indignes d'un examen un peu approfondi. Mais il nous faut restreindre ces études aux écrivains et aux penseurs qui peuvent présenter un intérêt vraiment international, au risque d'en négliger quelques autres qui, tout en tenant une place fort honorable dans les lettres de leur patrie, n'ont pas reçu du ciel le même don créateur ou sont trop jeunes encore pour l'avoir pleinement manifesté.

Il convient toutefois d'esquisser autour de Jacobsen, telles que le chœur autour du chorège, les figures des principaux écrivains qui ont, pour ainsi dire, amplifié et reproduit son œuvre.

II. — HERMAN BANG; HOLGER DRACHMAN, ETC.

Herman Bang est, parmi ces continuateurs, celui qui s'est rapproché le plus heureusement de Jacobsen. Et cela, avec un accent personnel qui fait siennes, en même temps qu'il les exagère et déséquilibre, les qualités de l'auteur de *Marie Grubbe*. C'est la même méthode, le même fouillement consciencieux des âmes et des choses et, partout, cette même tonalité d'une génération énervée et blasée qui respire en *Nils Lyhne*. Mais tout ceci, en M. Bang, verse souvent dans le plus extrême impressionnisme : son style, d'un coloris parfumé, obscur et troublant, donne, lorsqu'on s'y plonge, des sensations plus voisines de l'hypnose que de la pensée. Les écoles poussent plus tard qu'ailleurs dans les pays scandinaves; aussi y poussent-elles plus vite et, d'un seul bond, atteignent jusqu'à leurs conséquences dernières qui, chez nous, ne se manifestent qu'assez lentement.

Herman Bang débuta, à peine âgé de vingt ans, par un long roman : *Haabloose Slægter* (Familles sans espoir). C'est l'histoire d'une noble famille qui, après avoir donné au moyen âge des hommes d'État et des grands seigneurs, puis, plus tard, des savants illustres, subit maintenant le sort des races trop vieilles. Son dernier rejeton, fils d'un père excentrique qui finit par la folie, est condamné d'avance : intelligent et sensible, mais sans ressort ni énergie, c'est un autre Nils Lyhne, qui meurt comme celui-ci sans avoir rien fait. On reconnaît là un de ces thèmes peu variés autour desquels la manie scientifique de notre époque contraint le roman contemporain à tourner comme dans un manège. On en pardonne aisément la banalité à un débutant aussi jeune, qui d'ailleurs y faisait preuve des plus heureux dons. Mais on comprend sans peine que Brandes, après avoir déchaîné sur son pays ces théories littéraires qui, de Darwin, aboutissent promptement à Charcot, ait bientôt senti quelque ennui de voir la guitare romantique remplacée par une autre non moins fastidieuse, et réclamé avec instance un peu d'air libre et des aperçus nouveaux.

La propre famille du romancier lui avait, paraît-il, servi de modèle pour cette première œuvre. M. Herman Bang, ainsi que défunt Villiers de l'Isle-Adam, a toujours cultivé avec une piété assidue, qui n'est pas sans quelque coquetterie, les souvenirs de sa longue lignée d'ancêtres, à laquelle le Danemark dut autrefois des politiques célèbres et, durant le dernier siècle, deux médecins illustres. La différence est que le dernier des Bang, au lieu d'être, comme le héros de *Familles sans espoir*, le rameau stérile d'un tronc épuisé, se distingue au contraire par une énergie de travail considérable et par une volumineuse production.

Cette dernière ne s'est pas bornée au seul roman. Dramaturge, journaliste, critique, acteur et conférencier, M. Herman Bang, bien qu'il ne compte guère que trente-cinq ans, jouissait déjà, il y a dix ans, d'une réputation fort étendue dans sa propre patrie. Il fit dans toute l'Allemagne et dans les pays scandinaves une série de conférences très courues où il exposait, avec cette fougue batailleuse à laquelle sourit d'ordinaire la victoire, les théories d'art professées par Brandes et appliquées par Jacobsen. Ces théories que, par une inévitable progression, il systématisait plus encore, il les complétait par un principe répété depuis fort longtemps, mais qu'il a fait sien par l'insistance persévérante avec laquelle il l'a promulgué et mis en œuvre en toute occasion : à savoir qu'un artiste ne peut rendre que ce qu'il a senti et *vécu* lui-même. Indéniable lorsqu'on le restreint en de certaines bornes, ce principe, — l'oserons-nous dire en face de l'universel engouement qu'il semble inspirer? — nous paraît, lorsqu'on le veut trop pousser, fécond en fâcheuses déviations artistiques. Voyez-vous Racine obligé d'avoir *vécu* son Néron, Shakespeare son Iago? Il faut, croyons-nous, accorder davantage à l'intuition du génie et de la pensée qui, sur un simple indice, savent deviner parfois l'être moral d'un homme, comme Cuvier, avec une dent du mastodonte, recomposait le monstre entier : à tout prendre, le cerveau est un meilleur instrument de connaissance que la seule sensation. Vouloir s'enfermer en celle-ci, ainsi que le prétend une certaine école, n'est-ce pas se livrer à un déchiquètement de l'être où se perd toute cette réalité si avidement poursuivie? Semblable en ceci à ceux que, selon le proverbe allemand, « les arbres empêchent de voir la forêt ». C'est, en tout cas, risquer de l'amplifier jusqu'à la plus maladive exagération, pour verser à la fin dans le vertige et le néant même. Quoi qu'il en soit, le succès de conférencier de M. Bang fut, nous l'avons dit, très considérable, dû, non moins qu'à ses idées, à sa parole chaude et vivante, à son geste expressif, à l'intelligente séduction de sa figure d'éphèbe encore presque adolescent, d'une élégance un peu cherchée peut-être dans son frac bleu à boutonnière fleurie. Ces dons d'acteur, de charme très personnel, il s'est laissé tenter à les porter au théâtre. M. le comte Prozor, dans sa préface des drames d'Ibsen, nous a conté comment, dans son enthousiasme généreux pour le maître norvégien dont il est l'ami, il s'était joint à des tournées dramatiques, afin d'avoir le bonheur d'interpréter le personnage d'Oswald, des *Revenants*. Présentement fixé à Paris, c'est à lui que nous avons dû dernièrement la mise en scène d'*Un ennemi du peuple*, qu'a donné l'*Œuvre*.

Le second de ses romans qui fixa sur lui l'attention, *Stuc*, est une étude de mœurs modernes où il dépeint avec d'énergiques couleurs la décadence actuelle de Copenhague. Partout, dans la société, dans la famille, dans l'individu, il voit et dénonce le stuc, la mince couche de vernis brillant couvrant l'inanité des sépulcres blanchis. Ni force, ni caractère, ni vertu : les seuls qui vaillent encore ne sont que d'hamlétiques figures errant sur des tombeaux.

Citons encore *Phèdre*, qui transpose le vieux motif de la fatalité antique dans la haute société danoise et cosmopolite, œuvre très fine, d'une sentimentalité un peu mièvre, mais exquise; *Tine*, roman patriotique où il pose le Danemark comme une seconde Pologne; *Vid Wegen* (Au bord de la route), écrit avec cet impressionnisme à outrance dont les procédés d'exécution donnent une sensation correspondante à celle que produit en peinture le style pointillé. Il convient de dire toutefois que, quelque opinion qu'on puisse entretenir sur la manière de M. Herman Bang, celle-ci relève toujours d'une intelligence singulièrement affinée et d'une sensibilité artistique tout à fait digne d'intérêt.

Holger Drachman a payé également son tribut au double courant littéraire : tristesse patriotique et sentiment profond de déchéance nationale, que nous avons vu engendré dans la jeune école danoise par la cruelle blessure de Dybböl. *Derovre fra Grœndsen* (A la frontière) retrace les sanglants épisodes de la guerre de 1864. *Forskrevet* (le Pacte), plein d'intense désolation sur son pays démembré, flagelle durement Copenhague, la capitale aux cafés dorés, qui s'est livrée aux puissances mauvaises, au démon de l'hypocrisie, du mensonge, du plaisir et du gain, à tous les intérêts bas et vils. Et cela ne va pas sans quelque pointe d'amusement qui nous est une consolation, à nous autres Français, si malmenés parfois à l'étranger à cause de notre trop brillant Paris, que de voir cette minuscule et naïve capitale ainsi traitée en Babylone par ses propres enfants.

C'est là d'ailleurs son seul point de ressemblance avec Herman Bang. Bien qu'il ait été l'ami personnel de Brandes et subi dans une certaine mesure l'influence rénovatrice de celui-ci, il tient encore dans une proportion considérable du vieux romantisme allemand, et s'est montré toujours opposé à l'école française et spécialement à ce genre d'impressionnisme qui, en Danemark, est sorti si rapidement de l'imitation des de Goncourt et de Zola. Avant tout, c'est un lyrique, et ses romans valent exclusivement par ce souffle de lyrisme qui les anime et par ses descriptions de la nature. Ses poésies, fort nombreuses, sont de beaucoup la meilleure partie de son œuvre. Pourtant *Paa Sœmands tro og love* (Parole de marin) a de grandes qualités de vérité et de finesse d'observation. L'auteur est là sur son terrain favori, parmi les pêcheurs qu'il aime et connaît à fond.

Drachman est par excellence le poète de la mer. Avant de se donner à la littérature, il avait été peintre de marine. Il en a gardé le goût et l'entente des grands horizons. Et, à travers toute son œuvre, circule un frais courant d'air salin.

Érik Skram, lui aussi, a conté l'histoire de cette lamentable guerre dont sont restées hantées en Danemark toutes les imaginations patriotes. Il y combattit vaillamment en personne et y reçut trois blessures. *Hinsides Grœnsen* (De ce côté de la frontière) a toute la franchise et la force d'accent des choses *vécues*. Citons encore parmi cette pléiade d'écrivains, tous remarquables par une habile virtuosité et une consciencieuse maîtrise de leur art, *Topsoe,* l'auteur de *Jason et la Toison d'or,* que la mort a déjà fait oublier à demi, talent aristocrate et nerveux, un peu froid et concentré, mais spirituel et fin ; *Édouard Brandes,* le frère de l'illustre critique, un dramaturge très goûté ; et enfin, *Sophus Shandorph,* qui a peint surtout les paysans et les gens de petite bourgeoisie avec beaucoup d'humour burlesque et bienveillante.

Le Danemark nous a montré une transposition colorée, à la fois brillante et mièvre, et non sans une certaine originalité de tempérament, de notre propre littérature. Nous allons voir la Norvège, partie du même point de départ, transformer le rameau générateur par la puissance de sa propre sève et lancer à son tour l'art et les pensées vers des voies nouvelles.

CHAPITRE III

LA LITTÉRATURE NORVÉGIENNE.

I. — Le Roman norvégien.

La Norvège est, de toutes les contrées de l'Europe, la plus caractéristique et la plus étrange. Cet air de famille qui relie entre eux, malgré des différences souvent considérables, les divers pays du continent, disparaît ici. C'est comme une muraille de granit, profondément déchiquetée, hérissée de pics et de sommets, que la vieille terre, à son extrémité septentrionale, plonge ainsi qu'une défense inexpugnable dans l'Océan noir et hurleur. Partout, face à face, les tristesses moroses du roc abrupt et nu et de l'eau sans rayons, images tous deux de stérilité et de mort. L'eau, sous toutes ses formes et en toutes ses métamorphoses, semble vraiment la reine de ce royaume grandiose et sombre. Elle flagelle, le long de la côte, avec l'effrayante poussée de tout un océan, les falaises rocheuses, assemblée de sphinx ou de monstres pétrifiés, qu'elle émiette en blocs énormes ou ronge lentement, siècle à siècle. Par ses fjords innombrables, semblables à de longs tentacules ou à d'inverses fleuves marins qui se vont perdre dans les terres, elle pénètre dans les mille fissures de ce sol granitique, dont le haut profil rigide, en maint endroit, serre ses rives comme dans un étau, couvrant leur onde d'une ombre éternelle, confondant l'imagination qui se demande avec étonnement quel choc formidable ou quelle conflagration inouïe, dans les âges anté-humains, a pu craqueler ainsi de multiples fêlures, aussitôt envahies par l'Océan, l'invincible rocher. A l'intérieur, elle se précipite en poudroiement neigeux, telle une blanche colonne écumante, d'une hauteur de deux cents pieds. Elle bondit en cascades et en torrents ourlés de flocons mousseux ou s'apaise en grands lacs, étagés parfois les uns au-dessous des autres, comme le Bolkesjö et le Folsjö, et dans lesquels la montagne grise laisse traîner un pan de son uniforme manteau de sapins. C'est elle encore qui, le long de la côte, au fond des vallées, tisse ces brumes perfides, effroi du marin et du voyageur, où viennent errer des dragons fantastiques ou de menaçants fantômes, où s'entr'ouvrent, en de décevants mirages, les routes du vertige et de la mort. Elle qui, tombant presque sans relâche du ciel qu'elle couvre d'un voile rarement déchiré, — à Bergen il neige ou pleut plus de trois cents jours par an — fait éclore au creux des vallées, durant les brefs étés, ces oasis verdoyantes, plus riantes encore de l'horreur sauvage qui les environne, qui surprennent tout à coup l'œil du touriste et le trompent un instant sur l'âpre latitude du climat. Elle met au front sourcilleux des *fjelds* l'éclatante couronne des neiges éternelles, — qui, en Norvège, commencent à une altitude de beaucoup plus basse que dans tout autre pays d'Europe, — elle précipite des sommets ces glaciers étranges qui, comme celui de Svartisen, viennent tremper leur masse immuable aux flots salés de l'Océan et sur l'autre versant, ainsi que par un défi aux ordinaires lois de la nature, se bordent de vertes prairies et de moissons. Elle a si bien pris possession de la contrée qu'on croit la reconnaître encore dans ces ondulations granitiques du sol qui semblent un ouragan pétrifié, frère de cette même Atlantique qui, nuit et jour, déferle à la côte, de l'autre côté du mur de rochers.

La nature, ici, est comme une symphonie grisâtre qui parcourt toute la gamme s'élevant du blanc pur au noir intense, ou plutôt comme une eau-forte, dessinée par un maître habile, où les sombres hachures des sapins s'enlèvent avec vigueur sur l'éclair neigeux des torrents et sur la virginale pureté des sommets, reliés non sans harmonie par les tons fortement poussés des roches et par les nuages d'encre ou de fumée, fuligineuse ou légère, dont les volutes se déroulent sans cesse sur le ciel toujours couvert.

Toujours, ou presque toujours. En certains districts, et non des plus septentrionaux, à peine ce voile de brumes se déchire-t-il et permet d'apercevoir l'azur du firmament durant quelques jours de l'année.

Ces âpres paysages, cependant, s'éclairent parfois soudain d'une coloration violente et presque fantastique. Je n'entends point parler des faisceaux électriques de l'aurore boréale qui, durant la nuit à peine interrompue des longs hivers, illuminent de feux de Bengale bleuâtres le ciel de sable où les étoiles tremblantes scintillent, au-dessus de la terre convulsée, roulée dans son blanc linceul, comme des pleurs d'or sur un drap mortuaire. Mais que le soleil, un instant, perce de ses flèches obliques les vapeurs accumulées devant sa face, et la vallée s'emplit d'une lumière magique où se prodiguent, près de l'ombre violette des montagnes, les tons roses du couchant, où chaque nuance primitive des rayons solaires, décomposée ainsi que par un prisme, vibre dans l'air tour à tour, tandis que, sur les glaciers et dans les torrents, se jouent des arcs-en-ciel et s'allume le ruissellement des diamants, des rubis et des pierres précieuses; où le paysage, enfin, revêt cet éclat surprenant, presque apocalyptique, qui déconcerte notre œil dans les tableaux des peintres norvégiens.

Mais l'âpre tristesse de cette nature, c'est son horizon éternellement fermé. Il semble que ces blocs de granit qui de toutes parts enserrent votre regard, pèsent aussi sur votre âme prisonnière. Et, invinciblement, le naïf élan du montagnard et du bûcheron, si joliment exprimé par la chanson populaire, obsède votre pensée :

> Ah ! si je pouvais m'enfuir
> Par delà les roches hautes !... (1)

Au delà des montagnes, au bout des fjords engourdis, c'est l'Océan, la mer bruissante et libre, le vrai champ que laboure le Norvégien. Ce petit peuple de deux millions et demi d'habitants possède une marine marchande plus nombreuse que celles de la France et des États-Unis. Habitués à naviguer dès l'enfance parmi les écueils de leurs côtes brumeuses, rompus aux intempéries du plus rude climat, ses matelots sont les meilleurs qui soient au monde, et il n'est pas de point du globe où le patron d'un équipage ne soit enchanté d'embaucher un Norvégien, de préférence à tout autre.

---

(1) Voici cette ballade, une des plus charmantes de Björnstjerne Björnson :

Quelqu'un peut-il me dire ce que je verrai — Par delà les roches hautes ? — Maintenant, hélas ! mes yeux ne voient que leur neige éternelle. — Là, en bas, pourtant, tout verdoie au bord du torrent et du lac ! — Je ne puis me refuser le vœu de ma vie. — Dois-je le tenter, mon voyage ?

Il monte haut, l'aigle, d'un fort battement d'ailes, — Par delà les roches hautes. — Il s'élance vers le jour jeune et puissant, — Et rassasie son courage dans la libre chasse ; — Il s'abat selon sa convoitise, — Et repose au plus lointain rivage.

Pommier feuillu qui frissonnes, dis, veux-tu t'élancer aussi — Par delà les roches hautes ? — Ah ! qu'un vent t'arrache avec tes racines, — Et tu secoueras ta neige sur les neiges éternelles ! — La paix des vallées ne te suffit pas, — Des oiseaux se balancent sur tes branches. — Les chants et les parfums des terres lumineuses folâtrent dans ta couronne.

Ah ! ne passerai-je jamais, jamais — Par delà les roches hautes ? — Ce mur de pierre me frappe d'épouvante. — Doit-il jusqu'à mon dernier jour, de sa crête de glace, — Peser sur moi, terrible comme

La mer est sa grande et presque son unique richesse. Ses flots noirs, mille fois plus féconds pour lui que ses maigres champs, lui fournissent en abondance le pain vivant qui nourrit toute la population. C'est sur « l'argent mobile » du hareng et des grandes pêcheries que s'édifient l'immense majorité des fortunes. Sauf les quelques districts montagnards et boisés de l'intérieur, la Norvège, de l'océan Glacial où luit le soleil nocturne jusqu'à la mer du Nord, n'est presque qu'une côte immense, profondément découpée, de plus de deux mille kilomètres de longueur; tandis que sa largeur, dans le sud, n'en atteint en moyenne que quatre cents et, vers le Septentrion, se réduit à trente. Bûcheron ou marin, ce sont les deux grands emplois autour desquels tourne la vie du Norvégien. La forêt, le roc et l'Océan constituent, pour ainsi dire, les trois facteurs de son caractère national.

On conçoit que l'homme modelé par une semblable nature diffère en nombre de points de celui de l'Europe continentale. Le premier trait qui frappe en lui est une certaine rudesse indestructible et native qui reste à jamais rebelle à cet art des tempéraments, cette condescendance de l'esprit et des manières, qu'une longue habitude de la vie de société nous a conduits à considérer comme indispensable à l'harmonie et à la grâce de cette dernière.

Habitué à vivre dans un cercle étroit, ses horizons

---

un sépulcre, — Enchaîner à toujours mes bras et mon courage? Non! des ailes! je veux partir! loin... loin!... — Par delà les roches hautes! — Ici le temps rampe comme un fantôme et me ronge le cœur. — Mon cœur pourtant est jeune, il est fort et hardi, — Il brûle d'escalader ces cimes étincelantes, — Dussé-je à leur pied me fracasser contre le roc!

Un jour, je le sais, mon courage me conduira — Par delà les roches hautes! — Déjà m'appelle le flot gonflé du torrent. — Et pourtant, ô mon Dieu, bien douce est la patrie, — Dussé-je ne jamais assouvir la soif de mon âme, — Que ta volonté soit faite!

sont bornés comme les montagnes fermées de sa patrie, enserrés dans des préjugés tenaces et résistants ainsi que leurs blocs de granit. L'âpreté du climat le prédispose à une religion sévère, hantée de scrupules et de terreurs, en même temps que, le refoulant sur lui-même, elle trempe fortement les fibres de sa volonté et, engourdissant dans une large mesure la sensibilité extérieure et de relation, accroît d'autant en lui la valeur et la signification de la vie purement morale. Courbé sous la règle tyrannique et strictement limitée qu'il s'impose lui-même, son esprit, pourtant, en sa forte personnalité, frissonne parfois sous l'indomptable élan de la naïve chanson populaire :

> Ah ! si je pouvais m'enfuir,
> Par delà les roches hautes !...

Aussi nulle part les révoltés ne sont-ils si extrêmes ni si audacieux que dans ce petit pays de *cant* et de puritanisme. La plupart des grands hommes de la Norvège en ont été bannis, presque chassés. Nous les verrons porter dans l'art et dans la pensée humaine les qualités et quelques-uns des défauts de leur peuple, qui les a honnis : ennemis, parce que frères. Ils ont l'originalité énergique, la naïveté féconde, des races neuves, non encore polies, — c'est-à-dire usées, — par une trop longue civilisation ; l'intuition profonde, et comme le don de seconde vue, qui n'est donnée qu'aux cœurs simples. Recevant de l'Europe, — et surtout de la France, — un art trop affiné, déjà las, chargé de tout l'appareil de la science moderne et des résultats de vingt-cinq siècles de pensée, ils l'ont su transformer, grâce à leur force vierge et, tout en paraissant épouser et subir le pessimisme mécanique qui pèse sur notre génération, introduit de nouveau dans le courant de notre vie intellectuelle la notion de la conscience et celle de la volonté.

La littérature norvégienne date uniquement de la dernière moitié de notre siècle. Assoupie durant plus de cinq cents ans sous la domination du Danemark, — auquel elle donna Holberg, le célèbre auteur comique, — et réduite au rang d'obscure province, la Norvège a vu s'éveiller son génie propre lorsque les événements de 1814, en établissant son autonomie sous le sceptre de la maison de Suède, lui ont rendu le sentiment de l'indépendance nationale. Et si l'on en excepte les poètes patriotes Wergeland et Welhaven, qui exaltèrent ce sentiment chez les hommes de la précédente génération, on peut dire que sa littérature n'a pas d'existence hors de son école contemporaine du drame et du roman.

I. — Arne Garborg.

Arne Garborg est, de tous les écrivains de sa patrie, le plus exclusivement, — j'allais dire intraitablement, — national. Il compte au premier rang parmi ceux qui se vantent d'être « des Norvégiens norvégianisant de Norvège ». On s'imagine malaisément à quel degré d'exaltation le patriotisme de ce petit peuple, — sentiment d'ailleurs hautement respectable, — s'est trouvé porté par suite de la lutte sourde qu'il soutient contre la Suède, par l'orgueil de ses récents succès littéraires et les souvenirs, habilement surexcités par les poètes, de ces temps glorieux où leurs ancêtres, les farouches Northmans, les héros des vieilles *sagas*, terrorisaient l'Europe par leurs incursions hardies et, dans leurs barques ornées de boucliers, rapportaient jusqu'à Throndhjem, la lointaine métropole du Nord, le butin et les captifs faits sur l'ennemi.

Peut-être pourrait-on reprocher à ce patriotisme une teinte trop locale, ombrageuse par cela même. Ceci paraîtra d'ailleurs inévitable si l'on songe à la faible importance numérique du pays. Ce caractère un peu restreint se trahit parfois dans l'œuvre d'Arne Garborg. Il n'en constitue pas moins, et peut-être d'autant plus, un document intéressant pour l'étude d'un peuple qui a su attirer l'attention de l'Europe.

Son originalité est d'avoir écrit toutes ses œuvres en dialecte norvégien. C'est le Mistral de sa patrie : il a tenté pour le vieux langage national ce que l'auteur de *Mireille* a fait avec succès pour le provençal. On sait que la langue officielle de la Norvège, celle qu'on enseigne à l'école et que parlent tous les gens bien élevés, n'est autre que le danois. C'est la seule langue écrite et grammaticale, qu'ont dû forcément employer, avec une certaine différence dans la facture où se reconnaît l'empreinte de leur génie particulier, tous les écrivains de la Norvège. En dessous, toutefois, subsiste un idiome populaire, abandonné aux paysans et plus voisin que le danois de l'antique souche normannique, la vieille langue islandaise des *Eddas*, dont sont issues toutes les langues scandinaves. Ils ne diffèrent entre eux au reste que comme deux branches très voisines du même tronc : l'une déjà greffée, disciplinée par la culture ; l'autre encore fruste et sauvage. Björnson, dans ses pastorales, avait tenté de se rapprocher du dialecte populaire, dans la mesure à peu près où Walter Scott avait autrefois employé l'écossais dans ses romans : le mettant dans la bouche de ses paysans et s'efforçant d'en faire passer en son propre style la naïveté et l'allure ; glissant même, en la trame de celui-ci, certaines de ses tournures et de ses expressions. Un essai fort intéressant, bien qu'encore timide, de constituer une langue nationale, s'indiquait là évidemment. Garborg a procédé d'une façon à la fois plus facile et plus hardie, et ne s'est servi pour la plupart de ses romans que du pur dialecte norvégien. De sorte que pour chacun d'eux une double version s'est trouvée nécessaire et d'ordinaire a paru simultanément.

Il sort lui-même d'une famille de paysans et, dans son enfance, a dû parler exclusivement l'idiome de ceux-ci. Né à Stavanger, en 1851, il fait partie de la seconde génération littéraire de sa patrie. Son dernier ouvrage, *Fred* (Paix), nous donne une bien intéressante description de la nature et des types populaires de son pays natal. Brandes a dit de cette contrée que c'est un des sites les plus sauvages et terribles de ces côtes septentrionales qui font songer à l'Enfer de Dante. L'hiver est sans fin ; les *fjelds* glacés pèsent menaçants sur les têtes. Jamais on n'aperçoit le ciel, toujours voilé de nuages sombres ; la mer lamentable tord éternellement ses flots mornes. Toute nuance ici tourne au noir : noir gris, noir glauque, noir de cercueil.

Les habitants y sont livrés dès le berceau à toute la superstition des gens des côtes, des pêcheurs et des marins. Dans ces cerveaux à peine dégrossis par une instruction rudimentaire, au milieu de ces âpres paysages et de cette vie si rude, leur religion tremblante n'est qu'une perpétuelle terreur ; on entre avec eux en des labyrinthes de mysticisme terrifiant et sauvage, où les puissances mauvaises jouent le premier rôle. On y a terriblement peur de Dieu, mais plus encore du diable. Quand le tonnerre gronde et que les vents d'automne font rage, il n'y a rien de si sinistre en Europe. On se serre alors l'un contre l'autre, dans les chaumières obscures et basses, on chante des hymnes qui parlent des peines éternelles, on ouvre l'Apocalypse et l'on frissonne en songeant au jour du Jugement.

C'est là que vit le paysan Enok Haave. En sa jeunesse, il n'avait nulle crainte de Dieu ; mais la mort violente d'un de ses compagnons d'ivresse, qui lui semble un avertissement, le change subitement. Il s'épouvante du démon, répond à chaque parole par des sentences de la Bible et jette au feu tous ses livres, hormis ceux qui traitent de piété. Tout lui devient odieux, hors les choses dévotes. Boire du café est un péché mortel : « Si cela avait été la volonté du Seigneur qu'on boive du café, il en aurait fait pousser dans notre propre pays. » Et il bat sa femme qui pleure, parce qu'il lui a jeté le sien sur le fumier. Il se fâche s'il entend rire un de ses gens et le menace du feu éternel. Ses affaires cependant vont de mal en pis. Il croit y voir un signe de Dieu, qui l'avertit qu'il est rejeté. Le diable et l'enfer dansent dans son pauvre cerveau. La folie le prend et il se jette dans la mer.

Ce lugubre puritanisme ne rappelle-t-il pas celui des « purs » et des « saints » d'Écosse, que nous a dépeint Walter Scott ? L'histoire est presque courante dans les pays scandinaves. La folie religieuse arrive en première ligne parmi les causes de démence. Avant l'alcoolisme, ce mal pourtant si terrible des contrées septentrionales. Dans les journaux de Suède et de Norvège, c'est une rubrique aussi fournie que peut l'être chez nous celle des crimes passionnels.

Il n'est pas besoin de dire que *Fred* souleva dès son apparition d'ardentes controverses. Dès son premier livre : *Fritenkare* (Libre penseur), Garborg avait nettement pris position comme un adversaire déclaré de l'esprit piétiste qui pèse si lourdement sur la société norvégienne. A mesure que nous pénétrerons davantage dans les replis de cette littérature, nous ne pourrons manquer d'être un peu surpris de trouver en somme assez anodines des œuvres qui nous arrivaient avec une renommée de scandale et d'extraordinaire audace. Elles s'agitent en effet autour de questions qui pour nous sont vidées depuis plus de cent ans, ou parfois n'ont jamais existé. La différence est qu'il en va tout autrement en Norvège, et que ces discussions, qui nous semblent oiseuses, puériles et vieillottes, — là même, ô ironie ! où nous courions chercher les sources d'eaux vives du mystérieux et troublant avenir, — y sont d'actualité pressante et d'intérêt vital, et réclament un très réel courage de la part de l'écrivain qui les ose aborder. Le piquant, il faut s'y résigner, sera précisément, contrairement à ce que nous attendions, d'être reportés de temps à autre d'un siècle en arrière. Mais nous le serons, ce qui a son charme, au milieu de paysages et de mœurs autres que les nôtres et, malgré tout, en conflit parfois avec un courant ultra-moderne. Puis, qui sait ? peut-être ces nouveaux venus du lointain Septentrion, en combattant la lutte que combattirent nos ancêtres, trouveront-ils à quelques-uns de ces problèmes ardus une solution meilleure que certaines d'entre celles dont nous souffrons encore aujourd'hui.

Jeunesse, une courte nouvelle dont la *Revue hebdomadaire* a publié dernièrement une traduction, attaquait légèrement, et pour ainsi dire de biais, le sujet délicat que l'auteur, dans *Mannfolk* (les Hommes), devait empoigner plus tard, non sans quelque brutalité : la question des relations des sexes et de l'amour chez les jeunes gens. M. Alexandre Dumas fils, en France, s'est fait une spécialité de cette même question. Et, ce qui prouve d'amusante façon l'opposition foncière des deux pays, chacun de ces deux écrivains, en prônant une thèse absolument inverse, a su, de manière presque égale, alarmer les préjugés de leur patrie respective. Hâtons-nous de dire que la révolte, en France, selon notre aimable tempérament national, fut plutôt souriante, aiguisée seulement d'un brin de raillerie gauloise. Et je ne connais que quelques vertueux bourgeois qui furent sérieusement indignés. M. Alexandre Dumas avait osé réclamer plus d'égalité dans les charges et les responsabilités de l'amour. Il avait, avec la science amère d'un Parisien qui connaît tous les envers du plaisir, émis le vœu que la jeunesse des hommes conservât, s'il était possible, plus de pureté. Il fallait tout ce que possède à si haut degré l'auteur de *Denise* et de *Francillon*, son esprit incisif et leste, expert en l'art de manier son public, parce qu'il en connaît à fond la psychologie, pour ne pas crouler sous le ridicule d'une semblable thèse. Je me souviens que, l'hiver où *Denise* fut représentée, un jeune cavalier, dans un bal travesti du meilleur monde, obtint un succès fou dans un costume d'*innocent*, symbolisant les idées de M. Thévenin : satin blanc et fleurs d'oranger, des lis dans une main, et tenant de l'autre une cage remplie de colombes. Le fait me fut conté, avec force rires, par deux charmantes jeunes filles qui, — sans trop savoir, j'imagine, — trouvaient elles-mêmes évidemment les idées de M. Thévenin passablement comiques.

Par un contraire effet de cieux différents, Arne Garborg, au contraire, encourut le blâme de ses concitoyens en revendiquant la douce liberté d'amour pour la pauvre jeunesse. Il n'est que juste de dire qu'il avait touché ce point délicat d'une patte un peu lourde. Le tempérament norvégien « norvégianisant de Norvège » ignore le fameux précepte : « Glissez, mortels, n'appuyez pas ! » et le tiendrait en singulier mépris si l'on venait à le lui apprendre. *Mannfolk* souleva un tel scandale que l'auteur en fut destitué de sa place de reviseur d'État.

Ce n'est pas toutefois que l'immaculée blancheur de l'innocence soit la règle absolue, même sous les glaces du Nord. Tout au plus la pourrait-on comparer à celle des sépulcres blanchis dont parle l'Écriture. Et Arne Garborg, une première fois, dans *Jeunesse*, avait parfaitement exprimé, en son Jens Carlstadt, l'exacte nuance morale de son pays. Jens Carlstadt est heureux de pouvoir dire sa bien-aimée entièrement sienne, et les remords dont son âme est bourrelée ne font que lui faire goûter cette joie avec plus de délices. Mais il voudrait qu'elle eût pleine conscience du péché qu'elle commet avec lui. L'insouciance de la jeune fille le choque terriblement dans sa moralité et lui gâte presque son agrément.

Ceci me remet en mémoire une histoire bien caractéristique, qui fit un éclat considérable en Norvège et remplit pendant des semaines la presse scandinave, voici deux ou trois ans. Peut-être y a-t-il une légère pointe de scandale en cette petite digression. Mais elle rend si bien la couleur locale que ce serait dommage de ne la point conter.

Le pasteur Oftedal, saint homme entre tous et famé pour ses vertus, chef d'ailleurs du parti puritain au *Storthing* norvégien, s'était oublié, — l'esprit est prompt et la chair est faible, — jusqu'à enseigner à nombre des fillettes qu'il préparait à la confirmation, des choses qui, à la vérité, se trouvent dans la Bible, mais que le catéchisme ne recommande pas. L'affaire s'ébruita. Se voyant découvert, sa position perdue, ses adversaires politiques exultants, et peut-être, en perspective, pour épouvante dernière, la honte et l'effroi d'un procès public, Oftedal eut un de ces coups de génie qui dépassent notre Molière lui-même de cent coudées. Près d'une telle sublimité d'invention, Tartufe aux pieds d'Orgon n'est qu'un écolier. Il monte en chaire et, se frappant la poitrine, confesse son crime avec larmes devant toute la communauté rassemblée, suppliant ses ouailles de pleurer avec lui ses fautes et de crier vers le Sauveur, afin d'obtenir le pardon du pasteur coupable. Toute la congrégation sanglotait. Puis, comme autrefois Élie au désert, Oftedal se retira dans la montagne.

Ses ennemis triomphaient, en même temps que tous ceux qui, dans le pays, haïssaient le sombre piétisme dont il avait terrorisé les consciences et soupiraient pour un peu d'air libre. Mais il advint que, bientôt, ses anciens paroissiens reprirent, un à un, le chemin de la montagne. Oftedal les accueillait avec humilité. « J'ai péché contre mes frères et contre Dieu, gémissait-il avec une contrition profonde. Mais j'ai élevé la voix vers mon Sauveur, et sa miséricorde est descendue sur moi. La pénitence purifie l'âme, et la chute, qui est l'occasion de la pénitence, la purifie aussi. C'est pourquoi je glorifie le Seigneur de ce qu'il m'a permis de pécher plus qu'aucun autre. Car ainsi, j'en ai reçu sa grâce avec plus d'abondance et, parce que j'ai été le plus grand des pécheurs, j'en suis devenu le plus saint… » Ce moyen de purification, sans doute, parut agréable et doux aux populations. Oftedal est maintenant à la tête d'une secte considérable de *dissenters*, qui l'honorent comme un martyr et comme un prophète, et je ne doute pas qu'il ne fasse bientôt des miracles. Et, bien entendu, il prépare toujours leurs filles à la confirmation.

Il serait peu loyal et peu juste, évidemment, de conclure de ce cas sensationnel à l'état général des mœurs en Norvège. Mais pour nous autres Français, accoutumés à voir toutes les contrées protestantes déclamer contre la grande Babylone et se voiler la face devant nos impuretés, c'est une petite vengeance permise que de constater ce que cache de misères morales le *cant* rigoureux et l'ostensible décence de ces puritaines nations. Une certaine école de romanciers norvégiens, parmi lesquels on peut compter au premier rang Arne Garborg, s'est donné pour tâche de mettre en pièces cette hypocrisie, qu'ils estiment pernicieuse. Malheureusement les plus avancés d'entre eux, — desquels il convient de séparer absolument l'auteur de *Mannfolk*, bien que ceux-ci n'aient fait que pousser à outrance les mêmes théories, — ont apporté dans cette œuvre de démolition la frénésie de natures primitives et violentes, qui, à force d'avoir été condamnées à regarder la pudeur comme la première des vertus morales, oublient, en se regimbant contre elle, qu'elle est avant tout une esthétique. En Norvège, bien plus encore qu'en Suède, l'intolérable compression d'une société rigide et bornée a produit une légion de petits Strindbergs, de beaucoup plus exaspérés que l'écrivain suédois et dépourvus de cet éclair de génie qui ennoblit l'œuvre de celui-ci et garde à ses pires boutades une certaine mesure d'artiste. Citons seulement *Albertine* de Krog, et le *Christiania-bohème*, de Hans Jæger. Jonas Lie, le romancier norvégien, a dit de ce dernier qu'il est de ces livres qu'on sent écrits le revolver sur la tempe. Le dernier roman de M. Jæger, *l'Amour malade*, saisi dès son apparition, dépasse tout ce dont on peut décemment parler : manuel dément d'amour scatologique qui défie la description et rappelle de fâcheuse manière les publications qui s'impriment à Bruxelles ou à Amsterdam.

Ces divagations malsaines ne prouvent-elles pas une fois de plus que tout ce que l'on retranche en largeur de surface à un mal nécessaire creuse en profondeur et s'envenime en plaie maligne ? Certes il serait reposant et doux de songer qu'il existe, en quelque coin favorisé du globe, un peuple d'êtres chastes et purs, où tous les couples s'appelleraient uniquement Marius et Cosette, Elzéar et Déruchette, comme les amants virginaux de notre grand Victor Hugo. Encore risquerait-on de s'ennuyer chez cette nation bénie et d'y goûter médiocrement les arts. Mais cet idéal ne semble pas près d'être réalisé, même en Norvège. Et, dans les conditions faites à notre pauvre humanité, peut-être l'indulgente franchise de notre gauloise philosophie est-elle en somme plus inoffensive et plus saine qu'une trop rigoureuse sévérité. Nous, Français, qui sommes au fond une race naïve, malgré nos prétentions contraires, nous nous en laissons facilement imposer à l'aide de deux articles d'importation étrangère : la morale et l'ennui. Ce dernier plus réel et de meilleur teint que la précédente. Taine, dont le génie perçant n'excluait pas une certaine innocence : — ne déplora-t-il pas toute sa vie de n'être pas né Anglais ? — nous affirma, dans ses *Notes sur l'Angleterre*, que, aux universités anglaises, plus de la moitié des étudiants avaient gardé inviolablement les septième et neuvième des commandements de Dieu. Ces recensements sont difficiles à faire : il faut donc accorder pleinement cette assertion. Mais, pour la moitié restante, je puis garantir qu'elle avait chèrement payé ses infractions aux susdits préceptes. Ibsen, dans son œuvre, nous a montré par deux fois le fantôme du mal terrible qui dévore les nations puritaines et, châtiant leur hypocrite dédain de la nature, venge parfois rigoureusement le moindre écart. Ajoutez que, dans les mœurs furtives que le rigorisme extérieur la contraint de contracter, la jeunesse puise trop souvent, avec un dégoût instinctif de la femme et de l'amour, qu'il ne connaît que sous sa forme la plus basse, une brutalité mêlée d'ennui profond qui vient encore redoubler la mélancolie naturelle de la race et du pays.

Dans un roman précédent : *Bondestudenter* (Étudiants paysans), Garborg avait étudié la vie de ces derniers dans la capitale de la Norvège. Lui-même avait vécu d'assez longues années cette famélique existence, et *Bondestudenter*, ainsi que *Libre penseur*, son premier ouvrage, était sorti de son expérience personnelle. Il a tracé de Christiania (1) un portrait peu flatteur, mais

(1) *Jonas Lie*, Arne Garborg, 1893.

qu'on ne peut s'empêcher de reconnaître pour ressemblant, encore que familièrement dessiné : « Christiania, le plus assommant et mesquin de tout ce qui est assommant et mesquin ; Christiania, la cité sans style et sans histoire : un trou de petite ville sans l'intimité d'une petite ville, une capitale sans la vie d'une grande ville. Partout, un prosaïsme sans espérance : rien que la banalité la plus usée et la plus pénible... »

L'Université, fondée en 1814, n'a rien de ce vieil esprit traditionnel et classique qui, en dépit de sa routine assez vieillotte, entretient encore à Upsal quelque chaleur et lui conserve une dignité. Les mœurs des étudiants sont au reste les mêmes que dans les universités suédoises, avec une teinte plus démocratique encore et plus rude. Nombre d'entre eux, ainsi qu'Arne Garborg, sont des fils de paysans, sans subsides de leur famille et menant une vie misérable et précaire au delà de toute expression. L'auteur de *Bondestudenter* nous en a tracé un portrait humoristique, intense comme le sont les choses vécues. Il nous les montre passant leur temps sur un sofa à fumer des pipes et lire des romans, et s'étonnant grandement que tout le monde, là dedans, soit nourri sans jamais s'en inquiéter.

« Parfois, — nous conte-t-il de son héros, — il filait vers la cuisine à vapeur (1). La bonne et forte odeur de viande l'attirait comme un buveur au cabaret, et, quand il arrivait au bienheureux petit guichet par lequel on lui passait la nourriture, qu'il tenait l'assiette fumante entre ses mains et voyait que ce n'était pas un rêve, mais la vraie vérité qu'on peut toucher et prendre, alors il se jetait dessus ainsi qu'un animal, arrondissant le dos comme un chien sur un os volé, et mangeait, mangeait, soupirait de béatitude, engloutis-

(1) Fourneau économique de Christiania où l'on peut se procurer un repas complet pour 35 centimes environ.

sait profondément, avec méthode, afin que chaque morceau fît son effet. Il faisait table rase, souhaitant d'avoir un col de cygne pour que tout ce bonheur durât un peu plus longtemps. Mais, quand il était rentré chez lui, la faim recommençait... »

Garborg, — dit George Brandes, — s'était proposé en cette œuvre d'aiguillonner ces étudiants paysans et de leur insuffler du courage, en fustigeant leur mollesse et leur lâcheté, traîtres envers la grande cause nationale qu'ils devaient servir. Que son famélique héros saisisse le premier moyen honnête d'assurer sa subsistance, en devenant un petit bourgeois sage et ferme au rang, il n'est rien en ceci d'ailleurs qui doive surprendre un philosophe. Élever une certaine portion d'une classe au-dessus de celle-ci, ce fut toujours non point la servir, mais simplement transférer sa force la meilleure à une classe supérieure et souvent adverse. Dans le cas seulement où cette intégration nouvelle est trop difficile, les individus ainsi déclassés, comme il en advint en Russie pour le *nihilisme*, se retournent alors, avec la légitime fureur de bêtes fauves désormais sans gîte, pour mordre et détruire s'il se peut l'imprudente société qui les a formés.

Arne Garborg a écrit encore *Trætte mænd* (Hommes lassés), étude psychologique « fin de siècle », et *Chez maman*, analyse d'une vie de jeune fille. La caractéristique de son œuvre entière, ce qu'il convient d'en retenir, c'est qu'elle est avant tout une œuvre de combat ou, pour parler plus exactement, car le terme est trop vaste, de polémique purement nationale. De là son intérêt à la fois restreint et curieux. Il n'est pas assez artiste ; il montre plus qu'il ne convient que sa plume est une arme. Le caractère utilitaire et pratique que le génie scandinave réclame volontiers de toute production littéraire éclate en la sienne avec trop de nudité. Il a le ton provincial, et son style, en sa verdeur sans apparat, risquerait de nous paraître fruste. Mais il ne manque pas d'une énergie un peu lourde, qui donne du relief et de la vigueur à ses figures. Il a, en ses petits dessins paysans, un naturel qui prend de la fraîcheur et rencontre la grâce sans la connaître. L'œuvre, au reste, chez lui, — ainsi qu'il arrive toujours, — interprète fidèlement le masque extérieur de l'homme : visage et carrure robustes, taillés à coups de hache, où le rustique, l'homme des côtes perce sous le *gentleman* et l'étudiant; avec, dans la physionomie, une rudesse qui n'est pas sans lumière. Ses livres, dont il a voulu faire des batailles, pour nous sont des documents que rend intéressants notre désir nouveau d'apprendre à connaître l'état social et moral des autres peuples. C'est pour cette raison que nous lui avons donné une place, qu'il n'est pas indigne de tenir, auprès de ses compatriotes plus célèbres et plus consacrés.

II. — Jonas Lie.

Jonas Lie est, par excellence, le poète de la mer et celui de la jeune fille. « La femme est comme l'onde », dit un vieux dicton. Est-ce cette similitude, constatée par la malice de nos ancêtres, qui donne au même homme une intelligence égale du mobile océan et de l'ondoyant féminin? Au reste, il convient de ne pas s'y tromper, c'est moins de la femme que de la jeune fille, sujet de beaucoup plus malaisé en sa fraîcheur et ses délicates nuances, que le romancier norvégien nous a tracé quelques portraits d'un charme multiple et printanier. Les peintres subtils et pénétrants de la femme ne nous manquent pas en France. Mais je ne sais par quel maléfice bizarre ces maîtres ès sciences du cœur féminin, habiles à disséquer les fibres enchevêtrées et toute la genèse d'une passion, échouent complètement, — même les plus grands, — dès qu'ils tentent d'esquisser une figure de vierge. Serait-il juste, cependant, de dire que la société et la nature féminine françaises leur refusent des modèles, ainsi qu'on l'imagine trop à l'étranger? Nous ne le croyons pas. Sans doute l'ancien type convenu, effacé et silencieux, auquel les vieilles mœurs réduisaient nos jeunes filles, était peu fait pour fournir matière à d'intéressantes études littéraires. Mais je ne vois pas que, du moins dans la capitale, il en subsiste encore grand'chose. Nos mœurs, à la vérité, sont moins favorables à leur expansion extérieure que celles des pays plus septentrionaux. Néanmoins, il nous suffirait de regarder un peu attentivement autour de nous pour apercevoir tout un essaim de ces jeunes visages que le conteur norvégien s'est complu à dessiner, avec leurs innocentes amours, leurs roueries naïves, leurs belles exaltations ingénues, leurs mesquines vanités, leur imprévoyante ignorance et tout ce qu'il y a de frais, de puéril et d'attendrissant dans un être que la vie n'a pas encore touché, et qu'elle va foudroyer peut-être, tandis que l'enfant joue avec elle. En ceci, Lie est sans égal. Je ne sais aucune littérature qui puisse offrir des figures de jeunes filles comparables pour le naturel varié, la note à la fois poétique et réelle, à celles qu'il a semées dans son œuvre. La littérature anglaise a trop sacrifié, en ses types virginaux, à une idéalisation outrée : ce sont des anges radieux, comme l'Agnès de *David Copperfield*, ou tombés, comme son Émily ; à moins que ce ne soient de gentilles poupées, telles que la Dora du même auteur, et tant d'autres. Tolstoï seul, avec la Natacha et la Sonia de *la Guerre et la Paix*, et la fiancée de Lévine, dont j'oublie le nom, dans *Anna Karénine*, me paraît avoir trouvé l'accent juste et vrai. Encore les héroïnes de l'écrivain russe sont-elles des Slaves, déjà femmes presque, avant le temps, par leur grâce ondoyante, de volupté naissante. Tandis que, autour des jeunes Norvégiennes de Lie, circule à grands flots l'haleine salubre et pure de l'Océan.

Jonas Lie débuta assez tard dans la littérature. Ses compatriotes rassemblés à Paris, que lui-même habite depuis nombre d'années, fêtaient dernièrement son soixantième anniversaire. Il avait trente-sept ans lorsque, en 1870, il publia son premier roman : *aen Fremsynte* (le Visionnaire). Issu d'une vieille famille de magistrats, originaires du Nordland, il avait été jusqu'alors avocat dans une petite ville, Kongsvinger. A peine quelques poésies de circonstance, quelques articles de journaux étaient-ils venus témoigner de sa vocation littéraire.

Élevé dans sa province natale, à Tromsö, une des dernières bourgades des régions habitées du cercle polaire, il semble avoir gardé toute sa vie l'intense impression de cette terre étrange et désolée où il a placé l'action du *Visionnaire*, et dont il conservait un souvenir assez vif pour en tracer de mémoire des tableaux saisissants, bien des années après :

« Toutes les conditions de nature du Nordland, — écrit-il dans le *Visionnaire*, — sont dans un degré intensif et dans des oppositions de puissance colossale. Là s'étendent d'immenses déserts d'un gris de pierre, ainsi que dans les temps préhistoriques, avant que les hommes eussent appris à construire des bâtiments. Et, au milieu de cela, une incroyable richesse d'aspects. Un soleil, une splendeur d'été qui ne dure pas seulement pendant douze heures, mais sans interruption, jour et nuit, pendant trois mois, et change sans cesse de beauté avec l'éclatante et prodigue variété des couleurs... Une atmosphère transparente, pleine de parfums, si limpide que des distances de cent kilomètres y paraissent proches et qu'on croit pouvoir s'entretenir à travers elles. Les *fjelds* se vêtissent d'herbes d'un vert brun jusqu'au sommet, et les petits bouleaux dansent là-haut sur les pentes comme des rondes de jeunes filles de seize ans. Tandis que l'arome des fraises se répand dans l'air, plus pénétrant qu'en nul autre lieu, la journée devient si chaude qu'on éprouve le besoin de se baigner dans le petit lac, si merveilleusement clair jusqu'au fond.

« Mais, comme opposition, une nuit de ténèbres et de terreur qui se prolonge durant neuf mois. De terribles tempêtes maltraitent cette côte noire d'hiver; des orages tombent droit des *fjelds*, et emportent les maisons. D'énormes vagues de la mer Glaciale couvrent de leur écume les hauts écueils et les flots, se creusant sur une profondeur d'une vingtaine de mètres, de telle manière que, près du rivage, elles écrasent parfois les bateaux sur le lit même de la mer. Ce sont des conditions de géant, sans aucune des transitions ordinaires entre les extrêmes. En d'autres mots, ce sont des conditions pour la fantaisie, le caprice et le hasard, plutôt que pour l'œuvre lente et sûre... »

Une telle contrée doit produire de préférence des natures énergiques et aventureuses, en même temps que pratiques et capables, sous la violence concentrée de leur tempérament, de longue persévérance vers un même but : il faut une volonté fortement bandée pour arracher sa subsistance d'un pareil climat. Peut-être l'être humain, en ces régions pour nous si étranges, royaume de l'Obscurité terrifiante, des neiges solennelles et des effarantes clartés, tournera-t-il parfois sa pensée subjuguée vers ce monde invisible et visionnaire où Svedenborg eut ses révélations. La double vue norvégienne est plus célèbre encore que l'écossaise, et Balzac, qui posséda toutes les intuitions, a placé là sa *Séraphita*. Au moins doit-on être assuré qu'il restera étranger aux nervosités malsaines, aux perversités d'imagination qui sont le châtiment des civilisations trop luxueuses et trop affinées.

En cette terre si rude, qui refuse tout à l'agrément et à la caresse des sens, l'homme s'endurcit extérieurement. En prenant de la vigueur, il demeure sans grâce et sans charme physique. Même dans les classes les plus élevées, — composées seulement de fonctionnaires ou de riches marchands, — l'habitant de l'extrême Nord trompe au premier coup d'œil sur sa situation sociale par une simplicité fruste qui contraste avec une réelle culture intellectuelle. Son cœur, en revanche, reste souvent simple et neuf, capable de ces affections tenaces qui sont comme la chaleur et la lumière de l'âme, en ces sombres et froids climats, l'asile sûr où l'on échappe aux rigueurs hostiles du ciel, et l'éternelle continuation, à travers les noires intempéries des saisons âpres, du soleil ininterrompu des brefs étés. Les femmes y sont d'une fidélité qui résiste sans défaillance à de longues années de fiançailles et d'absence sans nouvelles de ces rudes marins. Telle on la trouve aussi mainte fois chez les filles des pêcheurs de nos côtes de Bretagne : on ne trahit guère ces laboureurs aventureux de la mer, pour lesquels on tremble à toute heure.

C'est parmi ces populations du lointain Septentrion que Lie choisit de préférence les personnages de ses romans. Alors même qu'il en place le site sur des rivages de latitude moins extrême, il se plaît souvent à donner à ses héros favoris une origine qui les rattache à cette province du Nordland. C'est le type qu'il peint le plus fréquemment, avec amour, en des couleurs franches et fortes, d'une poésie brusque et d'un naturel si vivant qu'on croit voir flotter autour d'eux cette atmosphère de mystère, d'*au dedans* complexe et déconcertant, qui entoure toute créature humaine et qu'il est le triomphe de l'art de pouvoir rendre sans bizarrerie voulue et sans effort apparent.

Nul autre non plus n'a donné de l'amour, et de l'amour conjugal, une image à la fois plus hautement absolue et plus simplement humaine. Amour, ou amour conjugal, pour lui, c'est même chose. Avant, ou après, le sentiment, qui varie légèrement en sa physionomie, se reste semblable en son essence et son identité. Il n'est pas le devoir, — bien que la présence de celui-ci le vienne ennoblir, — ainsi qu'en les pures et froides figures d'épouse de la littérature anglaise. Il n'est pas davantage la passion, telle que la décrivent nos écrivains, où l'on sent toujours la robe de Nessus attachée aux flancs des amants. C'est le don entier, franc, irrévocable, du cœur et de tout l'être, fait en toute honnêteté et pleine confiance. Cet amour-là, à vrai dire, ne croît guère que sous les brises salines de la mer; il est comme un produit de l'Océan. Il lui faut de larges et monotones horizons, une solitude relative, la vie sérieuse et le danger qui hausse les âmes. Dédaigneux des soucis esthétiques, sans doute il se prend d'ordinaire à la force et à l'énergie virile de l'homme, à la grâce matinale de la jeune fille, mais il n'en oublie pas moins souvent toute préoccupation, toute coquetterie extérieure, pour aller droit du cœur au cœur : singulièrement éloigné de cette recherche excessive de nuances, d'attitudes et d'ajustements, où nous nous imaginons donner satisfaction à notre sens artistique, tandis que nous n'y cherchons, en réalité, qu'un amusement de désœuvré ou un ragoût nécessaire à un appétit blasé. L'amour, toutefois, — tel que nous le montre Lie, — n'est pas uniquement ce commerce extra-humain entre deux pures entités morales, auquel nous avaient accoutumés les romans vertueux d'outre-Manche. En son honnêteté foncière et sa chasteté forte, il est vivant pourtant. Mais s'il lui arrive, aux heures suprêmes, d'oublier volontairement les lois sociales, son inviolable fidélité à l'absence ou à la tombe le justifie, en prouvant qu'*un seul* exista à tout jamais pour lui. Tels Marthe et Yann, des *Filles du Commodore*, que le capitaine du *Rutland* et sa femme nous avaient montrés par avance, mais heureux et vieillis dans leur tendresse permise. De cette même école est la Suzanne du *Visionnaire*. Le docteur a déclaré à celui-ci que, menacé de folie, ainsi qu'il se trouve, il n'a pas le droit de se marier. Mais Suzanne, sa fiancée, ne partage pas l'avis du docteur. Elle sait mieux que lui ce que Dieu veut et permet. Au fond, ce n'est pas du jour où le prêtre les unira, mais du jour où ils se sont aimés, qu'a daté pour elle le lien indissoluble et sacré. « Dans la maladie comme dans la santé, pour le bien ou pour le mal, jusqu'à la mort », selon les belles paroles du rituel protestant.

Le *Visionnaire* remporta un grand succès dès son apparition. Il en arrive ainsi fort souvent, et nous avons eu déjà à constater maintefois un fait semblable, pour la première œuvre d'un auteur qui doit porter ensuite des fruits féconds, alors même que des productions postérieures rencontreraient une faveur moindre ou trahiraient une infériorité momentanée.

Sauf les idylles paysannes de Björnson qui, en 1870, commençaient déjà à passer de mode en Norvège, on n'y connaissait pas d'autre littérature que la romantique, qui régnait alors exclusivement en Danemark et dans les pays scandinaves. Mais les temps étaient proches. Et Lie se levait d'instinct, comme un autre précurseur, pour préparer les voies de l'esprit nouveau. Il y avait près de quarante ans que Balzac, en France, avait écrit les premiers volumes de la *Comédie humaine*. Mais en Scandinavie, nous dit Arne Garborg, le biographe de Jonas Lie, « des personnages qui n'habitaient ni les *sagas*, ni les vallées », mais bien, comme ceux du *Visionnaire*, notre prosaïque vie de tous les jours, firent sensation comme une nouveauté extraordinaire. Émilie Flygare-Carlen et Frederika Bremer, en Suède, avaient consenti, à la vérité, à animer des héros contemporains, mais elles leur avaient donné un ton, des sentiments, des milieux si conventionnels, qu'il eût été difficile de les inculper comme faisant partie de notre pauvre humanité. Le *Visionnaire*, ainsi que toutes les œuvres de transition, gardait des traces de l'ancienne école dans la poésie grandiose de ses descriptions, frigidement vibrantes de « l'air des glaces bleues », et d'une révélation presque aussi étrange à la majorité des habitants de Christiania et du sud — ironie des termes géographiques! — de la Norvège, qu'elle pourrait l'être pour nous-mêmes. L'émotion, en revanche, y était bien moderne par son accent sobre et ferme : riche de ces trouvailles de vérité profonde qui, devant les créatures imaginaires d'un poète, nous font monter aux lèvres le goût de la vie telle que nous l'avons vécue, et, peut-être, constituent le seul but réel de l'art.

Jonas Lie, comme conséquence première de cet ouvrage, reçut du *Storthing* le *Digter gage*, pension allouée par la Chambre norvégienne aux écrivains de promesse ou de mérite, et qu'avaient déjà Ibsen et Björnson. Avant de partir pour Rome avec sa famille, il fit un voyage à Tromsö, dans le Nordland. Il y étudia spécialement la vie du port, curieux par son commerce de pelleteries et de poisson, et où, par la mer Glaciale, arrivent les bateaux russes d'Arkhangel. Il y réunit des notes qui devaient lui servir pour son second roman : *Tremasteren Fremtiden* (le Trois-Mâts l'Avenir). Continuant sa marche en avant dans la voie réaliste où il s'était de suite engagé, il y décrivait la décadence et la faillite d'une grande maison commerciale, deux ans avant que Björnson portât ce même sujet à la scène. Audace qui nous eût paru fort bénigne à cette même date, quelque trente ans après *César Birotteau*, mais qui, en Scandinavie, constituait toute une révolution. La littérature, jusqu'alors, en dame hautaine, n'avait daigné frayer même avec de gros négociants ; encore moins ouvrir leurs livres de caisse et respirer l'odeur du poisson. Elle a, depuis, singulièrement rabattu de ses prétentions, et l'on ne peut guère, aujourd'hui, ouvrir un roman de certaine jeune école de là-haut, sans être invité à examiner durant cinquante lignes les comptes de la cuisinière, nombrer les taches de son fourneau et de son parquet et inspecter ses bas troués.

Lodsen og hans Hustru (le Pilote et sa femme), qui vint ensuite, en 1874, réveilla le premier grand succès de l'auteur. Le mouvement réaliste, sorti des leçons de Brandes, commençait à se dessiner nettement dans les pays du Nord. Et peut-être pourrait-on trouver, dans *Lodsen og hans Hustru*, quelques traces d'une étude sur la position de la femme dans le mariage : question qui va bientôt mettre en branle toute la littérature septentrionale et passionner, en même temps que le public, ses plus distingués écrivains. Mais c'est avant tout, cependant, ainsi que *Rutland*, qui suivit, le roman de l'Océan. L'action se passe non seulement sur la côte, mais fréquemment sur les flots mêmes. Déjà, avec Strindberg, en Suède, Drachman, en Danemark, nous avons eu l'occasion de remarquer le profond amour, l'intense compréhension de la mer qui respire dans l'œuvre des auteurs scandinaves. Il semble que le « sens de l'Océan », pour ainsi parler, repose en ces populations maritimes, qui l'ont reçu en legs de leurs aventureux ancêtres. D'admirables stylistes, en France, nous ont donné d'inoubliables descriptions de ses angoissantes fureurs, de son calme sublime, ou de ses perfides sourires. Il suffit seulement de nommer Guy de Maupassant et Pierre Loti. Mais, encore que tous deux l'aient intiment pratiqué, l'un en *sportsman* intrépide et l'autre en marin rêveur, c'est avec un œil d'artiste qu'ils l'ont contemplé, et c'est une impression d'art, — lumineuse ou tragique en sa beauté captivante, — qu'ils nous ont transmise.

Rien de semblable en l'œuvre de Lie. La mer y vit de sa vie propre et indépendante, sans jamais faire tableau ; seulement sa forte haleine circule à travers tout et rend sa présence incessamment vivante. On sent que l'auteur l'aime, non comme un spectacle magique et grandiose, mais comme une amie familière, et pourtant redoutée, dont chaque pli, chaque aspect, chaque colère, sont dès longtemps empreints dans sa mémoire et n'ont plus de secrets pour lui. La Norvège, il faut s'en souvenir, est une contrée de beaucoup plus maritime que l'Angleterre elle-même. Là, pas une ville qui ne soit un port. Les habitants des profondes vallées de l'intérieur, toujours assez proches de la côte, y vivent enveloppés dans le songe de l'Océan, de ses vastes routes ouvertes, et pour ainsi dire sous sa puissante effluve.

L'espace nous manque pour faire plus que citer rapidement *Thomas Ross*, *Familjen paa Gilje* (La famille de Gilje), *En Malstrom*, *Et Samliv* (Vie à deux), qui pourtant mériteraient de nous arrêter. L'auteur, en ce dernier ouvrage (1887), était revenu, non sans ingéniosité ni délicatesse, sur cette fameuse question du mariage et des malentendus conjugaux qui, là-haut, révolutionnait toutes les têtes, et dans laquelle chaque écrivain, sans exception, avait rompu une ou plusieurs lances. Je ne voudrais pas, en vérité, me signaler par un parti pris trop constant de chercher à chaque manie, ou, pour parler plus courtoisement, à chaque théorie scandinave, un antécédent dans notre propre littérature. Mais n'avons-nous pas eu en Michelet un grand docteur en cette matière ? Qui n'a lu ses deux livres, d'attendrissement sibyllique et voyant, sensuels, et pourtant si nobles, sur *l'Amour* et sur *la Femme?* Comme les grands prêtres de la littérature norvégienne, il rêva pour le couple humain l'union complète, l'unité absolue des âmes et des vouloirs. Hors de là, pour lui comme pour eux, le mariage, au sens vrai du mot, n'existait pas. Et, avec cette intuition profonde de la direction spirituelle que peut seul donner le contact du génie catholique, — Michelet, bien que libre penseur et élevé comme tel, n'en n'avait pas moins vécu en plein milieu de celui-ci, — il indiquait, comme unique moyen de réaliser cette parfaite entente, la confession journalière et réciproque de l'épouse à l'époux, s'avouant tout leur être, sans restriction aucune, avec l'entière sincérité qu'on doit porter au sacrement, « et se donnant ainsi pouvoir l'un sur l'autre ». Le moraliste français comptait aussi grandement, pour effacer les discordes et faire fleurir les nécessaires pardons, sur ces détentes de cœur et de nature auxquelles cette Mère indulgente, sous des cieux cléments, dispose aisément ses enfants. La femme scandinave, aux fibres durcies par un climat âpre, vit trop exclusivement par le cerveau pour les guère connaître. De là ces susceptibilités étranges, ces partis pris inflexibles, quand elle croit sa conscience ou sa dignité morale en jeu, et qui ne laissent pas de nous étonner souvent. Dans *Et Samliv*, le conflit entre les deux époux naît d'une jalousie qu'a conçue la femme contre les affaires de son mari qui, pense-t-elle, l'absorbent trop entièrement et le détournent d'elle. Lui, qui travaille uniquement pour lui faire la vie agréable et luxueuse, remplir son rôle d'homme et protéger son nid, prend une amertume contre cette injustice imméritée, et s'enferme d'autant plus dans une tâche assidue qui devient son unique distraction. La séparation s'élargit ainsi de jour en jour entre eux, et le bonheur intime de deux nobles cœurs, qui s'aimaient, est à jamais perdu, faute peut-être d'une parole prononcée à temps. Les écrivains scandinaves excellent dans l'analyse de ces muettes catastrophes des âmes, plus fréquentes qu'on ne l'imagine d'ordinaire dans toutes les existences. Ici, toutefois, il nous semble que c'est raffiner sur le sentiment un peu plus que de raison, et ces précieuses d'un genre nouveau mériteraient d'être renvoyées à l'école de Molière.

Je ne voudrais pas passer trop rapidement sur *les Filles du Commodore*, un des meilleurs ouvrages de Lie, et celui qui le peut introduire de plus aimable façon près du public français. Un de nos éditeurs, croyons-nous, en doit prochainement publier une traduction. L'auteur, avec une modestie parfois rare chez ses compatriotes, semblait douter de voir son œuvre favorablement accueillie en France : dépourvue qu'elle était, disait-il, de ces péripéties émouvantes dont l'intérêt subsiste à travers une autre langue, et de couleur trop exclusivement locale. Nous pensons, au contraire, qu'elle pourrait rendre chez nous de grands services, en y comblant une réelle lacune. Le roman anglais, dont nous alimentions autrefois l'innocence de nos jeunes filles, leur est devenu, avec raison, insipide. Et presque tous ceux de nos écrivains qui ont tenté d'écrire pour la jeunesse ont échoué sur le même écueil : l'irréalité de caractères conventionnels, — toute psychologie un peu poussée leur paraissant apparemment trop voisine de la physiologie, — et l'insipidité d'une leçon morale montrant invariablement, après quelques traverses nécessaires à la comédie, le bien triomphant et le mal puni. « Ces gens-là m'ennuient, me disait une jeune fille fort intelligente, condamnée à ces anodines lectures. J'en suis toujours à me demander ce qu'ils ont dessous, car sûrement ils ne peuvent être tels qu'ils se montrent. »

Le roman de Lie, absolument chaste, et digne par

cela des mains des vierges, est en même temps *réel*. Il peint la vie telle que tous, plus ou moins, nous l'avons subie, avec ses injustices oppressives, ses égoïsmes victorieux, ses doux sacrifiés, ses trahisons, ses embûches, et l'invincible fatalité qui, parfois, semble peser sur elle. Et pourtant, il est optimiste, dans le meilleur sens du mot : il croit au beau moral et, à travers les inconséquences et les fautes de ses héros, il sait faire briller la lueur divine de l'amour et du sacrifice. Les instincts plus mystérieux de la nature humaine y sont aussi à leur place, étroitement voilés, à la vérité, de manière à n'instruire en rien l'ignorance la plus éveillée, mais présents, toutefois, en dessous, pour qui les connaît, et laissant ainsi à la vie son vrai sens et ses ordinaires mobiles. Sans doute, pour nous-mêmes, demanderons-nous de temps à autre à la littérature de nous rendre, d'une façon plus colorée et plus hardie, le frisson de la passion et la vibration du désir en leur épanouissement harmonieux ou tragique. Mais il n'en est pas moins intéressant et bon qu'il en existe une semblable à celle que nous venons de décrire, et sa réserve, ici, est presque un procédé d'art, tant elle s'accorde avec le génie silencieux et concentré de la race et l'atmosphère générale du milieu.

Les Filles du Commodore nous offrent, en la charmante opposition de deux sœurs, deux de ces types si frais et vivants de jeunes filles que Jonas Lie excelle à peindre. On y sent la latitude plus grande de manières et d'allures que leur accordent les mœurs, le personnage plus en dehors qu'elles jouent dans la société, en même temps que cette contrainte, parfois tyrannique, que la famille, en aucun lieu, ne renonce guère à exercer sur elles. Qui n'a, dans ses souvenirs de jeunesse, quelque amour semblable à celui de Cécilia, l'aînée, avec l'enseigne Fasting? un gracieux visage de vierge entrevu, vers lequel vous avez marché, auquel, peut-être, vous avez tendu la main ; les oiseaux du bonheur chantaient à vos oreilles, son aube charmante flottait devant vos yeux, l'éternité des jeunes tendresses s'ouvrait... Puis un souffle a passé, bouderie, maladresse ou dépit. Vous avez fait de vains efforts pour vous retrouver l'un l'autre et vous reprendre. Il semblait qu'une inextricable fatalité se jouât de vous et fît mentir à chaque instant votre visage à vos intentions et votre pensée. Le fossé s'élargissait d'heure en heure, malgré quelques timides retours, bientôt avortés. Et vous avez fini par vous séparer en silence, tout en sachant que vous vous regrettiez, mais sans trouver le courage de sortir de cette situation bizarre.

Marthe, la petite sœur, est une des plus touchantes figures qu'ait produites aucune littérature. Elle seule suffirait à assigner à Jonas Lie la place qui lui appartient sans conteste de premier romancier des pays scandinaves.

La grâce brusque des camaraderies d'enfance entre Marthe et Yann, l'élève pilote ; la droiture de l'aveu d'amour provoqué par la jeune fille ; la tranquille patience des cinq années d'absence ; puis, au retour, ces persécutions insidieuses de la mère dont l'orgueil s'offense d'une alliance estimée trop bas, et qui poussent un soir Marthe, telle qu'un chevreuil forcé, vers la porte de Yann ; la mort de celui-ci enfin, sur son navire en feu, et le long chemin de croix de sa *veuve,* contrainte par une famille imbue de la religion sociale à jouer son rôle de jeune fille et à promener à travers les bals, tandis que chaque fibre en elle saigne, le deuil éternel du mort et de l'*absent* auquel, en cachette, elle tricote des bas et des petites brassières, « son air indomptable et farouche qui fait penser à un oiseau qui, de l'air libre du dehors, s'est égaré dans une chambre et se bat contre la vitre », jusqu'à ce qu'elle meure de ce lent supplice : tout cela est peint avec la simplicité, trop étrangère à notre art, qui seule laisse aux figures leur mouvement, au lieu de les figer dans une attitude. En même temps, que tel menu trait rapide, ingénieusement saisi, livre d'un mot, telle une vague que le jeu naturel des forces entr'ouvre sur les profondeurs de l'abîme, des aperçus répercutés sur la structure intime, la construction progressive d'un être, la psychologie d'une classe et d'une race. Art profond, art ingénu, de clair aloi, que l'honnêteté profonde du cœur peut seule donner à l'artiste. Et, quand l'idylle a tourné au drame, ce même trait sobre, de discrétion presque silencieuse, enfonçant jusque dans l'âme le vivide sentiment des cruautés du destin et des tristesses des vies avortées, agrandit subitement ces tableaux de milieu bourgeois en une latente vision de cet implacable engrenage où la société, sous la meule de ses conventions, de ses préjugés et de ses hypocrisies, broie les cœurs humains, stérilise et dévore les existences. Par ces dessous de son œuvre, de philosophie largement compréhensive et de pitié douce, on peut dire que Lie, en dépit de la sagesse sereine de son talent, est aussi dans la voie des plus avancés de son siècle et de son pays.

Signalons encore, pour compléter l'énumération des romans de Lie, *Onde Magter* (Puissances mauvaises), et, plus antérieurement, *Livsslaven* (le Forçat). Ce dernier suit, dans sa marche descendante, un prolétaire qui, de misère en misère, finit par tuer un homme et par être envoyé au bagne. Il nous montre le talent de l'auteur sous une face nouvelle et qui n'est pas la moins appréciée dans son pays. Ses qualités y sont les mêmes qu'en ses autres ouvrages : une intelligence compatissante et profonde du cœur humain, qui n'altère pas en lui le sentiment de la règle morale, mais qui lui montre l'inanité cruelle de maint préjugé, une conception essentiellement démocratique de l'existence qui lui fait voir l'équité et la beauté vraie du côté de l'effort pratique et du travail productif, et lui inspire un dédain peu dissimulé pour les prétentions, les élégances et les raffinements de ce qu'on appelle le monde. En ce dernier point de vue, il est, au reste, entièrement Norvégien. Car il convient de remarquer que dans l'œuvre de Lie, cette pitié, cette complaisance pour les humbles, qui nous paraît, au premier abord, une note amplement donnée par Dickens et sa très nombreuse école de tous pays, est au fond d'origine et de portée toute différente. Chez Dickens et consorts, elle provient du sentiment purement évangélique qui nous recommande la charité pour les petits, et nous enseigne qu'eux seuls, le plus souvent, sont justes et bons. Et chez Lie, elle tire son origine de l'intense conviction que ceux-là seuls ont droit, qui *produisent*. Toutefois, si l'on peut relever dans son œuvre une visible orientation de principes et d'idées, jamais la thèse n'y apparaît à nu. Il se place, — ainsi que l'a demandé Brandes, — en plein milieu de la vie réelle, mais son art très sûr, en même temps que très simple, laisse au lecteur le soin de dégager lui-même l'enseignement qui peut ressortir des tableaux sobres et sincères mis sous ses yeux.

Jonas Lie a publié, de plus, un volume de *Nouvelles et Contes de Norvège*, et un autre recueil de pièces assez courtes : *Trold* (Ensorcellement), qui sont aussi des contes de signification, sinon de style, symbolique. Nous donnerons, pour conclure, la fin de l'un d'entre eux.

Au pays des légendes existe une forêt mystérieuse qu'habite un gnome qui, sans cesse, harcèle de ses malices les habitants de la forêt et leur crée mille entraves. Et, pour se délivrer de lui, ceux-ci se sont adressés au puissant empereur. De sages ordonnances, de larges percées ouvertes en droite ligne à travers les futaies profondes, mettant partout la régularité et la lumière, ont chassé le gnome. Mais tous les petits oiseaux sont partis avec lui, et toutes les gracieuses bêtes tremblantes qui hantaient les taillis. La forêt a perdu son mystère et sa beauté, et les habitants languissent dans la tristesse de leur morne repos.

Cependant les arbres ont continué de croître, poussant vers le ciel leurs frondaisons vigoureuses. Et il arrive que les plus grands couvrant de leur ombre épaisse les petits qui croissent à leurs pieds, et les empêchant d'atteindre ainsi au soleil et au jour désiré, la forêt, une fois encore, porte ses plaintes vers l'empereur puissant.

Celui-ci rassembla ses conseillers les plus sages. Il fut résolu d'un commun accord que les arbres de croissance plus haute, qui étouffaient de leur ramure trop luxuriante leurs frères plus humbles, seraient invités à sacrifier quelques rameaux de leur cime surabondante, afin de permettre à ceux-ci de croître à leur tour et de monter ainsi qu'eux vers la lumière. Mais ils refusèrent avec obstination.

Alors l'empereur soupira profondément.

« — Et nous soupirons tous avec lui ! » dit Lie.

III. — Kielland.

Dans le concert de l'esprit norvégien, Kielland apporte une note qui, pour n'être pas la plus originale ni la plus profonde, manquerait pourtant à l'ensemble, si elle n'était entendue. Il représente, en Norvège, des qualités qui ne sont guère norvégiennes, mais qui, par cela même, peuvent y charmer davantage une certaine partie du public. Il les représente en un degré un peu atténué, telles que des plantes qui n'ont pas trouvé tout à fait le sol favorable à leur croissance; et, en même temps, avec un certain parfum nouveau qu'elles savent emprunter au terroir où il leur faut vivre. « Kielland, — a dit Brandes, auquel il convient toujours de se référer lorsqu'il s'agit des écrivains scandinaves, — Kielland fut le premier qui porta dans la littérature du Nord le ton d'un homme du monde. D'autant plus piquant en ceci, — ajoute-t-il non sans malice, — qu'il venait d'un pays qu'on a souvent complimenté pour nombre de qualités littéraires, mais jamais pour celle-là. » Homme du monde et radical, il a exprimé, en langage de bonne compagnie, les souffrances des humbles et les vices de l'organisation sociale. Une veine de fraîcheur gracieuse court en son œuvre, où transparaît, sous le scepticisme acquis d'une culture européenne et cosmopolite, l'ingénuité, chez lui attrayante, du cœur national. Plus Danois, en un sens, que Norvégien, du moins au point de vue intellectuel, il a, comme aucun de ses compatriotes, le souci de la forme et du style pour eux-mêmes, et donne à sa pensée un relief plus orné, plus élégant et plus travaillé. Mais styliste, sceptique, mondain, triple auréole dont son nom s'entoure en Scandinavie, il l'est, pour nous, avec une innocence aimable, où ne manque pas toutefois la profondeur. Styliste, il a l'harmonie facile, la coquetterie sans apprêt d'une langue encore jeune. Sceptique par la vision trop complexe de l'intelligence, et non par l'usure du cœur. Mondain enfin, mais ainsi qu'on le peut être en ce pays de patriarcale simplicité et de mœurs antiques, où, tandis que les hommes font couler à flots les vins de Porto et du Rhin, les femmes, « selon la coutume norvégienne (1) », mangent seules dans le salon à côté.

Kielland est avant tout un nouvelliste. Si l'on examine en effet les caractéristiques de son talent, on voit qu'elles conviennent spécialement à une forme d'art

---

(1) KIELLAND, *Un Middag* (un dîner).

plutôt brève, à une esquisse vive et rapide où les figures, un instant, viennent flotter à la surface de l'océan de la vie, et gardent encore quelque chose de non dégagé et d'à peine entrevu. Aussi une grande partie de sa production, et la meilleure, se compose-t-elle de nouvelles. Il en porte la facture et les procédés habituels jusqu'en ses romans qui ne sont guère, à proprement parler, que des nouvelles plus développées.

Alexander Kielland, comme Arne Garborg, est né à Stavanger, petite ville sur une côte âpre et brumeuse, dont la cathédrale, célèbre après celle de Trondhjem, conserve des traces de son gothique ancien. Il descend d'une longue lignée de négociants qui, depuis plusieurs générations, ont tenu le premier rang dans leur cité natale. C'est là, on le sait, la classe supérieure et dirigeante de la Norvège. Dans tous les romans et nouvelles, nous pourrons remarquer que le personnage qu'on tient à signaler pour sa distinction et sa position marquante, est toujours un consul, c'est-à-dire un notable fabricant ou armateur représentant une puissance étrangère : chose fort naturelle chez une nation qui n'est guère qu'une longue suite de ports échelonnés au nord de l'Atlantique. L'aristocratie, d'ailleurs peu nombreuse, est tenue presque en suspicion par le reste de la population, et nous verrons Kielland lui-même, oubliant dans sa passion nationale un peu de son raffinement cosmopolite, lui reprocher avec une verdeur étrange de jouer « à la suédoise (1) », et de s'étudier à calquer ces grimaces et ces courbettes européennes qui, pour un Norvégien « norvégianisant », sont

---

(1) « Il est bien souvent amer d'être Norvégien à l'étranger, écrit Kielland dans un fragment sur *Tordenskiold*. Il faut chaque jour recommencer l'ennuyeux travail de rejeter loin de soi l'union avec la Suède, afin que les étrangers comprennent que nous sommes une nation non seulement distincte, mais absolument différente de celle-

monnaie de singe et tours de Fagotin indignes d'un homme libre.

Il fit son droit à Christiania, puis revint à Stavanger prendre la direction d'une briqueterie. Il voyagea ensuite en Europe, séjourna assez longtemps dans divers pays et, à l'âge de trente ans (1879), publia à Copenhague son premier roman : *Garman et Worse*, qui fut un succès.

L'auteur y traitait un sujet à peu près semblable à celui qu'avait abordé déjà Jonas Lie dans *le Trois-mâts l'Avenir* : l'opposition de deux associés d'une grande maison commerciale, représentant, l'un, l'esprit aristocrate avec ses traditions de luxe et de routine ; l'autre, le parvenu, avec sa brutalité, son initiative et son énergie. Kielland semble se complaire dans ce genre de milieux, que son éducation et sa naissance lui ont rendus familiers.

Suivirent : *Skipper Worse* (Capitaine Worse), puis *Arbejdsfolk* (les Travailleurs), roman assez satirique,

ci. Vers le midi de l'Europe, il est fort rare de rencontrer quelqu'un qui sache faire cette différence entre un Suédois et un Norvégien, tellement notre situation réelle est inconnue, et tellement la Suède se pousse partout illoyalement à nos dépens. Hors de notre pays, nous sommes contraints de vivre comme l'oiseau sur la branche ou, si nous souhaitons l'appui de la patrie, de le demander presque toujours à un Suédois. Et il en est peu parmi nous qui puissent endurer les diplomates de cette nation, encore moins ceux des nôtres qui se sont « suédoisifiés », ont appris sa langue, copié ses manières doucereuses, son échine courbée et sa douteuse franchise. »

Et plus loin, parlant d'un monument à élever à Tordenskiold, le héros norvégien, sur la place de Christiania :

« Sur la poupe de son navire criblé de balles, s'écrie-t-il, il se dresserait, l'uniforme en lambeaux, le chapeau planté crânement sur l'oreille. Et de son épée, il pointerait droit sur l'Est, droit sur la Suède, riant de son rire magnifique et criant : « Voyez ! voyez ! Ils baissent pavillon, ces chiens lâches ! »

N'est-ce pas un échantillon curieux des aménités qu'adressent journellement les écrivains norvégiens à la « nation sœur » ?

où il prenait nettement position dans le parti radical en s'attaquant à la bureaucratie.

Gift (Poison), qui vient ensuite, offre, à ce point de vue, la plus significative de ses œuvres. Ce n'est au fond qu'un long plaidoyer contre l'éducation, telle qu'on la donne partout dans la famille et dans l'école. Il la montre ainsi qu'une longue compression exercée sur l'enfant dès sa naissance, s'efforçant d'étouffer en lui tous les germes d'indépendance et de personnalité pour le faire entrer de gré ou de force dans un moule convenu : meurtrière de toute noblesse, de toute originalité féconde, génératrice de mensonge, d'hypocrisie, d'égoïsme et de vil intérêt. L'éducation religieuse, affirmait-il avec une hardiesse qui n'était pas sans courage dans ce pays de puritanisme, venait aider encore à cette tâche de déformation intellectuelle et morale par ces leçons de catéchisme qui accoutumaient les enfants à répéter, sans comprendre et sur un ton d'affirmation, des phrases auxquelles ils ne pouvaient, en réalité, absolument rien entendre ni ajouter aucune foi. Il s'élevait aussi, et pour nous de curieuse manière, sur la confirmation et sur cette promesse qu'on dicte alors aux adolescents de quinze ans, qui jurent solennellement « de renoncer à Satan et à ses œuvres, de croire en Dieu le Père, le Fils et le Saint-Esprit et de demeurer en cette croyance jusqu'à la fin de leurs jours ». Et, ce qui manifeste les inquiètes susceptibilités de la conscience scandinave, il est intéressant de remarquer que, après *Gift*, cette promesse de confirmation est devenue, en maint roman, le pivot de terribles crises morales : le héros, amené au bord de la libre pensée par le progrès de son développement intellectuel, mais hanté par le souvenir de ce serment qu'il ne peut tenir, s'épuisant en scrupules pleins d'angoisses et en luttes désespérées.

La société, selon Kielland, arrive à son tour pour

achever l'œuvre déprimante qu'ont commencée la famille
et l'école et pour détruire à tout jamais chez le jeune
homme toute velléité d'action personnelle et d'enthousiasme généreux. Abraham Lovdahl, qu'il nous a présenté dès le collège, s'est jeté dans la littérature. Ses
premiers ouvrages, animés d'un esprit hardi et chercheur, débordant d'amour pour la justice et pour l'humanité, n'ont suscité contre lui que l'injure et la persécution. A mesure qu'il se range, qu'il apprend, par
sa propre cruelle expérience, à réduire sa pensée au
niveau commun, alors le succès vient en souriant vers
lui. Et lorsque, enfin, il est complètement maté, anni-
hilé, qu'il ne reste plus en son âme une seule étincelle
du feu divin qui la brûlait, désormais porte-voix sonore
et creux des préjugés et des aspirations vulgaires d'un
peuple imbécile, alors l'enthousiasme qu'il inspire n'a
plus de bornes ; adulé, fêté, choyé, il est mûr pour
jouer le rôle de grand homme parmi une médiocrité
envieuse, ignorante et bornée.

Un trait d'observation déliée révélait en Kielland
un psychologue plus pénétrant que d'ordinaire on ne
donne crédit d'être à sa verve satirique. Ces ardeurs
généreuses, insinuait-il, ne meurent pas sans laisser
de traces au cœur de la jeunesse ; elles s'y trans-
forment en aigreur hostile, en jalousie furieuse et
basse, contre tous ceux en qui elles subsistent encore.
Tel un loup dompté, portant au cou le collier d'es-
clavage, aboie et mord avec joie, sur un signe de son
maître, ses anciens compagnons demeurés libres.

La plus accomplie et peut-être la plus typique des
œuvres de Kielland est encore une nouvelle, *Else*, qui
compte parmi ses premières productions. Il demeura
longtemps l'auteur d'*Else*, comme Maupassant, à ses
débuts, fut celui de *Boule de Suif*. C'est là qu'on peut le
mieux surprendre, concentrés dans un étroit espace,
les procédés habituels de son talent, les teintes et les

valeurs exactes de sa pensée, en même temps que les relations et oppositions diverses sous lesquelles elle lui fait envisager la scène du monde. Le souvenir de Dickens, en feuilletant ces pages, s'impose de lui-même. La comparaison semble banale, parce qu'elle est inévitable. Ce sont les mêmes milieux bizarres, peuplés de vagabonds falots, apparitions fantomatiques comme il n'en apparaît que chez les peuples de souche germanique; la même douceur fraîche et chaste qui persiste de si étrange manière et fleurit jusque sur le fumier; la même raillerie, d'inflexion si caractéristique en son imperturbable humour, contre ce pharisaïsme des gens d'Église et des « réguliers» de la société, qui constitue, dans ces contrées protestantes, un des plus beaux résultats de la Réforme. Seulement la touche de Dickens est plus grimaçante, plus caricaturale, en même temps que bien autrement intense et de relief plus puissant. Cette innocence d'après la faute, qui purifie ses misérables et ses pécheresses, sort pour lui de l'idéal chrétien, du pardon accordé à la Madeleine et au publicain. « Lequel d'entre vous ose se dire meilleur que ceux-ci? » Tandis que, chez Kielland, elle sort d'une conception toute moderne, plus piquante et plus troublante aussi en son mystère indécis : l'inconscience d'une charmante plante humaine, comme Else, inerte et rêveuse, qui se laisse rouler au courant de la vie, d'où que le vent souffle, et garde presque intacts, au milieu de ce limon boueux, son âme qui ne s'est pas éveillée et son corps qui n'a rien senti.

Ce sont de telles figures qui manifestent le mieux la différence des races et les procédés divers des littératures. Cette prostituée est peinte avec des couleurs de vierge. Elle garde en son avilissement cette pudeur triste et naïve que les écrivains du Nord conservent volontiers à ces pauvres créatures, et à laquelle nous avait déjà accoutumé le roman russe. Trait caractéristique des pays glacés et qui n'est pas, dit-on, sans une ombre de réalité. Le vice, devenu gagne-pain, glisse comme l'eau sur le marbre sur ces natures frigides et pudiques d'instinct, sans entamer trop profondément l'âme.

Si légère et glissante que soit sur ces points délicats la plume de Kielland, tel accent de nature ingénument conté vient parfois rendre aux fantômes trop atténués de ses héros la palpitation de la vie. Ainsi lorsqu'Else, encore innocente, revient par la campagne un beau soir d'été, avec Svend, le gars de la briqueterie.

« Il a vingt ans, des cheveux noirs comme du jais, les paupières larges et un peu lourdes. Sous une ombre de moustache, sa bouche est rouge, brillante et fraîche. » Else, en la regardant, a l'intuition soudaine que c'est de cette bouche qu'elle a rêvé toute la journée, sans le savoir. — Ne surprenons-nous pas là sur le vif ce sensualisme du Nord, innocent et quasi animal, sourdement végétatif et pourtant impérieux en ses brusques fièvres ? C'est presque toujours par un de ces traits naïvement charnels que les romanciers septentrionaux nous montrent le premier éveil de l'amour dans une nature vierge.

Maint autre trait de physiologique observation, comme les recherche curieusement notre moderne génération, est de même noté avec discrétion. Telle la chute première d'Else, lorsque le riche et vieux consul la surprend, après sa rêveuse promenade avec Svend « tout engourdie encore de songe », et profite pour sa victoire du trouble latent éveillé par son jeune rival. De plus délicate notation morale, lorsque Svend a retrouvé la jeune fille, sont les chastes amours qui recommencent, trempées de larmes, avivées d'humiliations, refusant obstinément d'accorder à l'aimé ce qu'on donne à l'autre.

Moderne par ce sentiment subtil des contradictoires

bizarreries de l'âme et des sens, Kielland garde pourtant une pointe assez prononcée du vieux symbolisme romantique, rajeuni chez lui par le coloris plus révolutionnaire du style. Qu'on lise seulement cette scène.

Else, un soir de Noël, s'est laissé entraîner à pénétrer pour y commettre un vol dans la cave d'un épicier. Surpris par la descente d'un commis, ses complices ont réussi à se cacher. Transie de faim et de terreur, Else s'est évanouie. Un de ses compagnons, en jurant, casse le goulot d'une bouteille et lui en verse quelques gouttes entre les dents, pour la faire revenir à elle.

« Elle se réveilla, étonnée et surprise, prit la bouteille et but encore.

« Qu'est-ce donc qu'elle buvait ? Jamais elle n'avait rien goûté de pareil. C'était fort et sucré comme l'autre liqueur, mais celle-ci avait un parfum de roses — c'étaient des roses qu'elle buvait : les roses qui avaient suivi sa jeunesse, mais qui, maintenant, étaient disparues depuis si longtemps ; elles revenaient vers elle ; elle les buvait en longs traits embaumés. Il lui semblait que ses membres glacés se couvraient de chauds vêtements. Elle devint soudain forte et joyeuse, comme après un copieux repas, et se leva toute droite, tandis qu'une chaleur délicieuse parcourait ses membres. Une joie infinie pétillait en elle ; elle n'avait pas conscience de l'endroit où elle se trouvait ; elle ne savait rien, mais il n'existait pas la plus légère ombre à sa félicité. A chaque gorgée qu'elle buvait, il lui semblait s'enfoncer plus profondément dans une mer de feuilles de roses odorantes et chaudes, jusqu'à ce que celles-ci se refermassent sur sa tête, la berçant en de larges ondes où les roses carillonnaient, transmuant leur musique parfumée en lueurs roses qui venaient vers elle, connaissant sa misère et qui la consolaient.

« ..... Svend l'entraîna vers la sortie du passage, qui était encore libre. Elle s'arrêta tout d'un coup et pressa fortement ses mains sur sa poitrine. Svend la regarda : ses yeux étaient plus brillants que jamais, ses lèvres d'un rouge sanglant (elle s'était blessée au col de la bouteille), et toute la beauté de sa jeunesse semblait être revenue pour un instant à sa frêle et charmante figure. Svend restait éperdu. Jamais elle n'avait été aussi jolie. Elle commença à rire, d'abord gentiment, avec gaieté, comme du temps où ils s'aimaient, puis de plus en plus fort. C'était maintenant l'ancien rire de la Puce, ce rire qui courait du haut en bas des escaliers et pénétrait au cœur de tous. Il montait, toujours plus âpre et sauvage, et glaçait les os jusqu'à la moelle.

« Svend la suppliait de se taire. De nouveau elle pressa ses mains sur sa poitrine, son visage s'éteignit et, avec un long soupir frémissant, elle glissa de ses bras et tomba la face dans la neige.

« Un agent de police arrivait en courant. Svend prit ses jambes à son cou et s'enfuit. »

. . . .

Ne dirait-on pas que ceci est écrit par Dickens, par un Dickens né, il est vrai, quelque vingt-cinq ans plus tard ? On voit de suite comme le style de Kielland est plus brillant, plus extérieur, pour ainsi dire, que celui de ses émules norvégiens.

Kielland a publié encore plusieurs autres volumes de nouvelles, parmi lesquelles il convient de citer spécialement le *Presbytère* et la *Fête de la Saint-Jean*, un roman, *Fortuna*, et deux ou trois pièces de théâtre. Il s'est complu surtout à y tracer de fidèles et mordantes peintures de la vie des petites villes de Norvège, avec ses menées tortueuses autour de mesquines ambitions, ses bourgeois doucement épanouis dans la conscience de leur impeccable vertu, et son atmosphère de rigorisme hypocrite, de douceureuse malveillance et de fausse charité. Vous souvenez-vous, dans *Pickwick Club*, du

« berger » qui, dévotement attablé, dévore avec componction les rôties beurrées de la veuve, tandis qu'elle le contemple en religieuse admiration ? Je ne puis lire une œuvre de Kielland sans que cette image ne me revienne aussitôt en mémoire. Kielland, en effet, mange du prêtre avec autant de volupté que le plus féroce de nos radicaux. Il est peu de ses ouvrages dans lesquels un pasteur ne joue un rôle petit ou grand, mais presque toujours ridicule et odieux. Ses deux bêtes noires sont le prêtre et le Suédois : la seconde de ces animosités aidant à lui faire pardonner l'autre par sa puritaine patrie.

La fête de la Saint-Jean, tout particulièrement, nous offre un type : le pasteur Kruse et ses lapins, « les créatures de celui-ci, qui faisaient tant de mal dans le pays, étant ainsi nommées parce qu'elles développaient une activité sans bruit et ne se montraient presque jamais à la lumière du jour », qu'on dit calqué sur Oftedal, dont nous avons conté plus haut la scandaleuse histoire, et dont Kielland, avant même ses mésaventures, s'était montré l'ennemi le plus acharné. Il convient de dire que le clergé protestant, dans les pays du Nord, prête fort à la satire. Il faut le connaître pour apprécier pleinement par comparaison l'excellente tenue et l'esprit vraiment libéral du clergé catholique. Sorti uniquement de la plus basse classe, il se signale d'ordinaire, tout au moins dans ses rangs inférieurs, par une grossièreté extrême, en même temps que par le piétisme le plus intransigeant et le plus odieux. Aussi peut-on lui appliquer la remarque de Macaulay sur le clergé anglican : que, en dépit de l'influence que lui donne l'austérité des opinions religieuses dans sa patrie, il est néanmoins assez méprisé. Kielland toutefois, dans le tableau qu'il nous en donne, semble outrer en quelques endroits la caricature et s'abandonner trop librement à cette ardeur polémiste qui, là-haut, forme le ton courant de la littérature.

Son dernier roman paru, *Jacob*, nous narre l'instructive histoire d'un jeune paysan matois et rusé arrivant à la ville avec vingt couronnes en poche pour toute fortune. Torres Wold, — c'est le nom du personnage, — manque de littérature. Dans son village perdu, il n'a eu pour former son esprit que les enseignements de la Bible. Mais cela lui a suffi. Et, semblable à ces mouches malfaisantes qui, dit-on, savent tirer du poison des fleurs les plus suaves, il a puisé dans le livre saint, en même temps que la crainte de Dieu, des idées pratiques qui l'aideront fort à faire son chemin dans le monde. Son héros favori est Jacob, le fils d'Isaac, et les principaux exploits de l'ingénieux frère d'Esaü sont profondément gravés dans sa mémoire. L'histoire du plat de lentilles et du droit d'aînesse le ravit d'admiration ; il aime aussi l'adroit stratagème par lequel l'ancêtre d'Israël réussit à subtiliser la bénédiction de son vieux père aveugle, et celui qui plus tard lui permit d'usurper les meilleures brebis de Laban. Torres Wold s'est promis de modeler sa vie sur celle du pieux patriarche. Aussi, lorsque par des procédés plus modernes, mais inspirés de ceux de l'antiquité sainte, il s'est élevé par degrés au rang de premier négociant et banquier de la ville, il dit, plein de reconnaissance pour le patron et le guide de sa vie, en songeant au fils qui lui naîtra : « Nous l'appellerons Jacob. »

On voit que ce thème, étant donné le milieu où vit l'auteur, ne manque pas de hardiesse. C'est ainsi que, pour les écrivains de la Norvège, il est presque impossible, malgré le plus sincère désir, d'écarter toute question politique et de s'en tenir exclusivement au point de vue littéraire. Leurs œuvres se laissent difficilement séparer des conditions brûlantes qui les ont dictées et peuvent seules en donner l'entière intelligence. Kielland, de même que tous les romanciers ses confrères, s'est engagé à fond dans l'âpre et double lutte d'émancipation politique et morale que soutiennent les esprits indépendants de sa patrie. La plupart de ses ouvrages ne sont qu'une illustration humoristique ou touchante autour d'une thèse de liberté, de justice ou de pitié sociale, plus spéciale. Kielland, d'ailleurs, apporte en ceci, en dépit de quelques virulences occasionnelles, une touche discrète et légère, attendrie et délicatement mordante, qui n'est dans la note d'aucun autre de ses compatriotes. C'est à cela qu'il a dû, malgré ses opinions radicales, de rester par excellence l'écrivain de la bonne compagnie et de préserver sa tête des orages qui ont assailli maints d'entre ses émules. Bourgmestre de Stavanger, sa ville natale, il jouit de cette sorte d'immunité que la société, ainsi qu'une mère partiale, accorde aux plus favorisés de ses enfants : peut-être parce qu'elle sent qu'assez indépendants pour la taquiner, ils auraient trop à perdre pour songer sérieusement à la détruire. Conteur plutôt qu'écrivain, il a le trait leste, l'allure rapide du journaliste. Pas de plus aimable compagnon pour un voyage en chemin de fer : il distrait sans fatiguer et sans jamais donner la peine de chercher deux fois le sens d'une pensée. Il mérite, enfin, de nous plaire par quelques-unes de nos qualités, en même temps qu'il garde assez de la sève nationale pour les relever d'une pointe d'originalité : une ingénuité aimable et, sous l'ironie modérée d'un scepticisme sans excès, une naïveté fraîche que nous avons perdue.

II. — Le Drame norvégien.

Après les romanciers norvégiens, nous abordons les dramaturges. Ce sont ces derniers qui nous ont révélé une littérature jusqu'alors complètement ignorée en France. Ou plutôt toute la Norvège, petits et grands, Björnson comme les autres, est entrée dans l'éblouissant sillage du génie d'Ibsen.

Nous avons dit que l'art norvégien, — vérité que commence à discerner maint critique, après ce coup de soleil dans les yeux que donne au premier abord une langue d'âme différente, — procède directement du nôtre. Nous avons montré comment il était sorti des théories de Taine et du naturalisme français, introduites par Brandes en Scandinavie. Il nous reste à indiquer de quelle manière il dut se transformer en tombant sur un sol de sève et de climat tout autres.

Si nous voulons rappeler en quelques mots ces théories de Taine, — derrière lesquelles il faut sous-entendre tout le mouvement positiviste, le naturalisme français et la science anglaise, — ou, pour parler plus brièvement et plus exactement, les théories modernes, nous verrons qu'elles consistent avant tout dans l'élimination absolue du surnaturel, dans la conception de l'univers comme un faisceau de forces s'engendrant et se balançant les unes les autres, avec une équivalence mécanique et fatale, et auxquelles l'homme, sous son triple aspect physique, intellectuel et moral, est soumis aussi inflexiblement, pour son activité et son développement, que la plante, l'astre et l'animal.

Un conflit curieux devait forcément se produire, le jour où ces théories, fortes de l'appui de vingt sciences critiques et naturelles, pénétreraient en Norvège, la patrie par excellence du vieux génie puritain, qui se confond avec celui de la race même. Race scrupuleuse, ergoteuse, durcie et contractée par son rude climat et tournée presque uniquement vers les questions intérieures; habituée de plus par la discipline protestante et la lecture de la Bible à se frayer elle-même dans l'inquiétude et l'angoisse sa propre voie spirituelle.

Ici éclate l'énorme différence qui sépare les pays protestants des catholiques. Une fois le surnaturel banni, pour un catholique, dressé à recevoir docilement sa croyance toute faite, tout chancelle et s'évanouit; le scepticisme et l'universelle dissolution font rapidement ces effrayants progrès dont tous, plus ou moins, nous avons été la proie. Pour un protestant, au contraire, s'ouvre simplement ce problème : trouver une nouvelle base à la conscience. C'est ce phénomène national que vient mettre devant nous le drame norvégien, dont la portée peut se résumer ainsi : faire rentrer les grandes questions morales et de conscience dans le courant des théories modernes, qui paraissaient devoir les abolir.

Cette tentative n'est pas sans doute absolument nouvelle. On peut dire qu'elle est dans l'esprit général de l'école d'Auguste Comte. Mais c'est la première fois qu'elle imprègne ainsi profondément toute une production littéraire et s'unit d'aussi intéressante manière, avec une étonnante vigueur de pensée et d'exécution, une force dramatique considérable, au cycle entier de cette science contemporaine qui, de l'hérédité à la suggestion, commence à Darwin pour se fermer à Charcot et à l'école de Nancy.

Il est de toute évidence qu'une telle conception devait forcément introduire un courant mystique dans le naturalisme de notre fin de siècle. Mysticisme scientifique : la science y touche comme la foi. Le mystère n'est-il pas le nom de tout ce qui environne l'homme? Mais tous deux, mysticisme et science, s'alliant au lieu de se contredire, ainsi qu'ils firent sans doute aux jours primitifs de la Genèse. La grande affaire de l'humanité n'étant peut-être en somme que de rétablir périodiquement cet accord nécessaire.

Deux voies s'ouvraient pour cela. La voie douloureuse, suivie par Ibsen avec une incroyable grandeur : chercher dans le doute et la confusion *quelles* sont les lois de conscience qui conviennent à une conception plus vraie de l'homme et de la société, tels que nous les fait entrevoir la science moderne.

C'est ce qu'on a appelé le pessimisme d'Ibsen.

L'autre voie plus banale et plus immédiatement utilitaire : tâcher de concilier les deux extrêmes et sauver la conception courante de la conscience, telle à peu près que nous l'a léguée le christianisme, en la faisant ressortir des lois mêmes du monde moderne.

C'est l'optimisme de Björnson.

Ainsi s'établit l'opposition des deux grands dramaturges. On a répété maintes fois, ces derniers temps, que Björnson, peu connu chez nous au prix d'Ibsen, était estimé presque aussi haut en Norvège. Je le crois aisément, car il incarne admirablement son pays. Mais qu'il doive l'être autant en Europe, c'est autre chose. Ce qui précisément a fait son succès dans sa patrie, le caractère absolument norvégien de son œuvre, risque de nous le faire paraître bien local, souvent dur et étroit. Il nous surprend a mainte fois d'étrange manière par le milieu restreint et borné où il nous introduira. Les questions qu'il agite, reste d'ergotage puritain ou luttes contre un fantôme que nous n'avons jamais connu, si elles peuvent nous offrir un instant un ragoût de curiosité, nous paraîtraient rapidement fastidieuses. Je ne crois pas enfin son œuvre jouable en France, au moins pour le grand public, sans une très foncière adaptation. Mais, pour n'être pas un penseur original et profond de la taille d'Ibsen, il n'en possède pas moins une puissance dramatique saisissante et fruste qui mérite à haut point de nous intéresser.

I. — Bjõrnstierne Bjõrnson.

(Première période : 1832-1875.)

Björnson, c'est la Norvège, la jeune Norvège. « Le nommer, — a écrit Brandes, — c'est déployer le drapeau norvégien. » Ces mots de l'illustre critique danois sont devenus vérité courante. Ils résument admirablement, non seulement le rôle prééminent que joue Björnson dans l'histoire contemporaine de son pays, mais les intenses caractéristiques de sa nature intellectuelle et morale qui font de lui le symbole vivant de celui-ci. Il en a la force jeune et vierge, et brutale encore; la conscience étroite et rigide qui, même en s'ouvrant au vent du siècle, garde d'indélébile manière la vieille empreinte puritaine; l'énorme amour-propre naïf d'enfant sauvage qui croit avoir inventé le soleil et se cache le monde à lui-même avec son ombre. « Je suis roi dans le royaume de l'esprit », proclame-t-il orgueilleusement. Et ces mots encore, célèbres dans toute l'Allemagne et la Scandinavie : « Il y a deux hommes en Europe qui ont du génie : moi et Ibsen : en admettant qu'Ibsen en ait. »

L'extérieur, en lui, explique et commente l'œuvre. De proportions herculéennes et d'athlétique carrure, le poil roux maintenant blanchissant, l'œil vif et gris, il respire l'énergique optimisme des santés vigoureuses et l'indomptable combativité d'une sève physique surabondante. Lui-même en a l'orgueil et s'est plu mainte fois à se caractériser par le double sens de son nom, qui signifie littéralement : *front d'ours fils d'ours.*

Bien que ce soit le côté purement littéraire qui doive nous occuper ici, ce serait lui faire une étrange injustice et risquer de le méconnaître complètement que de ne vouloir envisager en lui que l'écrivain. *Leader* du parti séparatiste, désigné par l'opinion radicale comme le chef de la future république de Norvège, il est avant tout homme d'action et orateur. Il a l'audace sanguine, la parole hardie, tonnante et vibrante, « forte en gueule » — qu'on veuille nous passer cette expression populaire, — la mimique impétueuse et gesticulante, qui savent dominer une réunion publique et s'emparer des foules. Sa production littéraire, drames ou romans, est pour ainsi dire parallèle à sa carrière publique et travaille énergiquement dans un sens identique. Écrivain au même titre et pour la même cause que journaliste et harangueur, il pourrait prendre pour devise : *Par la plume et par la parole.*

Si nous voulions essayer de définir Björnson, nous l'appellerions un *positiviste puritain*. Positiviste par la grâce de Brandes, et puritain par le poids accumulé de la race et d'une longue discipline intellectuelle qui ne lui permirent pas de changer d'idéal, après l'âge des passions.

Son mérite est, en adoptant ces théories de notre science contemporaine qui semblaient contenir une négation de la liberté humaine, d'avoir su en dégager, par la seule vertu d'une robuste santé physique et morale qui se les prouve chaque jour en les vivant, la conception de la *volonté*, envisagée comme l'une des grandes forces que la nature produit pour se régler elle-même, et celle de la *conscience*, miroir où celle-ci réfléchit ses lois supérieures et atteint à l'intuition mystérieuse de sa source et de son but final.

Si, négligeant pour un instant la forme et les caractères extérieurs de son œuvre, nous voulons en rechercher l'exacte signification, nous verrons qu'elle est, d'une part :

Un effort méritoire pour atténuer cet effroyable puritanisme norvégien qui, à force de dureté, barbarise et avilit les âmes ; une énergique affirmation que « les voies de Dieu » sont partout où se trouvent l'honnêteté et la sincérité du cœur. En même temps qu'une tentative — bien scandinave — pour fixer d'une manière plus humaine le sens de ce mot de conscience, et pour ramener l'opinion à une conception plus positiviste de l'éducation et de la vie.

Et, d'autre part :

Une réaction plus vigoureuse encore contre ce que nous appellerons le naturalisme moral : ce laisser faire et ce laisser aller qui sont devenus le ton d'une certaine école et ont pu sembler une conséquence inévitable du fatalisme mécanique des théories scientifiques modernes.

Cette œuvre, au reste, n'est pas sortie tout armée du cerveau de son auteur. L'évolution intellectuelle de Björnson fut assez lente. On y distingue deux phases bien marquées que nous pourrions nommer, pour rester fidèle au plan général de ces études, *avant Brandes* et *après Brandes*. Hâtons-nous de dire que le nom du célèbre critique danois n'est ici qu'un de ces symboles vivants, une de ces formules commodes, toujours un peu larges et sujettes à chicane, nous le savons, mais dont on est toutefois contraint de se servir lorsqu'on prétend donner quelque précision et quelque relief à sa pensée. Il signifie simplement ici le mouvement de diffusion des grandes idées européennes dont Brandes fut le promoteur et le porte-voix en Scandinavie.

Björnstierne Björnson est né en 1832, dans un petit

village des montagnes de Dovre, dont son père était pasteur. On a mainte fois répété, d'après un de ses fragments autobiographiques : *Blacken*, quel pays désert et désolé c'était : si sauvage que le pasteur, mi-paysan lui-même, n'allait au prêche sans emporter ses pistolets ; si froid qu'en hiver il fallait mettre un masque pour s'aventurer au dehors, et qu'on n'osait, de crainte de se brûler, toucher les ferrures des portes. Cette âpre contrée, d'ailleurs, ne put guère avoir d'autre influence sur l'enfant que de tremper plus vigoureusement encore la constitution robuste qu'il tenait d'une souche rurale. Il la quitta à six ans, son père ayant été nommé à une cure dans le Romsdal, la plus riante vallée de la Norvège, une de ces vertes oasis, écloses au creux des rochers, auxquelles leurs cascades d'argent, leurs fermes semblables à de gais cottages peints, donnent, durant la belle saison, comme une grâce irréelle de mirage au milieu du sévère décor environnant. Et peut-être — encore que je n'en sache rien — le temple était-il une de ces bizarres églises de bois, pareilles à celle de Bygdö et assez fréquentes en ces districts, dont les toits aigus chevauchent les uns sur les autres, surmontés de dragons fantastiques, et vous ont je ne sais quel air oriental et païen qui fait rêver, ainsi que devant mainte arme ou bijou scandinave, aux antiques migrations des peuples et à leurs lointaines affinités possibles.

A dix-sept ans, Björnson fut envoyé pour y faire ses études à l'Université de Christiania, où il eut comme condisciples Ibsen et Jonas Lie. C'est là que se décida dès le principe sa vocation littéraire. A vingt ans, il présenta au théâtre de la ville une pièce qui, acceptée tout d'abord, n'y fut pas toutefois représentée. Il alla passer quelques mois à Upsal, et partit ensuite pour Copenhague qui, en dépit de l'union de son ancienne province avec la Suède, et par une suite naturelle de l'identité de langue, est toujours demeurée la capitale intellectuelle de la Norvège.

Le romantisme, nous l'avons dit mainte fois, dominait alors exclusivement en Scandinavie. Le poète norvégien Wergeland et, autour de lui, une petite école danoise, y avaient introduit une note pastorale, qui correspondait à peu près aux romans champêtres de Mme Sand, en France, et d'Auerbach, en Allemagne.

C'est sous cette double influence que Björnson débuta dans sa carrière de dramaturge et de romancier. Il écrivit à Copenhague, après quelques contes sans importance, *Synnöve Solbaken*, qui parut dans le courant de 1858 dans un journal illustré de Christiania sous le titre de *Rayon de soleil;* et un drame romantique en un acte : *Entre les batailles*, épisode héroïque du moyen âge norvégien, qui fut joué la même année avec succès au théâtre de cette dernière ville.

Il serait assez piquant, croyons-nous, de comparer les idylles paysannes de Björnson : *Synnöve Solbaken*, et *Arne*, — de beaucoup les plus remarquables de ces dernières : *Un joyeux compagnon*, la *Marche nuptiale*, etc., qui suivirent, restant bien en deçà, — avec les nouvelles rustiques de l'auteur de *François le Champi*, de *la Petite Fadette* et de *la Mare au diable*. Il est au reste probable que Björnson n'eut aucune connaissance de ces dernières, antérieures aux siennes de plus d'une dizaine d'années.

Les unes et les autres, bien qu'appartenant à une époque et à un goût totalement démodés aujourd'hui, ont mérité de survivre à ceux-ci, dans leurs pays respectifs, par le charme naïf de leur style, habilement calqué sur une simplicité primitive, quoique un peu ornée. George Sand ni Björnson n'écrivaient en citadins des gens de la campagne. Tous deux dès l'enfance avaient intimement vécu parmi ces derniers, et le romancier norvégien, d'origine, était presque un des leurs. S'ils n'ont su ni l'un ni l'autre se défendre de cet embellissement léger que l'auteur de *la Mare au diable*, dans la préface de l'un de ses romans champêtres, déclarait l'essence même de l'art et non contraire à la vérité, c'est que c'était là une convention artistique dont il eût été bien difficile de se garantir en leur temps. Les paysans de George Sand sont vrais au même titre qu'un beau marbre grec et que l'Enfant à l'Oie : et cette vérité, après tout, nous paraît suffisante. Björnson n'a pas cet art parfaitement simple et coulant. Vous souvenez-vous de ce délicieux tableau du départ de François ?

« ...Elle ne se dérangea qu'il ne fût un peu loin, pour ne point changer son courage en faiblesse, et quand elle l'entendit passer sur le petit pont, elle entre-bâilla subitement la porte sans se montrer, afin de le voir de loin encore une fois. Elle le vit s'arrêter et regarder la rivière et le moulin, comme pour leur dire adieu. Et puis il s'en alla bien vite, après avoir cueilli un feuillage de peuplier qu'il mit à son chapeau, comme c'est la coutume quand on va à la loue, pour montrer qu'on cherche une place. »

Chez l'auteur d'*Arne*, le procédé de composition et d'embellissement est bien plus apparent. Telle, en ce dernier ouvrage, cette vieille histoire du fils parricide : « Ne me traîne pas au delà, mon enfant, car je n'ai pas traîné mon propre père plus loin », où nous nous laisserions peut-être aller à croire surprendre sur le fait l'inculte brutalité norvégienne, si nous ne nous souvenions à temps que Michelet nous l'a contée d'un duc de Gueldre.

La naïveté de Björnson, pour charmante qu'elle soit, est un peu artificielle et mièvre. Non pas la mièvrerie des civilisations finissantes, affinement trop ténu d'une sève qui s'épuise, mais celle d'un jeune barbare dont les doigts robustes se contournent avec quelque maladresse précieuse pour reproduire la beauté qui l'enchante.

Il n'atteint pas à cette pure limpidité de Mme Sand qui marque l'époque parfaite de l'art où celui-ci, si différent au fond de la nature, lui dérobe pour un instant le secret de sa spontanéité et de sa franchise. Il cherche la scène et la pose à effet. Ses paysans sont vraiment peu rustiques, malgré leur appareil champêtre ; leur travail est un geste plutôt qu'une action. Ils ont l'âme encombrée de pensées et d'idées : on voit trop que l'auteur a voulu accumuler en eux ses observations psychologiques sur le travail obscur et la sourde éclosion des instincts et des sentiments chez des êtres encore primitifs. Mais cette psychologie, présentée sans prétention analytique et par le seul récit, est admirable de vérité et d'intérêt. On doit accorder à ce point de vue à Björnson un réel mérite de précurseur, au moins pour sa propre patrie. Il avait senti passer dans le vent du ciel le souffle des grands pays. Car il semble infiniment peu probable qu'il ait pu avoir connaissance d'un mouvement littéraire complètement ignoré à cette époque en Scandinavie. Et la surprise émue causée par cette tranche de réalité vivante qui palpitait en ces rustiques idylles entra sans doute pour une grande part dans l'énorme succès qui les accueillit.

Ce qui peut altérer un peu l'opinion préconçue sur ces secrets du cœur que détiennent les races du Nord, de ces deux écrivains, le Français est infiniment plus tendre. Rappelez-vous cet adorable tableau du départ du Champi, que nous avons cité plus haut, et cette scène où Landry tombe pâmé sous le baiser d'adieu de Fadette : sensualité, si l'on veut, mais sensualité du cœur. Rien de comparable en Björnson. C'est pourtant dans la peinture du premier émoi d'amour qu'il se révèle comme un très grand artiste, de perçante vue intérieure. Il le montre non tel que l'innocent frisson d'un cœur qui s'éveille, plein de rêves et d'inconscients désirs, mais tel qu'une vapeur naïve et trouble qui monte du jeune organisme humain, comme le parfum dans la vigne qui va fleurir, sans toucher presque à l'âme ni à la pensée. Ainsi Thorbjeurn et Arne. Ils vont, viennent, partent, s'agitent, ignorants non seulement du sentiment qu'ils portent en eux, mais encore de l'image qui les attire et repousse à la fois : fièvre lente, obscur travail de nature, qu'ils perçoivent uniquement par un vague instinct de crainte et de fuite, un besoin de mouvement qui les trompe sur sa direction vraie. Liseurs et songeurs ainsi que Björnson les a faits, ils pensent pourtant uniquement par blocs et par groupes d'images :

« — Votre mère doit vous aimer beaucoup?... Oh! que je voudrais voir votre mère! fit Éli.

« — Venez à Kampen quand vous serez tout à fait guérie, répondit Arne.

« Et, tout d'un coup, il imagina voir Éli assise dans la plus belle chambre de Kampen et regardant au dehors les montagnes; sa poitrine se serra et le sang lui monta au visage.

« — Il fait bien chaud ici!... dit-il en se levant. »

Et c'est là tout. Zola ne peindrait pas mieux, et Taine n'eût pas mieux décrit le mécanisme intérieur de la pensée, avant que la réflexion ait pris naissance. Natures assoupies encore dans la lente genèse primitive, et où le sentiment ne se perçoit lui-même, et pour ainsi dire ne se précipite, que sous le choc d'une volonté étrangère.

Tel Arne, quand sa mère l'a mis enfin d'accord avec Éli et que, à travers cette blanche nuit d'été « d'où la vie, mais non la lumière, est absente », il la reconduit chez ses parents :

« — Aujourd'hui, dit-il, je fais quelque chose par moi-même... Mais, si quelqu'un ne m'avait prêté son aide, je serais sans doute resté toujours seul. »

C'est dans le roman rustique que se trahit le plus ouvertement l'âme d'une race. En George Sand, nous voyons la nôtre combien plus fine et souple, accueillante et aimable, plus heureuse aussi, en la naturelle gravité et mélancolie qui partout monte du sillon, et portant dans sa dévote piété la confiance joyeuse d'un petit enfant.

Chez Björnson éclate la rudesse native d'un peuple de montagnards hyperboréens. Ses paysans, au fond, sont des Northmans, amoureux de joutes et de batailles, toujours prêts à se mesurer entre eux et qui, lorsqu'ils ont couché leur rival dans la poussière « après avoir craché par terre, afin d'y mieux souiller leur front », célèbrent leur victoire, comme le coq après le combat, par des chansons rimées qu'on répète ensuite dans les vallées.

Björnson nous les montre grands improvisateurs, doués en abondance du libre génie poétique et musical des jeunes races. Il y a là sans doute un peu d'ornement littéraire. Mais lorsqu'on a entendu les mélodies populaires, d'une fraîcheur de neige, au rythme déchiqueté comme les pics rocheux, et comme eux empreint d'une mélancolie solitaire, on y reconnaît néanmoins une large part de vérité. La Norvège de *Synnöve Solbaken* et d'*Arne* date maintenant au reste de quelque trente-cinq ans. Bien que préservée en partie de l'invasion des chemins de fer, presque irréalisables sur ce sol de granit profondément tourmenté, — il n'en est qu'un seul qui, de Christiania à Trondhjem, enserre le pays dans une longue ellipse, — elle s'est étrangement modifiée depuis lors. Les hommes ne portent plus le costume national et les femmes ne le gardent, dans les vallées hantées par les étrangers, que pour ne point trop gâter le décor aux touristes. On n'y danse plus guère le *halling*, et ces danses jovialement barbares où Nils, le faraud ménétrier, « battait la mesure avec ses pieds aussi exactement que s'il eût chanté un air en mimant la musique et, d'un coup de talon de sa botte, jetait bas le chapeau de l'homme le plus grand de la compagnie », que pour mériter la générosité de quelque Anglais curieux de couleur locale. Le niveau égalitaire qui, peu à peu, confond tous les peuples en détruisant leurs vieilles coutumes, a fini par passer sur la Norvège comme sur le reste de l'Europe.

L'auteur des *Scènes de la vie norvégienne* n'avait pas choisi ses sujets et son milieu, — il importe de le remarquer, — par un pur caprice d'artiste. Tandis que George Sand ne voit dans la vie champêtre qu'un doux songe de repos, une édénique vision où le cerveau martelé par la fièvre des villes se détend un instant au spectacle de la simplicité de nature, Björnson l'envisage comme le type même de l'existence sociale.

Sorti d'une souche paysanne, dès son temps d'université il avait été grundtvigien. Ce dernier nom, parfaitement inconnu en France, représente là-haut toute une importante école. Grundtvig est un évêque danois qui, durant le second quart de notre siècle, fut un apôtre zélé des idées d'indépendance. Sa doctrine, qui devint celle du parti national en Norvège, constitue une sorte de démocratie rurale et religieuse, assez analogue à celle des anciens presbytériens d'Écosse, et qui base toute l'organisation politique sur la classe des paysans, considérée comme le vrai fonds et soutien de la nation. Ce qui paraîtra plus rationnel que ce ne pourrait l'être ailleurs, si l'on songe que l'industrie n'existe qu'à l'état rudimentaire et que les villes sont en général fort peu importantes.

La doctrine de Grundtvig, d'ailleurs, n'a pas la sombre couleur du puritanisme écossais. Elle est essentiellement optimiste et moralisante. Il fut en réalité le vrai maître de Björnson. Car, si les idées religieuses de ce dernier ont subi quelque modification, — moins au reste qu'on peut l'imaginer au premier abord, — sa politique n'a pas varié. Il est toujours resté l'homme des paysans, l'homme du clan. Et chacune de ses œuvres, drames ou romans, n'a été qu'un effort redoublé pour « moraliser » sa patrie, un nouveau coup de marteau pour enfoncer en elle les idées qu'il lui voulait donner et pour la pousser en avant.

De là, dans ses nouvelles champêtres, une dose de religiosité dont seuls les livres édifiants dédiés à la jeunesse chrétienne nous pourraient ici offrir quelque équivalent. *Synnöve Solbaken* et *Arne* se préservent encore de cet excès, dans une certaine mesure, par un évident souci artistique. Et lorsque cette note ressort comme d'elle-même, sans intention moralisante, de l'intime tempérament du peuple, elle produit parfois des effets saisissants. Telle, dans *Arne*, l'admirable scène de Nils, le ménétrier, rentrant ivre à la ferme, où son fils l'attend en veillant près de sa mère endormie. Sanglotant sur ses péchés, dans l'attendrissement du vin, l'ivrogne chante des psaumes d'une voix larmoyante et récite des fragments de l'Écriture, oubliés depuis plus de vingt ans, qui ressuscitent au hasard dans sa mémoire. Puis, sa femme s'éveillant, sa colère, brusquement, fait explosion. Il la serre à la gorge et veut l'étrangler. Éperdu, son fils, alors, lève sa hache sur lui. Dieu épargne à celui-ci l'horreur du parricide ; les doigts de Nils sedes serrent soudain, et il s'abat foudroyé sur le plancher. Épisode d'une grandeur tragique, en sa rusticité, et digne des Atrides.

Les idylles suivantes, en revanche, s'enfoncent et se noient d'assez pitoyable façon sous ce flot prédicant toujours croissant. Eyvind, le héros d'*Un joyeux compagnon*, est un adolescent modèle auquel tout réussit, car Dieu le bénit pour sa piété : procédé de moralisation à l'usage des enfants et des caniches, qui montre le morceau de sucre après la tâche accomplie. Dans *la*

Marche nuptiale, Björnson s'affirme grundtvigien parfait. C'est, contre la dévotion triste et âpre, une paraphrase des paroles du Christ : « Soyez joyeux » ; un sermon dramatisé, — auquel nous nous unissons de cœur, — qui prouve que la meilleure manière de louer le Seigneur est de le servir avec allégresse et de rendre heureux son prochain.

Un trait encore ressort de façon frappante, en cette série de romans rustiques : l'humeur silencieuse et profondément concentrée du peuple, — si différente de l'expansion native des races méridionales, — humeur qui, plus tard, dans la littérature scandinave, deviendra le pivot de tant de drames intérieurs, intelligibles seulement par un effort critique à nous autres nations de langue plus déliée et de cœur plus ouvert. Déjà y apparaît également en germe, en même temps que cette thèse favorite de l'union absolue des âmes dans le mariage qui, depuis trois ou quatre lustres, a rempli de ses échos toute la Scandinavie, ce goût du symbole, si inhérent au génie national qu'il est devenu comme son propre langage lorsqu'une fois il a trouvé celui-ci. Ainsi cette marche nuptiale, autrefois composée par le grand-père pour ses noces désirées : « Malheur, dit-il, à la fiancée qui ne l'entendra pas le cœur joyeux ! » Et cette longue malédiction qui s'ensuit pour ses enfants, parce que Randi *n'avait pas* le cœur joyeux en allant à l'église, et cesse seulement le jour où la fille rachète la faute de la mère en tendant sa main à l'homme aimé. N'avais-je pas raison de dire que les paysans de Björnson peuvent parfois nous paraître bien subtilisants, bien étreints d'imaginaires douleurs de conscience, pour de purs rustiques ?

Entre temps, Björnson était revenu en Norvège, où on lui offrait la direction du théâtre de Bergen. Il n'y resta que deux ans et, en 1859, revint à Christiania. Il entra comme rédacteur à l'*Aftonbladet* (journal du soir) et se signala dès son début par un nationalisme à outrance, attaquant violemment le directeur du théâtre, qui était Danois, et réclamant avec instance des pièces norvégiennes et des acteurs norvégiens, choses, au reste, encore peu praticables à cette époque. Avec Ibsen, qui collaborait à son journal, il fonda une *Société pour la protection de l'art norvégien,* dont les destinées furent éphémères. Le parti national venait de triompher aux élections. Reconnaissant de la vigoureuse campagne qu'avait menée Björnson, et à laquelle il attribuait en partie son succès, il lui offrit un subside grâce auquel celui-ci, en 1860, put partir pour l'Italie.

C'est dans la ville éternelle qu'il composa sa grande trilogie : *Sigurd Slembe,* qui, avec *Hulda,* écrite précédemment durant son séjour à Bergen, *Kong Sverre* (le roi Sverre) et *Marie Stuart,* complète la production dramatique de sa première période.

Celle-ci, à vrai dire, offre de l'intérêt surtout comme terme de comparaison avec les drames postérieurs à 1870 qui forment sa seconde manière. C'est le triomphe du romantisme, mais de ce romantisme scandinave, parent des vieilles *sagas*, par lequel ce dernier, banni un temps de la littérature et de la scène, a tout l'air de nous revenir sous les espèces du drame lyrique. Il possède, en effet, tout ce qui est nécessaire pour alimenter magnifiquement celui-ci. Il contient le symbole et le mythe à l'état latent. Les effets dramatiques les plus intenses y abondent, éclatants comme des coups de tonnerre, marqués au sceau d'une imagination forte et terrible. L'élément épique et lyrique y prédomine ; la pensée, à chaque instant, se replie et retombe sur elle-même en cadence, comme si elle appelait le chant. Telle cette belle scène des adieux de Sigurd à la vie et ces paroles, arrivant à la fin de chaque strophe ainsi qu'un tranchant de hache : « Jusqu'ici, et pas plus loin ! » Et si j'ajoute que cette énergie barbare touche souvent à l'enflure et montre trop le bout du panache, qu'elle est relativement vide et fatigue l'attention à frapper toujours fort et parfois à côté, je crois que j'aurai dit à peu près tout ce qu'il convient de dire des premiers drames de Björnson et ce que la critique scandinave s'est montrée d'ordinaire unanime à répéter. Ajoutons que l'auteur n'abandonnant jamais ses préoccupations *grundtvigiennes*, on y jouit longuement de l'agréable surprise d'écouter les guerriers du roi Sigurd disserter à perdre haleine sur les lois fondamentales du royaume, la morale et la liberté. Et, bien entendu, on chante des psaumes à travers toute l'œuvre et l'on y loue considérablement Dieu.

Hulda, qui rappelle beaucoup la manière du vieil Œlenschläger, encore très en faveur à cette époque, semble calquée sur quelque ancienne *saga*. L'héroïne, implacable et farouche, telle que la Kriemhild des *Niebelungen,* lorsqu'elle se voit trahie, ensevelit son amant avec elle sous les ruines de son palais en flammes.

Sigurd Slembe, bien plus encore, m'apparaît invariablement, — serait-ce une hallucination prophétique? — sous la forme d'une vaste trilogie lyrique, que je recommande à l'attention de M. Camille du Locle et autres, fournisseurs ordinaires de l'Académie nationale de musique. Nous y perdrions volontiers d'interminables monologues et d'oiseuses discussions, et nous y goûterions le plaisir de nous émouvoir à souhait devant des tableaux d'admirable effet scénique. Par exemple, au dernier acte de la troisième partie, le roi Sigurd, vaincu, acculé à la mer, où blanchissent les voiles ennemies, devant l'horizon de rochers, n'est-il pas d'un tragique plus grandiose encore que l'*Africaine* sous le mancenillier mortel, en face de l'Océan qui emporte loin d'elle son fugitif amant? Et ce même Sigurd, s'endormant enfin de l'éternel sommeil, la tête dans les mains de sa vieille mère, tandis que résonne au dehors le cantique de croisés : « Adorable est le Dieu du ciel ! » ne pourrait-il lutter de poésie mystique avec *Parsifal?* C'est là sans doute le seul moyen pratique d'amener enfin sur le théâtre cette vaste trilogie, considérée jusqu'à ce jour comme impraticable à la scène, et de tirer profit de cette extraordinaire intelligence dramatique, encore que de grain un peu gros, malheureusement enfouie sous une phraséologie redondante, souvent outrée et, qui pis est, démodée.

Marie Stuart, d'allures un peu plus modernes, se signale également par des mérites et des défauts semblables. Le tableau du puritanisme y est fort remarquable. La Norvège, ici, lui avait donné l'intelligence de l'Écosse. « Par Hauge et le piétisme, il comprenait John Knox », écrit Brandes. La figure de Marie est au reste faible et mal dessinée. L'infortunée reine d'Écosse était Guise et Lorraine, c'est-à-dire Française, avec en plus, peut-être, un peu des terreurs superstitieuses et de l'âpreté passionnée de la race paternelle. Et l'on ne peut s'attendre à ce qu'un auteur moraliste entende rien à cette créature de fragilité et de grâce, de séduction profonde et de majesté vraiment royale, que fut la veuve de Darnley. Brandes lui préfère hautement celle de Swinburne, bien que le critique danois soit homme de trop de sens pour goûter outre mesure ces perverses « sphingiennes » dont la nouvelle littérature nous inonde au delà de toute permission raisonnable. *Marie Stuart* fut un grand succès à la scène. L'action n'y manque pas ; chaque acte finit par une catastrophe, et la pièce, épuisée, se termine au dernier comme elle peut. Une veine de fraîcheur délicate court pourtant à travers ce drame forcené, et se fait jour de distance en distance, tel un parfum de violette sauvage, entre ces lourdes accumulations de roses sanglantes et souvent artificielles.

J'allais oublier une comédie, soi-disant de mœurs :

les Nouveaux mariés (1865), dont il existe une traduction française qui rend notre analyse à peu près inutile. Je n'en veux rien dire pour ma part, sinon que c'est une berquinade digne d'être jouée par des pensionnaires travesties dans une institution de jeunes demoiselles, et que, par égard pour Björnson lui-même, je n'eusse pas même nommée, si l'invraisemblable succès qu'elle obtint sur les scènes scandinaves ne m'y contraignait en quelque sorte.

« L'amour y est d'une croissance si faible et si dépourvue de sève, — écrit Brandes, qui fait grand honneur au vieil apôtre du libéralisme en parlant sérieusement de cette production, — qu'il ne vaut guère tout le soin qu'on lui prodigue. On l'y peint toujours comme le devoir de la femme envers son mari et on le place perpétuellement sous nos yeux ainsi qu'une impérieuse et stricte obligation. Ce n'est pas une plante qui pousse libre et sauvage. Une vieille chanson française dit :

> Ah ! si l'amour prenait racine,
> J'en planterais dans mon jardin,
> J'en planterais, j'en sèmerais
>   Aux quatre coins,
> J'en donnerais aux amoureux
>   Qui n'en ont point.

« Ces vers me reviennent toujours en mémoire quand je lis ou vois jouer les *Nouveaux mariés*. Il se peut que la faute en soit à mon point de vue trop exclusif. J'adore le bel et puissant Éros. Mais il ne m'amuse aucunement de voir comment on nourrit au biberon de pâles petits Éros. Le public scandinave n'a pas partagé mon goût, car peu de pièces ont eu plus de succès au théâtre... »

Rentré en Norvège en 1863, Björnson, tout en poursuivant sa carrière littéraire, était devenu en 1865 directeur du théâtre de Christiania. Il donna, en 1868, la *Fille de la Pêcheuse* (1), roman assez faible, mais document psychologique des plus curieux sur « l'état d'âme » de l'auteur et les mœurs de sa patrie. C'est une enfant des fjords, fille d'une aubergiste, qui, poussée par une irrésistible vocation, poursuit son instruction dramatique à travers tous les obstacles et finit par réaliser son rêve et devenir actrice. Le caractère de Petra, au moins durant toute la première partie, est une de ces silhouettes instinctives dans la peinture desquelles Björnson triomphe et reconquiert pleinement la maîtrise qu'on s'étonne de lui voir perdre souvent de si étrange manière.

Coquette sans le savoir et séduisante sans y songer, elle flirte avec l'un et l'autre et se trouve bientôt deux ou trois fiancés sur les bras, ignorant elle-même comment cela s'est fait. Son éducation a été dirigée par Hans Odegaard, le fils du pasteur, qui, dès l'enfance de la fillette, a été frappé de ses heureuses dispositions. C'est un homme riche, d'excellente famille et de haute instruction, qui a voyagé sur le continent et que « toute la ville respecte ». Il faut se tenir ces détails présents à la mémoire, ou la scène suivante perdrait tout son piquant.

Yngve Vold, un des amoureux de la belle Petra, est allé trouver le fils du pasteur, qu'il considère comme le protecteur et presque le tuteur de celle-ci. Il vient de lui exposer ses intentions :

« … Il n'alla pas plus loin. Jusque-là il n'avait pas remarqué Odegaard qui, pâle comme un mort, s'était levé. Mais, en se tournant vers lui, il l'aperçut tenant à la main un jonc d'Espagne.

« On ne peut décrire sa surprise ; il para le premier coup.

« — Prenez garde, vous allez me blesser, cria-t-il.

---

(1) Traduit en français.

« Les coups pleuvaient sur ses épaules, ses bras, ses mains, son visage, au hasard.

« Il sautait de côté et d'autre.

« — Êtes-vous fou? Avez-vous perdu l'esprit?... criait-il. — Je l'épouserai... comprenez donc... je l'épouserai...

« — Allez-vous-en !... hurlait Odegaard, comme s'il mettait tout ce qui lui restait de forces dans ce dernier cri.

« L'homme aux cheveux dorés s'enfuit hors de la maison de ce fou furieux et il se trouva bientôt dans la rue, réclamant à grands cris son chapeau.

« On le lui jeta par la fenêtre.

« Quand on accourut, on trouva Odegaard étendu sans connaissance sur le plancher. »

N'avais-je pas raison de dire en commençant que les mœurs norvégiennes étaient tout au moins étranges?

Après maintes pérégrinations, qu'il serait oiseux de conter, Petra a trouvé un refuge dans la maison d'un doyen où, en secret, elle travaille à se perfectionner dans son art chéri. Ici se place une scène bien caractéristique, qu'il serait dommage de ne point citer, tant elle fournit un échantillon curieux du piétisme norvégien et des discussions qui foisonnent dans les œuvres de Björnson.

Un groupe de fidèles est venu trouver le pasteur, après le sermon. Et, après quelques préliminaires, l'un d'eux prend la parole et expose la requête de la congrégation.

« ...Il y a un homme, — dit Lars, — Hans le ménétrier, qui ne veut pas renoncer à son violon.

« Comme Lars paraissait hésiter, le jeune homme acheva :

« — Parce qu'il sait que le doyen a chez lui un instrument au son duquel on danse ici au presbytère.

« — Ce n'est pas un plus grand péché pour lui que pour le doyen, ajouta Lars.

« — La musique qu'on entend chez le doyen est une tentation pour tous, — dit Else prudemment, comme pour adoucir la chose.

« Mais le jeune homme ajouta promptement :

« — Elle scandalise les petits, et il est écrit : « Malheur à celui qui scandalise un de ces petits qui croient en moi; il vaudrait mieux pour lui qu'on lui attachât au cou une meule de moulin et qu'on le jetât à la mer. »

« — Et, — ajouta Lars, prenant aussitôt la parole, — nous te prions de te défaire de cet instrument ou de le brûler pour qu'il ne soit plus un objet de scandale...

« Pour les enfants de ta paroisse, ajouta le jeune homme. »

Mais le doyen, qui est un chrétien fort libéral et, de plus, tient à son piano, se défend énergiquement, à l'aide d'arguments *ad hoc*.

« — Selon vous, donc, — reprit Lars, — la musique, le chant et la danse sont choses bonnes, n'est-ce pas ? Bien. Il est bon alors d'éveiller Satan par les sens. Notre pasteur nous le dit. Eh bien! nous le savons enfin!... Ce qui conduit à la tentation est bon!

« Mais ici Odegaard s'interposa.

« — Dites-moi, mon brave homme, quelle est la chose au monde qui ne conduit pas à la tentation?

« Tous les yeux se tournèrent vers celui qui venait de prononcer ces graves paroles... »

Et ainsi de suite pendant une vingtaine de pages. Petra, après de longues luttes, finit par entrer au théâtre avec l'autorisation du doyen, convaincu enfin qu'on peut servir Dieu là aussi bien qu'ailleurs et que c'est même un strict devoir moral, — car il faut que celui-ci intervienne partout en Norvège, — que de suivre sa vocation et d'employer les dons que le Seigneur vous a départis, non sans intention probable. Et j'imagine que Björnson dut être ravi lorsqu'il se fut ainsi prouvé, par arguments probants et plus ou moins tirés de l'Écriture, que lui-même remplissait ainsi sans doute une mission divine en dirigeant le théâtre de Christiania. Non que nous prétendions ici railler en aucune façon. Il est certes éminemment respectable de vouloir exercer ici-bas une action moralisatrice et d'attribuer à l'art dramatique une influence semblable. Encore que, dès qu'on se place au point de vue purement chrétien, cette dernière conception puisse paraître entachée de quelque naïveté.

Björnson, en même temps, était rentré dans le journalisme. Il faisait des conférences et des lectures publiques et prodiguait son activité en tous sens. Outre les œuvres dont nous avons parlé, il donna encore un long poème épique : *Arnliot Gelline,* un drame : *Sigurd Iorsalfar,* tous deux dans la tradition romantique, puis des poèmes, ballades ou chansons, la plupart demeurées populaires en Norvège et dont quelques-unes sont de purs petits chefs-d'œuvre. Ainsi la ballade sur *Olav Trigvasson,* le héros norvégien, et sa mort héroïque entre les mains des Danois, tandis que son lieutenant l'attend sur la haute mer, avec sa flotte de cent voiles : « Il est tombé, votre Grand-Serpent ! Vous ne le reverrez plus, votre Olav Trigvasson ! » Et mainte charmante romance villageoise, tout imprégnée de la touchante poésie des cœurs silencieux. Puis, à côté de cela, quand l'envolée lyrique l'abandonne ou qu'il n'entend plus les voix muettes de l'âme, des puérilités, des vulgarités, des brutalités, qui stupéfient par la violence du contraste, et auxquelles on est pourtant contraint de s'habituer. Il semblait s'enfoncer de plus en plus en son *grundtvigianisme* prédicant, « sortant Dieu le Père, — dit Brandes, — en ses poésies, pour chaque noce et chaque enterrement », et rédigeant, pour l'édification du peuple, de petits contes assez semblables aux *tracts* que les sociétés évangéliques font distribuer dans les rues des capitales. Il allait avoir quarante ans. C'est alors que le grand mouvement intellectuel qui, sous l'impulsion de la parole de Brandes, venait de se propager dans tout le Danemark, arriva jusqu'en Norvège, apportant à flots les théories, les œuvres et les idées accumulées par l'Europe durant le dernier quart de siècle.

(Deuxième période.)

Cette funèbre année 1870 nous ouvre, à propos de Björnstierne Björnson, une question assez secondaire à notre avis, mais qu'il n'est pas inopportun d'élucider. Quelques Français trop scrupuleux ont désiré savoir, paraît-il, avant d'examiner s'ils admireraient ou non l'œuvre du dramaturge norvégien, quels étaient les sentiments que celui-ci pouvait nourrir à notre égard, et spécialement ceux qu'il nous avait témoignés à cette date douloureuse. M. Ernest Tissot, dans l'étude qu'il lui consacre, s'est employé avec un soin extrême à édifier l'opinion sur ce point. Grâce à lui, nous apprenons par une lettre authentique, sinon autographe, — Björnstierne Björnson n'écrit pas notre langue, — de l'écrivain mis en cause, que ce dernier « aime la France ». Il est vrai, — ajoute son truchement autorisé, — que « Björnson a peu de sympathie pour la littérature contemporaine de la France et pour les mœurs qu'elle semble impliquer ; pas plus Bourget que Zola ne lui paraissent sains ».

C'est là sans doute une merveilleuse et complète entente de notre mouvement littéraire actuel, et tous ceux qui, par hasard, ne tiendraient pas exclusivement à M. Zola ou à M. Bourget, seraient difficiles de ne pas se déclarer satisfaits.

Puisque nous sommes en train d'instruire ce grave procès, nous dirons donc avec la partie défenderesse, — qui sera, si l'on veut, M. Ernest Tissot, — « qu'il eut le courage, en 1870, d'engager de la plume et de la parole les États scandinaves à conclure alliance avec notre patrie et d'ouvrir en Norvège, l'année suivante, une souscription en faveur des blessés de la guerre ». Il reçut, pour ce fait, la Légion d'honneur.

A cette époque, pourtant, en pieux luthérien, il attribuait hautement la victoire de la Prusse « à la louable habitude qu'avaient les officiers allemands de chanter des psaumes avant la bataille ». Quelques années plus tard, devenu libre penseur, mais toujours moral, il rapportait notre défaite, dans une conférence à la Société scandinave de Paris, — l'endroit eût pu être mieux choisi, — à « l'immoralité sexuelle » de notre armée.

Cette petite discussion n'a d'importance, au reste, qu'en vertu de cet axiome qu'on pourrait établir, que rien ne nous renseigne mieux sur l'intime contexture d'un homme que le secret de ses sympathies et de ses antipathies, et surtout des raisons sur lesquelles il les base. Et ce serait mal entendre le clavier intérieur d'un écrivain tel que Björnson que de l'imaginer capable d'entretenir pour nous aucune des premières. Seules, ses convictions républicaines, étant donnée la forme actuelle de notre gouvernement, ont pu faire naître en lui quelque intérêt pour nos destinées, quelque respect peut-être pour notre glorieux passé d'apôtres de la liberté; elles l'ont induit du moins à conformer en partie son action publique avec la nôtre.

Encore serait-ce errer étrangement que de croire son libéralisme en rien semblable à ce que nous entendons d'ordinaire par ce mot. C'est une manière de presbytérianisme moral assez analogue à celui des conglomérats du Far-West, une démocratie rurale où Dieu le Père en voyage laisse régir à sa place le tyran Vertu. Un homme de telle structure intellectuelle ne peut en aucune façon goûter ni comprendre le génie d'un peuple comme le nôtre, pour lequel la liberté de la langue est presque la seule liberté nécessaire et chez qui l'irrespect absolu, le *touche à tout* de la pensée et du discours, n'est souvent que l'innocente rançon de ce que la conduite journalière accorde sans effort à la règle. Et si nous-mêmes, de compréhension plus large et plus aisée, nous pouvons estimer en quelques points le caractère de l'écrivain norvégien, admirer son œuvre sous certains rapports et lui devoir d'utiles aperçus, encore est-il presque inévitable que celle-ci ne nous paraisse bien souvent étroite et fastidieuse, et ne nous fasse ainsi payer fort cher quelques frissons d'enthousiasme vrai et de rares instants de plaisir sans restriction.

C'est à Björnson, évidemment, que, sans le nommer, songeait surtout Brandes lorsque, dans un fragment précédemment cité, il écrivait, en faisant allusion au mouvement intellectuel qui se produisit en Scandinavie aux alentours de 1871, et dont lui-même avait été l'instigateur : « Nous avons vu de grands écrivains qui commencèrent comme de très naïfs orthodoxes, réussir à sortir de l'orthodoxie. Ceci sans doute est fort respectable, mais, lorsqu'ils se montrent incapables de pousser plus haut, c'est pourtant peu de chose. Il y a une vingtaine d'années (1), les écrivains scandinaves commencèrent à comprendre que cela n'allait plus de travailler toujours sur le vieux fonds de la confession d'Augsbourg. Quelques-uns la lâchèrent tout doucement, sans faire de bruit ; d'autres firent contre elle une opposition plus ou moins bruyante. La plupart prirent soin de se sauvegarder vis-à-vis du public et vis-à-vis de leur propre mauvaise conscience d'enfant, derrière la morale protestante acceptée une fois pour toutes, derrière une bonne morale bourgeoise de pot au feu. » L'évolution intellectuelle de Björnson se

---

(1) Brandes écrivait ceci en 1889.

réduisit en effet, ou peu s'en faut, à cela. Mais ce peu était énorme. Il venait tout simplement de découvrir le monde moderne, jusqu'alors complètement ignoré en Scandinavie. Et en pénétrant résolument dans ce monde nouveau, il se cramponnait néanmoins avec obstination à l'idéal ancien, qu'il est utile que quelqu'un sauve, en ces périodiques déluges de l'humanité, en attendant que de plus hardis en aient su construire un nouveau.

Dans une lettre écrite à Georges Brandes et rendue publique, Björnson prononçait ces nobles paroles : « Mon plus mortel ennemi peut cacher la vérité dans ses mains, je demeure obstiné et stupide ; mais que j'aperçoive cette vérité, fût-ce par hasard, alors elle m'attire irrésistiblement. » Il lut considérablement pendant quelques années, et, à plus de quarante ans, eut le courage de refaire presque en entier son éducation intellectuelle. « Darwin et Stuart Mill, — écrit Brandes, — eurent sur lui une action profonde. Les philologues Steinthal et Max Muller lui ouvrirent de nouveaux aperçus sur la religion et Taine sur la littérature. » La suite de son œuvre nous montrera dans quelle proportion.

Une faillite, pièce en quatre actes, publiée en 1875, inaugura la série des drames de sa seconde période. Elle diffère des premiers à peu près comme *les Deux Orphelines* diffèrent de *la Tour de Nesle* : le drame familier et bourgeois remplaçant le drame à panache, sans que les procédés se modifient encore beaucoup. Hâtons-nous d'ajouter, pour être tout à fait exact, que l'un et l'autre, chez Björnson, contiennent toujours une intention moralisante ou symbolique qui manque à peu près complètement sur notre scène et se manifeste, dès le principe, comme la caractéristique du théâtre norvégien.

Une faillite est, en effet, le premier ouvrage où Björnson, ainsi que le répète à l'unisson toute la critique scandinave, introduit cette « demande de vérité » qu'il renouvellera à chaque étape avec une insistance et une force croissantes. Cette dernière, au reste, se borne encore ici à réclamer plus de probité et de franchise dans les grandes affaires commerciales et les manipulations financières. Nous sommes tous d'accord sur ce point avec l'auteur et ne nous douterions guère qu'il y ait une initiative éclatante en cette « demande », si quelques maximes bien senties sur « la nécessité de la vérité » et autres choses approchantes n'étaient répandues à travers l'action, pareilles à ces pancartes où des sentences de l'Écriture sainte s'inscrivent parmi des guirlandes de fleurs, et qu'ont coutume de suspendre en leurs demeures les dévots sujets de la reine Victoria.

Nous sommes dispensés de nous étendre beaucoup sur cette pièce, les Parisiens l'ayant pu voir cet automne au Théâtre-Libre et la presse s'en étant occupée à cette époque. On se souvient peut-être de l'amusant conflit que souleva alors l'auteur norvégien, et au cours duquel M. Sarcey fut traité par l'irascible dramaturge de « vieux Chinois » pour avoir naïvement constaté dans son feuilleton la ressemblance d'*Une faillite* avec tel bon vieux mélo de M. d'Ennery.

Celle-ci contient d'ailleurs une scène fort saisissante et qui fit grand effet, encore que selon l'ancienne formule. La scène où Tjälde, acculé à la faillite par le délégué de la banque, qui veut le contraindre à déposer son bilan et à chaque mensonge, à chaque nouvel artifice, l'accable sous des chiffres inexorables, tire son revolver, menace impérieusement celui-ci, après avoir supplié et s'être traîné à genoux, tourne enfin son arme sur lui-même, puis la laisse retomber en sanglotant, impuissant et lâche jusqu'au bout.

Ce drame n'est encore qu'un essai plein de tâtonnements pour prendre pied dans la réalité. Il serait injuste de reprocher trop fortement à Björnson de s'attarder ainsi parmi les larmoyantes ficelles du vieux répertoire : peut-être la mauvaise humeur qu'il témoigna, lors de la représentation de cet ouvrage déjà ancien au théâtre de M. Antoine, était-elle en somme justifiée par le sentiment secret de l'insuffisance de cette première tentative. Le tempérament de l'auteur norvégien est d'ailleurs essentiellement mélodramatique : très lentement seulement, au prix de nombre d'efforts, il parviendra à se dégager de cet élément, en ce qu'il a d'artificiel et de théâtral, au mauvais sens du mot, pour n'en retenir que ce qu'il contient malgré tout d'énergie émouvante et grandiose.

Gauchement, naïvement, n'importe, cette œuvre néanmoins pose le problème qu'en sortant du christianisme il a vu se dresser devant lui : « Si l'homme ne vit pour Dieu, pour quoi donc vivra-t-il? » Sa conscience d'honnête homme, hier encore puritain rigide, lui a répondu sans tergiverser : « Pour la vérité. » Et, paladin rude et ingénu, fort de cette ingénuité même, il est parti en guerre pour établir celle-ci dans l'art et dans la vie. A son premier regard jeté sur cette dernière, il tomba d'abord sur la conception grossière encore où la vérité n'est que la stricte et vulgaire probité. Et il écrivit *Une faillite*. Mais, si l'homme doit garder strictement cette vérité dans sa conduite envers ses semblables, considérés comme individus, ne la doit-il pas préserver au même titre vis-à-vis de la masse, de l'État? De cette pensée sortit *le Rédacteur*. L'action est double, en quelque sorte : particulière et générale, extérieure et latente. Un journaliste véreux, artisan d'infamies, dont les opinions sont à vendre et qui, par ses bas artifices, trame la ruine d'une famille. A noter ici une scène traitée avec une vigueur serrée, telle qu'il en abonde dans l'œuvre de Björnson, encore qu'amenée par un moyen fort banal : celle où le rédacteur, passant appelé par hasard au secours dans la rue, se trouve en face du moribond que son article vient d'assassiner. Sous cette intrigue quelconque, s'agite la question plus profonde de la pièce, la flétrissure, non seulement de ces marchandages de conscience, mais encore de ces compromis politiques que l'auteur ne veut endurer à aucun prix, sans examiner si nulle action reste possible sans eux.

Il a vu pourtant cette nécessité qui fait loi dans les sphères gouvernementales et intronise le mensonge comme le sommet et la clef de l'édifice social. *Le Roi* dénonce la monarchie constitutionnelle, corruptrice de cette âme d'homme qu'est le souverain, injuste et pernicieuse tout d'abord envers lui. On entrevoit ici la conception politique de l'agitateur norvégien, inflexible et naïve, assez analogue à celle de Rousseau, modelée pour le paysan ainsi que cette dernière pour l'homme de nature et faite d'après un peuple de montagnards isolés, non sans parenté avec ces cantons suisses dont le souvenir inspirait le citoyen de Genève.

La vérité, il est entendu que nous devons nous y tenir contre nos plus chers intérêts. Mais contre notre cœur? contre la pitié? contre l'amour? C'est ce que pèse le *Nouveau système*. Hans a-t-il dû attaquer publiquement le père de celle qu'il aime, sachant que ce dernier est dans le faux, qu'il poursuit une œuvre dangereuse et mauvaise? Il n'est pas inutile peut-être de signaler dans les personnages du dramaturge une certaine dureté, une raideur hyperboréenne, reste d'intransigeance puritaine, qui nous les rend peu sympathiques; de ragoût exotique, au reste, et caractéristique de la race. Dans *Une faillite*, la fille aînée de Tjälde veut fuir la maison de son père et ne craint pas d'usurper vis-à-vis de celui-ci la voix de sa propre conscience pour prononcer les paroles les plus blessantes et les plus dures. De même, Karen, dans le *Nouveau système*, refuse de rester à ce foyer bientôt déshonoré et, à la douloureuse plainte paternelle, répond : « Personne ne te laisse ; nous laissons seulement ce qui n'est pas juste. » La scène finit sur ce dialogue, plein du bref orgueil des âmes concentrées : *le Père :* « Je comprends, tu ne crois pas que j'aie raison. — Mais toi-même, le crois-tu vraiment? — Oui, je le crois. Maintenant, tu peux partir, Karen. »

Posée sur ce terrain, la question est entrée grièvement au cœur de l'écrivain. Il ne se demande pas encore, ainsi qu'Ibsen : *Qu'est-ce que la vérité?* Il a été coulé trop fortement dans l'ancien moule religieux pour réussir jamais à se libérer entièrement. Pourtant, sa conception de la vérité morale, telle qu'il la reçut toute faite, ainsi que nous tous, des mains de l'antique Foi, commence à s'émietter en lui. Il éprouve l'inévitable loi qui veut que ce soit folie de prétendre garder inattaqué l'idéal chrétien, lorsqu'on lui enlève sa base dix-huit fois séculaire.

Ainsi, *Magnhild*, une nouvelle (1878), indique en son point de vue un changement assez sensible. Elle porte sur cette question du mariage qui, vers cette époque, causait dans toute la Scandinavie une véritable émeute intellectuelle. « Y a-t-il des mariages immoraux, et, dans ce cas, est-on tenu de les respecter? » Autrement dit, deux vérités en conflit, celle de la promesse et celle du cœur, laquelle, en conscience, devrons-nous choisir?

L'opinion de Björnson, qui ne résoud rien, au reste, et qu'il serait, je crois, malaisé de faire accepter à nos Parisiennes, est qu'il existe pour la femme nombre de voies d'activité, et par conséquent de bonheur, hors de l'amour et du mariage, c'est-à-dire indépendamment de l'homme.

Magnhild nous offre un exemple fort curieux de l'opposition foncière de ce puritanisme d'esprit, — qui, malgré tout, reste le fond moral sur lequel vit la pensée de Björnson, — avec notre courante conception de l'honneur. Cette opposition, en vérité, risque parfois de nous choquer pour le moins autant que notre « immoralité sexuelle » peut scandaliser la vertu norvégienne. Tel le musicien Tande abandonnant lâchement sa maîtresse, qu'outrage une vile populace et, pour ce retour à la saine morale, hautement approuvé par l'auteur. Ce droit de jugement que semble prendre la plèbe, en Norvège, sur la conduite de chacun, pour huer et punir, est caractéristique et rappelle d'étrange manière ces fureurs presbytériennes auxquelles fut soumise l'ancienne Écosse, le moindre écart amoureux devenant délit public, passible de l'amende et de la prison. Ainsi, dans *la Fille de la pêcheuse*, cette nuit d'épouvante où tout le village ameuté brise à coups de pierres les vitres de Petra, coupable de quelques *flirts* un peu bruyants, et menace de l'écharper elle-même.

Les œuvres de Björnson, il convient d'y insister, s'enchaînent admirablement, s'engendrant l'une l'autre et révélant non un métier littéraire, mais un progressif et patient travail de conscience. Ici paraît *Poussière*, la plus décisive et, pour lui, la plus redoutable de ses nouvelles, en son sérieux réfléchi, bien qu'elle ne puisse nous présenter, à nous, qu'une illustration pittoresque, mais anodine, des vieux dictons d'Auguste Comte. *Qu'est-ce qui nous empêche de discerner la vérité?* C'est la *poussière* déposée sur nos âmes par l'éducation ancienne. « Par poussière, déclare Björnson, j'entends le résidu de la décomposition de ce qui fut autrefois. » Cette nouvelle n'est qu'un symbole, ou, si l'on veut, un apologue, d'une fabulation saisissante et pleine de fraîcheur. Deux époux profondément divisés sur les questions d'éducation. Le père lit Herbert Spencer. « Il ne croit pas à l'immortalité de l'âme. Selon lui, nous nous perpétuons dans nos actes et principalement dans nos enfants; et cette immortalité lui suffit. » La mère, tendre et croyante, fille d'un pasteur dissident, n'a pas le courage de rien entreprendre contre lui; elle se contente de prier sans relâche « au nom de Jésus-Christ » pour que ses fils ne soient pas séparés d'elle et envoyés au dehors, ainsi que son mari en a manifesté l'intention.

En attendant, ceux-ci sont abandonnés à une gouvernante qui remplit leur enfantine imagination de pieuses féeries où les anges, vêtus de longues ailes blanches, viennent consoler les petits enfants malheureux et les emporter dans le ciel brillant, ainsi que dernièrement ils firent pour Hans, un petit camarade noyé dans l'étang. De quoi l'auteur, qui paraît là sous les traits d'un voyageur, tance la mère en ces termes significatifs : « Si vous leur enseignez que la vie ici-bas n'est rien en comparaison de la vie future; qu'il vaut mieux être ange qu'homme; que la mort est plus belle que la vie, ce n'est pas le moyen de leur donner la conception juste et l'amour légitime de l'existence, de leur inculquer le courage pour la lutte, la force pour le travail, le patriotisme. » — N'est-ce pas là un disciple d'Auguste Comte que nous entendons parler, réclamant qu'on fasse enfin passer l'humanité de l'état religieux ou métaphysique à l'état positif? — Grondés sévèrement par le père pour quelque méfait de leur âge, les enfants se sont enfuis pour aller trouver les anges qui les emporteront au joyeux paradis. Et la recherche éplorée des parents et des serviteurs, dans la noire nuit d'hiver, sous les sapins lourds de neige dont la *poussière* brillante, ici, devient symbole, et menace d'ensevelir les petits égarés et leurs sauveteurs sous les avalanches que la percussion des voix, des cris d'appel, fait tomber des cimes surchargées, est un des plus superbes tableaux, à la fois mystique et réel, de la nature du Nord, qu'il soit possible d'imaginer.

Le roman qui suivit : *Det flager i byen og pa havnen* (Les drapeaux flottent dans la ville et sur le port), titre bizarre emprunté au dernier chapitre du livre, reprend à un autre point de vue ce thème de l'éducation, mise en lutte avec le principe d'hérédité. Le héros, Thomas Rendalen, sort d'une race violente entre toutes. Björnson trace avec une vigueur farouche et brutale qui est bien dans la note de son talent, les rudes silhouettes des ancêtres de celui-ci : Norvégiens querelleurs et sanguins, à la main lourde et prompte, où se retrouvent le sang batailleur et les mœurs frustes des anciens Northmans. Le père de Thomas, un légiste, est mort d'une attaque causée par une crise de fureur, après avoir rossé sa femme, alors enceinte. C'est le legs fatal d'un tempérament semblable que celle-ci entreprend avec succès, par une sage éducation, de réformer dans son fils. Thomas Rendalen, à son tour, a voulu devenir instituteur, afin d'exercer sur les autres l'action salutaire qui lui fut si bienfaisante. Et son système d'éducation se base sur la vérité simple et nue, présentée sans restriction : vérité, au besoin, anatomique et physiologique, et qu'il considère, exposée en sa sévérité, comme le meilleur préservatif des mœurs pour la jeunesse. Ce qu'a déjà estimé, chez nous, l'école à laquelle nous avons fait allusion.

Avec *Léonarda* (1879), Björnson retourne au drame. Après le laborieux et lent effort qu'il vient d'accomplir, il atteint enfin à la parole qui semblait le plus éloignée de sa constitution morale : celle de *tolérance*. Du moins est-ce sur cette pensée que se termine la pièce. L'action, d'ailleurs, est quelconque : un de ces amours d'automne qui foisonnent dans notre littérature et dont le dénouement, convenu d'avance, est invariablement le sacrifice. Léonarda, séduisante et belle, malgré la quarantaine, se laisse aller à aimer celui qui chérit sa nièce, élevée par elle avec une tendresse maternelle.

Et, quand elle s'aperçoit que c'est vers elle que vont les vœux du jeune homme, elle s'enfuit, pour lui permettre de revenir à la jeune fille.

Léonarda indique déjà dans Björnson ce changement qu'on a coutume d'appeler sa nouvelle forme du drame et qui n'est que la manifestation de plus en plus dominante et nette de son tempérament prédicant. Déjà, dans ses œuvres de jeunesse, nous avons signalé ces interminables discussions qui, à chaque prétexte, venaient retarder et alanguir l'action. A mesure que s'accomplit ce travail de la pensée sur elle-même qui constitue la vie de tout écrivain, l'*action* extérieure, pour lui, s'efface davantage : l'intérêt se concentre sur l'intérieur des âmes, la question morale qu'elles agitent et pèsent en elles-mêmes avec angoisse. Parvenu à ce point, toute intrigue, toute péripétie, si logique et si bien amenée soit-elle, apparaît comme oiseuse et fausse, bonne seulement à distraire l'attention et à lui donner le change sur la signification réelle de l'œuvre. Et nous avons ainsi la formule dramatique du *Gant* et d'*Au-dessus des forces humaines :* un point de morale posé définitivement dès le début et d'où découle une longue discussion non moins morale, découpée en scènes et délayée en trois ou quatre actes, rappelant assez bien les *Dialogues des morts* dans les Champs Élysées.

Un Gant (1883) vidait à fond une thèse à laquelle l'auteur avait déjà touché dans son dernier roman (*Les drapeaux*, etc.), et qui passionnait alors l'opinion des pays scandinaves à un degré qu'on peut difficilement imaginer ici. Aussi la pièce eut-elle un retentissement inouï. Un Norvégien nous disait qu'elle avait fait rompre plus de cinq cents fiançailles. La question de l'émancipation féminine, de l'égalité des droits des deux sexes, mettait là-haut toutes les cervelles à l'envers et s'en prenait spécialement à ce thème auquel

M. Alexandre Dumas s'est consacré, mais de tout autre manière : La chasteté est-elle d'aussi stricte obligation morale pour l'homme que pour la femme? celle-ci a-t-elle le devoir d'exiger de son époux un passé aussi pur que celui qu'elle lui apporte? Björnson, hautement, répondait : *oui*. *Un Gant* n'est qu'une longue paraphrase, à l'usage du sexe fort, du commandement :

> Œuvre de chair ne désireras
> Qu'en mariage seulement.

Traduction libre du précepte de la Bible qui n'impliquait que le respect de la propriété d'autrui. L'idée n'est pas neuve, en certain sens, et le christianisme, à ce point de vue, n'a pas établi de différence entre le chrétien et la chrétienne. Il en est tout autrement pour la société. Que l'habituelle conception de cette dernière manque souvent de justice et de générosité, nous n'y voulons pas contredire. Encore y a-t-il manière de traiter des choses. Je ne crois pas que la pièce, dont un de nos plus élégants salons parisiens donna cet hiver la primeur à un public d'amateurs et de lettrés, puisse tenir jusqu'au bout sur une scène française, à moins qu'elle ne se sauve par la douce hilarité que ne peuvent manquer de provoquer des bouts de scène écrits dans ce style :

Svava. — Il était si sûr de lui-même, si *pur!*...

M. Riis. — Qu'entends-tu par *pur?* Donnes-tu le même sens à ce mot quand il s'agit de l'homme ou de la femme?

Svava. — Naturellement.

M. Riis. — Et tu crois que le fils de Christensen...

Le père objecte qu'il est difficile de savoir au vrai ces choses-là.

Svava. — Savoir? savoir si l'homme qui est devant moi est un animal impur et dégoûtant ou un homme digne de ce nom?

Riis. — Tu peux te tromper.

Svava. — Aussi peu que sur toi, père, car, malgré tes paradoxes, tu es l'homme le plus chaste et le plus délicat... Maintenant, j'ai vu tant de mes amies adorer le prince de leur cœur et se réveiller dans les bras d'un animal. Je ne veux pas me tromper.

Alph, pourtant, a eu une liaison autrefois avec une dame de compagnie de sa mère. Son ancienne maîtresse est morte. Il n'était pas fiancé ni ne connaissait même Svava à cette époque. Mais ce n'est là pour la fière jeune fille aucune circonstance atténuante. Les deux derniers actes sont remplis par les plaidoyers de sa famille, de ses amis et des parents de son fiancé qui essayent de lui donner des idées plus pratiques sur la vie, et de la faire revenir sur sa décision arrêtée de rompre.

Alph comparaît devant elle et devant le conseil de famille pour se justifier. Il explique qu'il a demandé la main de Svava parce qu'il l'aimait et l'aime encore.

Alph. — Je n'ai pas trompé Mlle Riis. Mon passé n'était pas tel que je fusse obligé d'en rendre compte à personne. Je lui dois maintenant ma vie et mon avenir, et je me sens blessé qu'elle puisse douter de moi.

Madame Riis. — Mais si une femme, dans un cas semblable, venait dire la même chose, qui voudrait la croire?... La croire quand, après un pareil passé, elle viendrait assurer qu'elle serait une honnête épouse?... Pourquoi donc la femme croirait-elle le mari, puisque ce mari ne la voudrait pas croire?...

. . . .

Alph. — Je dois dire à Madame Riis que je n'ai jamais réfléchi là-dessus, puisque cela ne peut arriver. Aucun homme d'honneur ne choisit une femme du passé de laquelle il n'est pas sûr...

Madame Riis. — Mais une femme honnête?...

Alph. — Il y a une différence.

Nordan. — Clairement dit, la femme doit à l'homme

son passé et son avenir; l'homme seulement son avenir.

ALPH. — Si on le veut : oui.

MADAME RIIS (*à Svava*). — Je te conseillais de réfléchir, mon enfant. Mais maintenant je trouve que tu dois répondre de suite.

(*Svava va vers Alph et lui jette son gant en pleine figure. Elle sort.*)

Ce gant, c'est celui des revendications féminines, de la guerre à l'homme impur et tyran. Le caractère de Svava, pour élevé en un sens que doive paraître son idéal, est au reste peu sympathique. Lorsqu'elle lance au visage de son propre père le nom de sa maîtresse, en lui reprochant son immoralité, quand elle tance durement sa mère d'avoir enduré et caché l'inconduite de son époux et, à la réplique de celle-ci, qu'elle l'a fait pour elle, répond : « Tu n'en avais pas le droit. Quand tu t'abaisses pour moi, tu m'abaisses aussi » — nous la trouverions odieuse, si nous ne l'estimions folle. Ainsi le devoir et la vertu varient, paraît-il, suivant les degrés de latitude. Brandes, à propos de l'auteur, a fait une remarque profonde : c'est que, pour les hommes dressés par une éducation puritaine, la morale sexuelle finit par devenir toute la morale. Il semble en effet que, pour ces viriles héroïnes, l'indulgence, la douceur, la pudeur des lèvres et le respect filial subissent une étrange éclipse. Et nous dirions volontiers, nous unissant d'esprit avec les valets de Molière : « Dieu nous garde de ces vertueuses mégères! »

Au-dessus des forces humaines (1), bien que coupé à peu près sur le même modèle, n'en est pas moins un drame étrange et saisissant. Il pourrait porter en sous-titre : *Du miracle considéré comme un des phénomènes de l'hypnose*. L'auteur, à la fin du livre, indique comme références de celui-ci : *Leçons sur le système nerveux*

---

(1) Cette pièce a été donnée à l'*Œuvre* le 13 février dernier.

faites par J.-M. Charcot, recueillies et publiées par le Dr Bourneville, 3e édition, 2 vol. Paris, 1881, chez A. Delahaye et E. Lecrosnier ; *Études cliniques sur l'hystéro-épilepsie ou grande hystérie, par le Dr Richer*, 1 vol., Paris, 1881, chez A. Delahaye et E. Lecrosnier. Björnson a touché là, avec une rare vigueur et une admirable poésie, le point *terminus* où la science confine au mystère et se transforme en lui.

Dès le début, avec un instinct merveilleux, il nous place dans le vrai cadre de l'hallucinatoire vision, cette fantastique contrée du Nordland que Jonas Lie déjà nous avait dépeinte dans son *Visionnaire*. « Il y a quelque chose ici, dans la nature — dit Klara Sang — qui rend l'extraordinaire ordinaire. La nature elle-même sort des limites usuelles. Nous avons la nuit presque tout l'hiver. Nous avons le jour presque tout l'été. Et le soleil reste alors au-dessus de l'horizon jour et nuit. Est-ce que tu l'as vu pendant la nuit ? Sais-tu que derrière les brumes de la mer il paraît trois ou quatre fois plus grand qu'ailleurs ?... Et ses effets de couleur sur le ciel, la mer et les montagnes, du rouge de feu le plus éclatant au jaune blanc le plus délicat ! Et ces nuances de l'aurore boréale sur le ciel d'hiver ! bien qu'elles soient plus discrètes, il y a pourtant en elles un dessin furieux et vibrant qui varie sans cesse à l'infini. Et tous ces autres monstres de nature ! des bandes d'oiseaux par millions, des *fjelds* qui ne ressemblent pas aux autres *fjelds* et sortent droit de l'Océan, luttant poitrine contre poitrine avec l'Atlantique entière ! Les idées du peuple sont naturellement en comparaison, sans bornes ni limites ; leurs contes et leurs aventures sont des plus fantastiques, et, si tu parles avec l'un d'entre eux, tu verras que le prêtre Adolphe Sang est tout à fait l'homme selon leur cœur. »

Le prêtre Sang fait des miracles. Alors même que le

malade est trop loin pour qu'il puisse s'y rendre, il écrit qu'à telle heure, il va prier, et la guérison s'opère immanquablement au moment indiqué par lui. Nous n'avons pas besoin de nous souvenir des sources indiquées par l'auteur lui-même pour reconnaître ici la suggestion à distance.

Mais pourquoi, si puissant pour le bien d'autrui, Sang ne s'aide-t-il pas aussi, lui et les siens ? pourquoi ne tente-t-il pas la cure de sa propre femme, couchée depuis des années, dévorée par une maladie nerveuse qui, pendant des mois, l'empêche de clore les paupières et la jette parfois, pour une semaine entière, immobile et raide, en d'effrayantes catalepsies ? C'est ce que demande à celle-ci sa sœur, Mrs. Hannah Roberts, qui revient d'Amérique, et dont la très longue et très émouvante conversation avec elle remplit presque tout le premier acte. Mais Klara n'a pas la foi. C'est pourquoi Sang se sent impuissant à agir sur elle. « Nous sommes une famille de doute, nous », dit, moitié triste et moitié souriante, la malade à Hannah. Sang, âme évangélique, enfantine et sublime, arrivé riche dans cette province perdue, a distribué aux pauvres presque tout ce qu'il possédait, ainsi qu'en témoigne la quasi-détresse de leur demeure. Sa femme l'a laissé faire, parce qu'elle l'adore. Mais, s'il veut poursuivre, donner encore ces quelques débris qui seuls séparent sa famille et lui-même de la complète misère, elle trouvera des forces pour lui résister. « Je ne puis me tenir sur mes jambes ; mais, s'il voulait accomplir cette dernière folie, je sens que je pourrais me lever. *Je ferai des miracles, moi aussi, parce que je l'aime, lui et ses enfants.* » Admirable cri du cœur, où Björnson nous semble avoir concentré la philosophie secrète de cette œuvre, son opinion à la fois mystique et rationnelle sur la source et la toute-puissance de la volonté.

Sang a douté de ses forces. Il n'a pas osé demander

le salut de sa bien-aimée. Mais il a rappelé ses enfants, et tous trois, « formant autour d'elle une chaîne de prières », arracheront sa guérison au Seigneur. Hélas ! dans le vaste monde, Elias et Rachel ont perdu la foi. Ici se place une de ces interminables controverses, sans doute palpitantes d'intérêt pour de patientes et théologiques consciences norvégiennes, mais qui doivent inspirer au public français un sentiment voisin de l'effroi et nous reportent de quelque trois cents ans en arrière jusqu'au colloque de Poissy. — Eh bien, Sang priera seul. Il a retrouvé toute sa confiance, et se reproche d'avoir tant tardé. L'amour de Dieu, dit-il, n'a pas de préférence pour ceux qui croient on ne croient pas. « *Croire, c'est savoir*, — dit-il encore : — à la foi, rien n'est impossible. » Et, en effet, dès le premier coup de cloche, sonné dans l'église, qui annonce le début de sa prière, la malade, que depuis des mois le sommeil a fuie, — la malade s'est endormie.

À signaler ici un épisode étrangement dramatique, où se retrouve en plein la force théâtrale, si saisissante, de l'auteur. Nous avons été avertis, au premier acte, que la montagne qui domine l'église, et, une fois déjà, l'a engloutie sous ses débris, minée par de précédents orages, menace encore de s'écrouler. Et, maintenant, un craquement effroyable se fait entendre. Du haut du *fjed*, avec une rapidité terrible, descend l'effrayante avalanche. Elle tombe droit vers le temple, où Sang est en prières. Haletants, éperdus, Elias et Rachel, l'âme étreinte d'une indicible angoisse, assistent à ce terrifiant spectacle. Quand, parvenue contre l'église, l'avalanche, comme repoussée par une force irrésistible et mystérieuse, fait un angle brusque et se détourne à gauche !

« Ce n'est pas là pourtant sa force d'hypnotiseur », murmure Elias ébranlé.

Et nous nous demandons nous-même quelle intention

dicte à l'auteur cet incident étrange. Est-ce entraînement de dramaturge qui, dans cette pièce de portée plutôt rationaliste, rejette Björnson à cette sensationnelle évocation du miracle? ou porterait-il en lui, ainsi que Balzac semble l'avoir fait, je ne sais quelle mystique croyance en la puissance d'action de la volonté humaine, surexcitée par l'extase, sur les forces aveugles de la nature?

Le consistoire de la province, averti par la rumeur publique, est venu dans l'humble maison du pasteur pour assister au miracle et pour le contrôler. Les paysans et les pêcheurs accourent de tous les points de la contrée, et, chantant des hymnes, se mettent en prières autour de l'église. Tout à coup, Sang a *senti* qu'il était exaucé. Klara, en effet, s'est levée de son lit de douleur.

Elle s'avance, vêtue seulement d'une longue chemise blanche, les yeux fixés vers l'église, les mains tendues dans la direction des hymnes. On entend au dehors les Alleluia. *Le peuple accourt. Sang entre. Tous se lèvent ainsi que devant un Christ.*

KLARA. — Ainsi, dans ta splendeur, tu viens vers moi, mon bien-aimé !...

(Elle glisse et tombe.)

SANG, *se baissant, la main sur le cœur de sa femme, et d'un ton d'enfant.* — Mais... ce n'est pas là ce que je voulais... *(Il se tait, puis reprend :)* Ou bien... ou bien...

(Il tombe sur elle en jetant un grand cri.)

KRÖGER. — Qu'a-t-il voulu dire?
BRATT. — Je n'en sais rien. — Mais il est mort.
RACHEL. — Mort? C'est impossible!

Telle est cette œuvre, bizarre et d'effet puissant, où Björnson, peut-être, a donné le *summum* d'un génie énergique et borné, toutes ses qualités de force et de naïveté servant ici, sans qu'une seule nuise. *Au-dessus des forces humaines* nous paraît sans contredit un de ces ouvrages qui, lorsque les années ont passé, submergeant la masse un peu confuse des productions d'un écrivain, méritent de survivre pour léguer de lui aux générations qui suivent une image plus condensée, et pour ainsi dire, l'extrait le meilleur d'une âme et d'un talent.

Björnson a publié dernièrement un roman : « *Les voies de Dieu* », dont la traduction a paru l'été dernier dans une revue parisienne. C'est toujours la même peinture des sites norvégiens et des consciences puritaines. Mais il nous semble que le dramaturge qui, par la bouche d'Elias, le fils du pasteur Sang, affirmait si nettement tout à l'heure que le christianisme, étant *au-dessus des forces humaines*, ne lui paraissait avoir nul fondement réel, rétrograde ici en quelque degré en s'efforçant seulement d'établir, à l'encontre du puritanisme intransigeant de sa patrie, que « *les voies de Dieu* sont partout où l'on s'aime et où il y a de braves gens ». L'écrivain qui, dans *le Rédacteur*, répudiait si énergiquement les compromis de la politique, se serait-il aperçu, sur le tard, en pénétrant plus avant dans la vie publique, que la *vérité*, — ou ce qu'on estime tel, — peut devenir poison pour les simples, et que toute doctrine qui prétend agir sur les hommes doit, livrant aux profanes le sens exotérique, garder l'ésotérisme aux seuls initiés?

II. — Henrik Ibsen.

(*Première période.*)

Mon peuple, qui m'as versé dans le calice profond — L'amer et sain breuvage où, poète défaillant, — J'ai repris des forces pour la lutte;

Mon peuple, qui m'as donné pour mon voyage le bâton du

pèlerin, — Le fardeau de tristesse et les rapides sandales d'angoisse,

Mon peuple, je t'envoie mon salut du vaste monde !

C'est en ces nobles vers, d'altière et magnanime mélancolie, que le poète, du fond de son exil ensoleillé et lourd, dédiait son œuvre nouvelle à son ingrate patrie. Une grandeur dantesque, prestige d'une âme incorruptible et des longues errances sur la terre étrangère, enveloppe cette figure solitaire, à la fois pacifique et tourmentée, front de lion sous sa blanchissante crinière qui, dans les cafés de Rome ou de Munich, vient fumer sa pipe et vider sa chope en silence, ses yeux gris lucides tournés vers son rêve intérieur.

Maintenant que la voix du monde l'a sacré grand, sa marâtre patrie s'est souvenue de lui avec orgueil. Les voyages d'Ibsen en Norvège ne sont aujourd'hui que de longs triomphes. Mais son âme semble avoir contracté le pli de cette vie vagabonde, favorable à la pensée détachée des choses. Sauf de courts séjours en Scandinavie, il continue à transporter ses pénates à travers l'Allemagne et l'Italie, les deux nations qui lui furent douces au temps d'épreuve, dont l'une généreusement lui prêta son soleil et l'autre lui donna la gloire. Dernièrement, toutefois, — ce qui ne lui était pas arrivé depuis son exode, — il lui est arrivé de passer consécutivement plus d'une année à Christiania. L'approche de l'hiver ramènerait-elle le cygne fatigué vers le nid ancien ?

Nous voudrions placer son image au sommet de ces études, comme la statue du César vainqueur couronnant la colonne où monte la spirale des armées. Car son nom est un de ceux qui surnagent d'un siècle entier et qu'on peut identifier aux plus grands. La postérité, nous en avons la ferme conviction, dira Ibsen comme elle dit Dante, Shakespeare et Gœthe.

Ibsen, comme penseur, est avant tout un *individualiste* : ce mot seul le contient tout entier. Il a été souvent répété à son sujet, mais il convient de le bien entendre. On comprendra alors aisément le caractère et les faces diverses de son génie.

En ceci, il résume admirablement la pensée du siècle et mérite ainsi d'en devenir la figure. Le travail des âges précédents aboutit en effet, dans le nôtre, à l'éclatante affirmation du Droit de l'individu. Restreint, mutilé par les institutions et les préjugés, celui-ci, si l'on lui dispute encore quelques provinces, triomphe néanmoins dans toutes les consciences. L'opinion européenne qui tend de plus en plus à ne justifier que la seule guerre défensive n'en est-elle pas une preuve ? Les hécatombes humaines au Dieu Social semblent désormais impies. La conception de l'Homme se dégage de celle de l'État, où elle était enfermée comme dans une gangue. On commence à concevoir que la Société est faite pour lui, et non lui pour elle. Et, si l'on voulait chercher un autre nom pour ce que l'on appelle aujourd'hui Individualisme, on trouverait que c'est ce qu'on nommait Justice au siècle dernier.

Si l'on reporte ses yeux en arrière sur l'histoire de l'humanité, on verra que tous les grands réformateurs, tous les apôtres, furent des individualistes forcenés et que rien de grand, dans l'ordre de la pensée, ne s'est accompli en dehors d'eux. Le Christ fut le premier d'entre ceux-ci lorsqu'il prononça : « Si quelqu'un ne hait pas son père et sa mère... » Et « Laisse les morts ensevelir leurs morts... » Plaçant ainsi tout devoir envers les autres bien loin après le premier devoir envers soi-même : celui de chercher la *vérité* et de la suivre.

De telles doctrines ont sans doute leurs vertiges et leurs dangers. C'est à elles qu'Ibsen a dû de soulever tant d'indignations, souvent sincères, et de gagner, ainsi que tous les prophètes, le renom d'universel destructeur. Il a pris l'idée de son siècle et y est descendu d'un degré plus avant. Il a conçu que la Famille, comme la Société, était faite pour l'Individu. Et il ne l'a reconnu comme légitime qu'autant qu'elle laissait à celui-ci son plein développement intellectuel et moral. Ainsi Nora (*Maison de poupée*) quittera le foyer conjugal. Ainsi Ellida Wangel, la *Dame de la mer*, et tant de figures qui, autrement incompréhensibles et bizarres, ne s'éclairent que lorsqu'on les considère sous cette lueur. Car il n'est pas besoin de dire que ce Droit de l'Individu, pour Ibsen, le plus idéaliste des penseurs, n'est que celui d'atteindre à l'épanouissement de sa libre personnalité morale, non le vulgaire droit à la jouissance.

Si la face extérieure d'un *individualiste* tel qu'Ibsen est celle d'un révolutionnaire, d'un « anarchiste » — le mot a été prononcé pour lui : Vaillant ne le nomme-t-il pas dans son factum comme un des apôtres de la doctrine ? — l'autre face, par une conséquence naturelle, est celle d'un aristocrate. Ainsi s'explique son attitude dans la politique de son pays, son opposition foncière au radicalisme séparatiste de Björnson. Pour un esprit ainsi constitué, rien de plus odieux que la tyrannie du nombre, de plus oppressif que la loi des majorités. Car c'est toujours l'homme isolé qui a raison. Et il convient de noter en lui ce trait qui lui est commun avec maint penseur de notre fin de siècle et pour lequel Brandes a créé l'expression de *radicalisme aristocratique*.

Individualiste-idéaliste comme penseur, il est, comme écrivain, symboliste et réaliste. Et en ceci, ainsi que dans le reste, il représente admirablement son siècle et sa race. Car la pensée européenne semble, pour le moment du moins, dominée par ces deux courants qui appartiennent plus particulièrement au génie du groupe de peuples qu'on nomme germaniques d'ordinaire, et qu'on pourrait tout aussi bien dire scandinaves, si l'on se reporte à l'origine et à la religion anciennes. Réalistes et symbolistes, ces races le sont, — Taine nous l'eût répété, — parce qu'elles ont de la nature et des choses une vision plus primitive et plus complexe : dépourvues du génie latin qui trie, classe, précise, anoblit, et volontiers limite un objet pour l'éclaircir. La pure nature, au contraire, nous l'avons déjà dit ailleurs, est en même temps réaliste et symbolique. Réaliste, il n'est pas besoin de l'expliquer, parce qu'elle contient toutes les faces de la vie, les plus familières comme les plus hautes. Symbolique, car tout objet vivant condense en lui l'ensemble des forces universelles qui l'ont produit. Il devient ainsi en quelque sorte leur signe et leur image et suscite en mille échos profonds, pour qui sait l'interpréter, toute l'échelle ascendante de ses mystérieuses parentés à travers la série des formes et des êtres. Tel un fruit par son seul aspect, son coloris et sa saveur, éveille en nous l'arbre qui l'a porté, le sol et le soleil qui l'ont nourri et, indéfiniment, toute la progression des classes, des familles et de la création à laquelle il appartient.

Que notre siècle, en ses deux grands courants, se manifeste de plus en plus comme réaliste et comme symboliste, n'est-ce pas une conséquence logique du mouvement qui, devant l'écroulement des doctrines anciennes, le force à se plonger de plus en plus au sein de la nature, pour en faire sortir une foi et une *vérité?* La force et la grandeur d'Ibsen est d'avoir réuni et fondu ces deux formes de la pensée moderne, avec une intensité, un relief, inconnus jusqu'à lui. Parti du romantisme qui, dans l'art dramatique, ne voyait guère qu'un spectacle héroïque et brillant, il y introduisit d'instinct un ton plus simple et plus sincère, en même temps que, dans ses héros batailleurs, il incarnait déjà les idées maîtresses qu'il sentait sourdre en lui. Puis quand, sous l'aiguillon fécondant de l'épreuve, il s'est enfin découvert lui-même, il revêt de chair et de sang les entités métaphysiques de son esprit et, dans ses drames philosophiques (*Brand, Peer Gynt, Empereur et Galiléen*) fait jouer à ces vivants fantômes la triple et tragique passion de la Volonté, de la Nature et de l'Histoire. Parvenu à l'apogée de cette construction hautaine du sommet de laquelle, tel qu'un voyant, il a osé prophétiser l'avenir, il a compris, toutefois, que la ferme base du Réel manquait à ces hardis échafaudages. Et, descendant alors dans l'œuvre de son siècle, il s'est mis à éprouver les fondements de cette société sur laquelle l'homme moderne doit bâtir. C'est alors qu'il donne ses premiers drames réalistes : *les Soutiens de la Société, Maison de Poupée*, etc.

Sa vue, cependant, est trop aiguë et profonde pour ne pas percer au delà des personnages et des cas qu'il étudie. Et, par degrés, le symbolisme rentre en son œuvre avec une force grandissante, s'enflant et croissant, comme le génie du conte arabe, à chaque étape nouvelle.

Il serait intéressant d'examiner en quoi le symbolisme ancien de *Brand* et d'*Empereur et Galiléen* diffère, par exemple, de celui de *Solness le constructeur*, le dernier ouvrage du maître. C'est que, de pas en pas, il est entré plus avant dans la Réalité journalière. Il s'est identifié avec notre vie familière et courante. Il n'a que faire désormais d'appeler à son aide les glaciers et les pics de la Norvège, le cortège des monstres et des gnomes, la féerie des apparitions ou des fêtes de Dionysos. Un architecte, une maison bourgeoise, une jeune fille en costume de voyage, portant son linge sale dans son petit paquet, lui ouvrent des figures du monde intérieur aussi vastes et significatives, plus intenses et plus fantastiques encore, s'il est possible, de leur familiarité même.

Ce qu'il convient de remarquer encore, c'est l'immense habileté technique avec laquelle sont construites les pièces d'Ibsen. Il nous plonge d'abord, nous enserre, dans le train-train quotidien, banal, de notre existence bourgeoise. Puis, peu à peu, au détour d'une phrase, l'Idée apparaît. Elle chemine, grandit, attire tout à elle, nous laissant ballottés, avec une imprécision qui magnifie tout, telle que les fluidités troubles de Whistler, et constitue un des grands arts du poète, entre l'impression de vie intense que nous donnent les personnages, et le problème intellectuel dont nous sentons confusément qu'ils ne sont que les figures. Et quand la catastrophe finale éclate, toujours soudaine et pourtant prévue, nous demeurons remués dans tous nos nerfs par son irruption grandiose, en même temps qu'ébranlés en chacune de nos fibres cérébrales par un chœur d'obscures pensées qui s'engendrent les unes les autres et veulent venir au jour. C'est là l'énorme force d'Ibsen : la prodigieuse Vie intellectuelle qui vibre en son œuvre et communique une grandeur extraordinaire aux créatures de son Rêve. Nul n'a vécu autant par et pour l'Idée, non abstraite et desséchée, mais avec le frémissement et les déchirements de la passion. Nous comprenons en l'écoutant qu'elle seule vaut dans l'existence. Nous nous sentons rehaussés en découvrant que c'est elle au fond qui palpite et souffre en notre ennui, nos luttes et nos douleurs. Quand un écrivain a pu remplir d'une telle impression ses contemporains, il a fait sa tâche et l'on peut sans crainte le nommer grand.

Henrik Ibsen est né à Skien, petit port du golfe de Christiania, en 1828. Skien est une ville de quelques milliers d'âmes qui toujours a passé pour l'un des centres du piétisme en Norvège. Aussi l'éducation de l'enfant fut-elle singulièrement pieuse et rigide. Son père descendait d'une famille d'armateurs danois, établie à Bergen vers 1720. Armateur lui-même et assez riche, pourvu d'une postérité nombreuse dont Henrik était l'aîné, il avait une nature énergique, « en avant », et volontiers eût été d'humeur joyeuse. Sa mère, au contraire, fille d'un marchand aisé de Skien, était d'une dévotion pointilleuse et tourmentée, priant tout le long du jour, même en pétrissant son pain. On l'a dit d'origine allemande, ce que semblerait indiquer son nom d'Altenburg. S'il en est ainsi, on peut admettre que, dans le génie essentiellement septentrional et norvégien d'Ibsen, cette parcelle germanique a introduit le point de résistance autour duquel se sont groupés avec plus de vigueur les éléments contraires. Et peut-être ouvrit-elle en lui cette porte sur l'universel qui manque d'ordinaire au tempérament âpre et fermé de ses compatriotes.

Il n'avait que huit ans lorsque son père fut ruiné par une de ces faillites auxquelles l'excessive bonhomie des mœurs du Nord, l'habitude constante de répondre pour autrui, exposent là-haut si fréquemment les fortunes. Knut Ibsen fut contraint de quitter la ville pour aller vivre avec sa famille sur une maigre propriété sise aux environs. L'enfant était-il assez précoce pour sentir la différence des visages qui se tournent vers la prospérité ou vers l'infortune? En ce cas, il reçut là la première de ces leçons d'expérience que la société prodigue à ceux-là seuls qui sont dénués de ses trésors.

C'était un garçon d'humeur déjà solitaire, peu enclin aux jeux et aux sports, si forts en honneur pourtant dans ces froids climats. Il restait de préférence enfermé dans une sorte d'arrière-cuisine hors d'usage, passant des après-midi entiers à lire ou à dessiner. Venstöb, l'habitation, était assez proche de la ville pour qu'il y pût suivre l'école réale, tenue par deux candidats en théologie. Après quelques années, la famille Ibsen revint à Skien, où il fut confirmé. Il s'agissait de choisir une carrière. Il eût souhaité être peintre. La vocation confuse encore de ceux qui sont nés pour représenter la vie emprunte volontiers, à son début, cette forme empreinte du caractère presque uniquement plastique des jeunes idées. Les nécessités de l'existence ne lui permirent pas de donner suite à ce projet. Il dut partir comme apprenti pharmacien pour Grimstad, un bourg de huit cents âmes. C'est là qu'il écrivit *Catilina*, un drame en trois actes, en vers, dont un ami paya l'impression. On a raconté comment trente exemplaires furent vendus avec difficulté et comment, en un jour de détresse, le reste de l'édition s'en alla chez un marchand de papier.

Il avait composé auparavant une ode enthousiaste sur les martyrs de la Hongrie (on était en 1848) et, dans une série de sonnets : *Debout, Scandinaves !* à l'occasion des différends entre le Danemark et l'Allemagne par lesquels celle-ci préludait à ses futures agressions, rappelé à ses compatriotes leur fraternité de sang avec les Danois menacés. Ces opinions « casse-cou » avaient été mal vues à Grimstad. Las de préparer, de la main même qui chantait les luttes épiques de la liberté, des liniments et des potions pour ces êtres malfaisants, Ibsen, s'abandonnant à son étoile, partit pour Christiania en mars 1850.

Il y vécut avec un ami, Schulrud, partageant le lit de celui-ci et ses maigres subsides, vivant de pain et de café, et, afin de tromper leur hôte sur leur détresse, partant à l'heure du dîner pour une longue promenade à travers la campagne. Venu avec l'intention de faire sa médecine, il abandonna bientôt celle-ci pour se consacrer entièrement à la littérature. Il réussit à faire jouer une pièce : *Kæmpehögen* (le Tumulus), qui n'a jamais été imprimée. Il fonda un journal hebdomadaire qui mourut à trois mois, faute d'abonnés. Il allait être contraint de renoncer à la lutte lorsqu'il fut présenté à

Ole Bull, le célèbre violoniste norvégien. Celui-ci lui offrit la place de régisseur au théâtre de Bergen, qu'il venait de fonder, avec douze cents couronnes d'appointements. Ibsen fit d'abord, aux frais de la direction, un court voyage à Copenhague et à Dresde, afin d'étudier l'organisation des scènes du continent. Puis il gagna son poste à Bergen, abandonnant Christiania après dix-huit mois environ de séjour.

Il y fit jouer, en 1855, *Dame Inger d'Œstrot*, drame historique en cinq actes, qui, jusqu'à ces derniers temps, est resté au répertoire en Scandinavie comme un des classiques du genre. Il met en scène le tardif effort que tenta la Norvège pour préserver son indépendance et qui finit, en 1536, par sa complète sujétion au Danemark. La lutte avait été conduite principalement par Inger d'Œstrot, veuve de Gyldenlowe, un des plus grands seigneurs du pays. Ibsen nous la montre partagée entre son amour pour sa patrie et sa tendresse pour son fils, un bâtard qu'elle eut d'un comte danois, et qu'elle veut faire roi. Par une horrible méprise, elle fait tuer son propre enfant, croyant faire périr l'ennemi qui le doit livrer.

Élise Hwasser, la grande actrice scandinave, morte tout récemment, avait fait de la figure de dame Inger une création inoubliable. C'est la lady Macbeth du Nord. Le romantisme d'Ibsen fait songer à Shakespeare et non, comme celui de Björnson, à Victor Hugo. De même que les drames historiques de l'auteur de *Henri V* sont découpés dans les vieilles chroniques anglaises, le sien est emprunté, par des procédés à peu près semblables, à celles de la Norvège. Aussi y peut-on relever les mêmes défauts : la confusion et la fatigue qui résultent du tableau de toute une période entassée en quelques actes. Mais le *scald* norvégien n'est souvent pas indigne de son grand modèle par la fière brièveté de la phrase, qui volontiers se resserre en maximes impérieuses et concises. Il est shakespearien aussi par la profonde et rapide analyse intime que ses personnages, au moment le plus intense, s'oublient comme dans un songe à faire sur eux-mêmes et qui dévoilent au public, ainsi qu'en une série d'éclairs, les ressorts les plus cachés de leur être intérieur.

Ibsen écrivit encore à Bergen *La fête de Solhaug*, une manière de pastorale sans grande importance, et *Olaf Lilienkrans*, qui ne fut jamais publié et que son biographe Vasenius a retrouvé dans la bibliothèque du théâtre. Il revint en 1857 à Christiania, comme régisseur du Théâtre norvégien, Björnson le remplaçant dans son poste de Bergen. Il apportait avec lui le manuscrit des *Guerriers d'Helgeland*, version scandinave du poème des *Niebelungen*. Acceptée d'abord au Grand-Théâtre de Christiania, puis reprise par l'auteur après une polémique de presse assez vive, à cause des lenteurs et des difficultés de toute sorte qu'apportait la direction, elle fut jouée l'année suivante au Théâtre norvégien. Vers ce même temps, Ibsen fondait avec Björnson cette société pour la protection de l'art national qui n'eut qu'une existence éphémère, et collaborait à son journal.

Les Prétendants à la couronne, terminés en 1863, ferment la série de ses drames historiques. C'est la mise en action des compétitions acharnées qui, au commencement du treizième siècle, ensanglantèrent la Norvège pour la succession du roi Sverre. Il serait assez intéressant de comparer le romantisme d'Ibsen à celui de Björnson, qui s'est tenu à peu près dans la même période historique. Tandis que le romantisme de ce dernier reste ample et verbeux, abondant et sonore, comme il appartient plus spécialement à son essence, Ibsen, au milieu de la fantasmagorie des *Guerriers d'Helgeland*, chants magiques, chevauchée des Ases à travers l'espace, se distingue par une simplicité familière et nue, où s'indique nettement un tempérament réaliste. Brunehild n'est déjà plus la Valkyrie, fille d'Odin, endormie dans le burg enchanté qu'entoure un mur de flammes, c'est Hjördis, la pupille d'un chef islandais, dont la porte virginale est gardée par un ours blanc que va tuer le héros Sigurd.

Les prétendants à la couronne sont remarquables surtout en ce qu'ils constituent la première mise en œuvre de la théorie favorite d'Ibsen, celle qui va devenir la pierre angulaire des poèmes philosophiques qui suivront et que nous retrouverons, plus de vingt ans après, aussi triomphante et aussi inaltérée, dans *Rosmersholm :* la théorie de la *volonté*. Elle constitue pour lui comme une sorte de puissance mystique qui communique la force et confère le droit. La vérité, la sincérité, tout l'homme en un mot, consiste à se trouver soi-même et à se demeurer fidèle : savoir ce qu'on est, ce qu'on veut, et marcher vers ce but, sans jamais dévier. La foi en soi, pour le poète, c'est non seulement ce qui fait l'homme grand, mais ce qui le sacre juste. Aussi la victoire demeure-t-elle à Hakon qui sait qu'il *doit* être roi, qu'il a une tâche royale à remplir. Fils ingrat, amant perfide, époux sec et dur, une noblesse suprême pourtant réside en lui, parce qu'il obéit envers et contre tout à cette idée qui est devenue comme sa propre chair : faire de la Norvège un seul peuple sous un seul sceptre.

Dans la *Comédie de l'amour*, parue l'année précédente, Ibsen avait esquissé une mordante satire de la vie norvégienne. C'est la première comédie de mœurs qu'ait eue la littérature de ce pays, et il est assez curieux qu'elle ait été écrite par l'auteur entre le plan et l'achèvement d'une grande tragédie historique, en pleine période romantique.

Quatre couples y représentent les diverses faces de l'amour : le pasteur Stramand et sa femme Maren ;

Stiver, le rimeur, et sa sentimentale fiancée ; Lind et la prosaïque Anna. Tous ces couples, Ibsen, d'un tour de main, déshabille leurs sentiments. Il montre la trame d'intérêts mesquins, de calculs banals, de vanités sottes et d'égoïsme à outrance, dont chacun de ces prétendus amours est tissé. Restent Schwanhilde et Falk. En opposition avec les autres, ils incarnent l'amour intellectuel. Schwanhilde, déjà, est presque une révoltée. Elle a voulu conquérir son indépendance et, par une amère dérision du sort, n'a réussi qu'à devenir gouvernante. Elle et Falk se sont rencontrés dans leur mépris commun pour l'humaine grimace et l'universelle avidité qui les entoure. Ils ont pris cette sympathie pour de l'amour. Mais, après avoir donné à leur sens critique libre carrière sur leur entourage, ils commencent à l'exercer l'un sur l'autre. Et ils en viennent à se demander s'ils ont ce qu'il faut pour se rendre heureux mutuellement. Falk, au fond, ne cherche guère dans l'amour que le stimulant cérébral d'une douleur profonde. Il rêve d'une fiancée qui le laisse en plein bonheur et le livre ainsi à l'âpre et fécondante morsure d'un chagrin aigu. « Coupe du bois et fais de la gymnastique, lui dit le sage Guldstad, et tu seras guéri d'ici quinze jours. » Cette œuvre, qui date de trente ans, n'atteint-elle pas à tout ce que, de nos jours, Paul Bourget pourrait écrire de plus fort sur les dangers de l'analyse à outrance ? — Les deux amants se séparent, d'un tendre accord, et Schwanhilde épouse Guldstad, dont la raisonnable et saine conception de la vie lui paraît mieux faite pour cadrer avec la sienne.

La pièce contenait, en outre, une virulente peinture de la société environnante. Beaucoup crurent se reconnaître. Aussi souleva-t-elle contre Ibsen un *tolle* général. Pour nous faire une idée de sa violence il nous faudrait joindre, à notre propre notion d'une petite ville, celles que lui-même, en maint ouvrage, nous a données sur les orageuses confédérations de sa patrie. La guerre entre le Danemark et l'Allemagne venait d'éclater. Ibsen avait ardemment prêché l'union avec ce premier pays. Contre les méfiances séculaires qui ont de tout temps divisé les peuples scandinaves et l'étroit patriotisme « norvégianisant » du parti séparatiste, il est demeuré toujours un adepte fervent du pan-scandinavisme. Sa vision est trop clairvoyante pour ne pas lui montrer qu'en face du mouvement de condensation qui agglomère en masses redoutables les grandes nations de l'Europe, toute tentative d'émiettement, pour sa patrie, est un péril et devient presque un crime national. Et c'est, dit-on, le secret symbole dont s'était inspiré son drame des *Prétendants à la couronne*.

Calomnié, persécuté, entouré de visages hostiles et bientôt aux prises avec la misère, il secoua la poussière de ses pieds et, quittant sa patrie, descendit vers Rome et vers le soleil.

(*Deuxième période.*)

Dans la *Comédie de l'amour*, Falk, en qui le poète avait incarné une partie de lui-même, ne demandait à l'amour que la douleur qui féconderait son âme. La douleur, ainsi prophétiquement appelée, était venue pour le maître : l'exil devait lui faire en plein cœur la blessure profonde d'où son génie pourrait librement jaillir.

La fascination de la terre d'Italie est puissante pourtant sur ces races du Nord qui, dans leur pâle contrée, portent en secret le deuil inguérissable du soleil. Ibsen dut profondément la subir. Mais, ainsi qu'il arrive aux natures fortes, brusquement transportées dans un milieu très différent de l'ancien, sa pensée, sous le choc de ce monde coloré et nouveau, se concentra, plus intense, en elle-même. Il revécut, dans une vision intérieure aiguë, l'âpre génie de son peuple et les solitudes désolées de sa patrie. Et il écrivit *Brand* (1866), « une de ces magnifiques cathédrales gothiques » — expliquait-il plus tard dans le symbolique langage de Solness le constructeur, — qu'il rêva d'abord d'édifier pour l'*Idée*. Lorsqu'il parut, le Nord reconnut son prophète, après l'avoir chassé, et salua dans Brand le Faust scandinave. Cet ouvrage, immense poème philosophique, sous forme dramatique, fut traduit presque aussitôt en allemand et porta dans tous les pays de cette langue le nom d'Ibsen.

Brand est un prêtre ou mieux, un pasteur d'âmes, absolu dans son idéal jusqu'à l'inflexibilité et jusqu'au martyre. L'auteur, dans une lettre au critique George Brandes, déclare qu'il importait peu à sa propre conception que Brand fût un croyant : il eût pu en faire tout aussi bien un artiste, un inventeur, un réformateur politique, quelque idéologue enfin que ce fût, livré tout entier au *daïmôn* intérieur. Il semble pourtant qu'une secrète logique l'ait guidé en son choix. Nulle autre ne pouvait, comme l'Idée religieuse, manifester le dessein préconçu du poète : la tension de la *Volonté* fortement bandée vers un but intangible et absolu.

Brand s'est proposé de faire de l'homme « un tableau blanc où Dieu puisse écrire ». Et il a commencé par lui-même. Malgré son angoisse filiale, il refuse les derniers sacrements à sa propre mère parce que, même à cette heure suprême, elle ne peut renoncer en son cœur à Mammon, qu'elle a servi pendant toute son existence. Elle meurt en disant : « Dieu n'est pas si dur que mon fils. »

Son fils à lui va mourir, tué par l'âpre climat des *fjelds* glacés, si le père ne l'emporte vers le soleil et vers la vie. Mais Brand peut-il quitter son poste de pasteur ? Abandonner la tâche que Dieu lui marqua ?

L'enfant mourra donc. Puis ensuite la mère, broyée par la douleur, après que son inflexible époux l'aura contrainte, par la force de sa domination morale, à donner à Jerd, la bohémienne, les dernières reliques du cher petit mort : « Souviens-toi, lui répète-t-il, que, si tu gardes quelque chose, tu n'as en effet rien donné. » La douce Agnès finit par se courber entièrement sous l'impérieux enseignement du maître auquel elle a dit : « Avec toi, l'amour est entré dans mon cœur comme un jour de printemps. Et pourtant, ton amour est dur : quand tu veux caresser, tu frappes. » Elle arrive à vouloir, ainsi que lui, « la mort par la croix ». Mais pour y parvenir, avant de succomber elle-même sous l'écrasant fardeau, elle a dû étouffer en elle tout ce qu'il y avait d'humain.

Brand mérite-t-il ce reproche d'impitoyable dureté qui, tel qu'un glas vengeur, le poursuit à travers toute l'œuvre ? Y a-t-il réellement contradiction, comme d'aucuns l'ont jugé, quand nous le voyons s'attendrir, en la morne veillée d'hiver, en songeant avec Agnès à l'enfant perdu ? Nullement : où serait la grandeur de son *vouloir*, s'il ne se martyrisait lui-même, avant de martyriser les autres ? La force qui le pousse ne prend pas sa source non plus dans un fanatisme égoïste et sectaire : « Je ne sais presque pas si je suis un chrétien, dit-il, mais je sais que je suis un homme. » Et ailleurs : « Ce n'est pas l'Église ni le dogme que je veux exalter par mon œuvre. Car l'un et l'autre ont vu leur premier jour et verront sans doute leur dernière nuit. Tout ce qui a été *créé* doit avoir une fin. Mais l'esprit *incréé* demeure... »

Veuf de tout ce qu'il aima sur terre et dont il s'est, pour ainsi dire, dépouillé de ses propres mains, Brand est bien désormais « cette page blanche où Dieu va écrire ». Entraînés par sa parole, ses paroissiens ont édifié une église neuve, symbole du nouveau culte d'esprit et de vérité qu'on y doit rendre à l'Éternel. L'apôtre, ici, va se heurter aux autorités constituées et à la classification officielle. La figure du bailli et celle du pasteur, supérieur ecclésiastique de Brand, sont tracées avec cette vigueur sarcastique et semi-grotesque, à la Gœthe, que les poètes de race germanique aiment à enlacer à leurs plus irréelles envolées. Tous deux blâment hautement le zèle novateur de leur subordonné. « Je fais toujours mon devoir, — prononce le magistrat, — mais seulement dans mon district. » Brand, indigné, jette à l'abîme les clefs du nouveau temple et entraîne à sa suite vers la montagne le peuple assemblé.

Bientôt, dans cette course vertigineuse vers les sommets de neige virginale, les murmures éclatent ; les voix de la chair recommencent à parler. « Mon vieux père ne peut plus marcher », dit l'un. L'autre : « Ma femme est lasse. » Et tous : « Quelle sera notre récompense ? »

« La pureté de la volonté, — répond le prophète, — l'envolée de la foi, le calme de l'âme et cet esprit de sacrifice qui va avec joie jusqu'à la mort et au tombeau. La couronne d'épines sur votre front à tous : tel sera le prix que vous recevrez de Dieu ! »

La foule s'est écoulée en le lapidant. Et tandis qu'il agonise, perdant le sang de ses blessures, arrive Jerl, la bohémienne, une fantastique incarnation de la nature. Brand a reçu sa récompense. Le voile s'est déchiré pour lui. « L'écaille est brisée », dit-il. « Homme, pourquoi n'as-tu pas pleuré plus tôt ? » murmure Jerl en s'agenouillant à son côté. Et la sauvage bohémienne, pour la première fois, elle aussi, laisse ses larmes couler à flots sur son visage. Les voici maintenant face à face : la *nature* et l'*idée*, stériles tous deux jusqu'alors parce qu'elles ne se sont pas rencontrées ni comprises. Brand s'est trompé en partant de la *volonté* et non de l'amour. Il peut mourir à cette heure, exultant et radieux, car il sait. Et, tandis que descend du fjeld l'avalanche qui va l'ensevelir, une voix du ciel prononce au-dessus de sa tête le mot qui ferme le drame : « Il est *deus caritatis !* »

Peer Gynt (1867) est la contre-partie et, pour ainsi dire, le doublet nécessaire de *Brand*. Ce dernier, suivant la très juste comparaison du poète, est semblable à l'une de ces magiques cathédrales du moyen âge, aux mystiques rosaces, aux cryptes ténébreuses, peuplées de chapelles curieusement fouillées, d'animaux grimaçants, et dont l'apparent désordre, l'enchevêtrement bizarre et touffu d'arcades, de piliers et de clochers vertigineux cachent un plan profond et une mystérieuse harmonie. Et *Peer Gynt* rappelle en quelque degré ces fantasques romans de chevalerie, tout fleuris d'aventures merveilleuses, de subtilités de cours d'amour, de personnifications scolastiques, de gnomes, de fantômes et d'apparitions, mêlant l'Arioste au *Roman de la Rose* et aux contes de Grimm, la *Jérusalem délivrée* au *Songe d'une nuit d'été* et aux visions du Valpurgis.

De même que Brand représentait la volonté, Peer Gynt incarne, au contraire, la fantaisie, la négation, l'éparpillement de cette volonté, livrée à tous les vents du caprice et de l'instinct. C'est, au fond, un développement du type de Jerl la bohémienne, mais élargi et plus intellectualisé. Le poète, d'ailleurs, a senti le divin en cette force capricieuse de nature : il sait que c'est elle qui fait ceux-là qui sont semblables à lui. Et quand Solveig, la pure enfant, abandonnant sa maison, viendra vers Peer Gynt, sur ses patins de neige, pour lui offrir son virginal amour, elle le fera parce que, en dépit de sa réputation méritée de désordre et de mensonge, elle a connu qu'il est en lui quelque chose de supérieur aux autres hommes.

Peer a eu dans la vie un point de départ tout autre

que celui de Brand. Il a reçu dès l'enfance une forme maternelle absolument opposée. Ibsen nous montre celui-ci grandi dans une maison sans soleil, près d'une mère avide et dure, contraint, dès le principe, à se concentrer sur lui-même et, pour ainsi dire, à se pétrifier. Peer, au contraire, adulé, choyé, a, depuis le berceau, trouvé en la sienne une esclave docile de tous ses caprices. Aussi s'est-il développé comme un jeune sauvageon, poussant de toutes parts ses branches folles. Il a vingt ans lorsque, à une noce de village, il rencontre Solveig : Solveig, l'amour pur et fort, qui, s'il savait le vouloir, pourrait peut-être le sauver de lui-même. Mais la réputation de Peer, de vantardise et de déréglement, est telle, que la timide enfant, par crainte de ses parents, refuse de danser avec lui. « Je n'oserais, même si je voulais », dit-elle. De rage, il s'est mis à boire. Et à la fin du festin, il enlève la fiancée qui, depuis qu'elle l'a revu, pleure et ne veut plus de l'autre. Dès le lendemain, pourtant, déjà las, il abandonne Ingrid. Il suit à la ville des femmes débauchées, pour lesquelles son instinctif mépris de la règle lui fait sentir quelque sympathie. Il suivra jusque dans le royaume des gnomes la fille du vieux de Dovre, une des plus fantastiques créations de l'imagination populaire. Nous entrons ici dans la féerie la plus étrange et le plus intensif symbole. Les animaux aux formes immondes et bizarres que Peer rencontre sur ses pas personnifient les vices les plus bas, de même que la queue qu'il faut arborer pour pénétrer dans le domaine souterrain est le signe de l'animalité. Il doit changer ses yeux, afin de voir en bien ce qui est mal, et en mal ce qui est bien. « Pourtant, — lui dit-on, — tu peux rester chrétien. La croyance chrétienne, telle qu'elle est comprise et pratiquée dans le monde, n'empêche pas de vivre comme un gnome. »

On a prétendu voir, après coup, dans ces scènes fantasques la satire d'une école qui, sous couleur d'esthétique et de libre jouissance des forces naturelles, en viendrait à nier toutes conditions morales. Pourtant c'est son indomptable fantaisie qui sauvera Peer Gynt. Pour reconquérir sa liberté, il lutte contre Böjgen, être énigmatique qu'on ne peut blesser, car il n'est ni vivant ni mort, et sa forme n'est qu'une vapeur. Contre ce fantôme qui le va terrasser, et qui représente ici la puissance d'inertie qui l'écarte du droit chemin, il invoque Solveig : « Jette-lui ton livre de prières à la tête ! » s'écrie-t-il.

Par cette douce image, il est demeuré vainqueur du combat. Toutefois, quand la jeune fille, confiante, viendra vers lui, il n'osera accepter cette chaste tendresse : la chair et l'âme, en vérité, ne se libèrent pas si aisément du joug mauvais qu'elles ont subi. Son humeur vagabonde l'entraîne vers l'Orient. Et là, sans scrupule, poussé par la dévorante ambition de faire fortune, il se livre à tous les métiers, tour à tour marchand d'amulettes et d'esclaves ou prophète. Anitra, sa maîtresse musulmane, s'enfuit à cheval, emportant ses joyaux et ses trésors. Peer Gynt, alors, veut se tourner vers la vie spéculative. Il projette de revivre toutes les grandes époques de l'histoire et, selon son expression, d'« écrémer » le passé, pour en tirer le suc et la substance. Ibsen semble dévoiler ici sa conception de Peer Gynt comme identique en maints points à celle de l'Artiste. Mais la grandeur de son héros, c'est qu'il *vit* réellement ses pensées, ses fantaisies et ses mirages, sans songer un instant à tromper son rêve en en traçant la vaine image sur le papier. Le poète, d'un trait amer et saisissant, marque l'étroite parenté de la démence et du génie : Peer chancelle sur le bord de l'abîme et, ses plus hautes ambitions réalisées, tout à l'heure va se réveiller empereur dans un hôpital de fous. Après maintes aventures, un naufrage qui brise son vaisseau non loin du port, tandis que des apparitions mystérieuses lui présagent sa fin prochaine, Peer, vieilli, rentre au village, qui ne le reconnaît plus. Toute la nature, témoin de ses premiers pas, se lève contre lui et prend une voix pour lui reprocher sa vie stérile et perdue. Les gnomes eux-mêmes le mettent en jugement et le condamnent. Il n'a su rien accomplir : le fondeur de boutons va jeter son métal au moule et en refaire un zéro. Harassé, désespéré, il prend le chemin de la chaumière de Solveig. C'est elle qui bercera son dernier sommeil. Et quand il dira, passant en revue ses années sans œuvres et sans fruits : « Où ai-je été jamais moi-même ? moi-même en ma plénitude et ma vérité, avec le sceau de Dieu sur mon front ? » elle répondra : « Dans ma foi, dans mon espérance et dans mon amour ! » Et rien ne peut rendre le charme indicible des derniers vers qu'elle murmure, tandis qu'il s'endort : « Il a reposé si près de mon cœur, tout le long jour de ma vie ! Et maintenant il est las... »

Ce qui a manqué à Peer Gynt, ainsi qu'à Brand, ce que tous deux ont perdu de vue, l'un dans la tension extrême de la *Volonté*, l'autre dans l'exubérance indisciplinée de la *Nature*, c'est le sens vrai de l'*Amour*, qui seul les peut rendre féconds en les unissant.

Ce n'est pas en vain pourtant que, pendant près de dix ans, Ibsen avait vécu principalement à Rome, la ville des ruines, la ville mère, celle qu'on peut nommer le nombril du monde et qui, par un privilège unique et funèbre, après avoir vu croître et fleurir, puis décliner, les deux puissances universelles qui ont dominé notre Occident, leur sert aujourd'hui de reliquaire et de tombeau. Sa pensée y avait pris, avec la blancheur ensoleillée des marbres et l'ampleur des draperies antiques, cette mélancolie sereine et large, ce sens profond d'universalité, qu'on n'acquiert bien que là. La force mystérieuse de renouveau y germe à côté des sépulcres et, sous l'éternelle poussière, on y sent tressaillir l'éternelle vie. Il donna en 1873 *Empereur et Galiléen*, volumineux drame philosophique en deux parties, longuement médité durant toutes ces années. C'est à coup sûr l'œuvre la plus étrange et peut-être la plus admirable qu'ait produite notre siècle. Obscure et déconcertante, dépassant en ésotérisme le second *Faust* de Gœthe, elle représente, avec l'intensité la plus complexe et la plus troublante, sous la figure d'une des grandes crises historiques la plus semblable à celle que nous traversons, le problème plein d'angoisse qui s'agite au fond de la conscience moderne et dont la solution s'impose de gré ou de force à notre activité. Le drame, divisé en deux parties : l'*Apostasie de César*, et *Julien empereur*, a pour héros ce Julien qui, élevé ainsi que nous au sein du christianisme, sentit comme nous son antagonisme avec l'humaine nature et la pensée, et rêva de ressusciter l'antique Beauté. « Insensé! lui dit le sage Maxime, qui veut que le jeune homme redevienne enfant? » Ce Julien est bien véritablement un moderne. Le scepticisme et le doute universel ont achevé de lui ronger le cœur. Il ne croit plus même à l'ami qu'il aime. Et c'est en vain qu'aux fêtes de Dionysos, il est allé chercher la Beauté morte du jeune monde naissant. « Si tu as besoin d'illusions, lui dit encore Maxime, retourne chez les Galiléens! » Mais le peut-il? Non. « Sur la terre, il n'y a pas place pour deux : l'Empereur et le Galiléen. » La royauté de l'homme succombe, là où triomphe cette force anti-humaine. Ce sera donc Julien lui-même qui deviendra Dieu. Mais l'empire lui résiste et les soldats dont Christ a pris les cœurs. Le mage Maxime, en termes mystiques, lui annonce la venue du troisième Royaume. L'esprit a subjugué la chair. Christ l'a emporté sur les dieux antiques. Mais un jour viendra le Juste, le Pur, celui-là que les Juifs attendent et qu'ils nomment Messie. Il viendra, non pour abolir, mais pour concilier. « Car l'Empereur et le Galiléen doivent disparaître, mais ils ne doivent pas être vaincus. L'enfant ne disparaît-il pas dans le jeune homme, et celui-ci dans l'homme fait, sans que ni l'un ni l'autre soient pourtant vaincus? Ainsi le Sauveur nouveau les unira en lui : la toute-puissance de l'homme librement épanoui dans sa Force et sa Beauté et l'harmonie mystérieuse de l'universel Amour. « Pan dans Logos ; Logos dans Pan. » Et si nous demandons, comme Julien, comment celui-ci naîtra, il nous est répondu : « Par l'effort conscient de la volonté réfléchie. »

Cependant ce dernier, dévoré par l'immense inquiétude qui fait sa proie des âmes sans volonté ni lien, veut reprendre le rêve d'Alexandre et devenir le maître du monde. Il espère trouver dans l'action le calme et la certitude qui l'abandonnent. Le lent travail de désagrégation qu'accomplit en nous la pensée non disciplinée a achevé son œuvre en lui. L'ancien sage équitable et modéré est devenu par degrés soupçonneux, déséquilibré et bientôt sanguinaire. Il chancelle au bord du vertige et de la folie et, pour finir la longue horreur qui l'oppresse, souhaite le glaive de Caligula, afin de pouvoir trancher l'humanité d'un seul coup. Un chrétien de son armée, ami autrefois cher, le frappe d'un coup de lance dans les champs phrygiens, où les destins d'avance avaient marqué sa perte. Et Julien meurt avec cet anathème mélancolique à la nature : « O soleil ! soleil ! pourquoi m'as-tu trompé? »

(Troisième période.)

Empereur et Galiléen est un drame philosophique, classé comme tel. Mais c'est surtout un drame social. Les idées qu'Ibsen a portées en germe, dès le premier éveil de son intellectualité, dans son tempérament de penseur individualiste et solitaire, apparaissent déjà développées et mûries. Ce sont elles qui, de bonne heure, l'ont fait accuser de socialisme. Elles qui, par un bizarre aboutissement, l'ont fait citer parmi les apôtres de l'anarchie. « L'Empereur, ainsi que le Galiléen, doit disparaître », avait-il écrit. L'Empereur, c'est-à-dire la force de compression et d'enrégimentation sociale. Que le citoyen subsistât dans l'homme, il exprimait nettement qu'il n'y voyait nulle nécessité. Il peut sembler surprenant, après cela, qu'Ibsen, dans sa patrie, soit rangé parmi les conservateurs. C'est qu'il est avant tout un aristocrate, comme tout individualiste. La tyrannie du nombre lui paraît la plus oppressive et la plus méprisable de toutes. Il n'ignore pas d'ailleurs que tout changement d'institution reste extérieur et vain, si l'on ne créé d'abord un homme nouveau. C'est en son royaume intérieur que celui-ci doit fonder d'abord la vraie liberté : apprendre à vivre, non pour des fantômes de préjugés et d'opinions, mais pour lui-même ; connaître sa propre nature et agir en conformité avec elle, dans l'harmonie mytérieuse de cette dernière et de la Volonté, aube du *troisième État* réalisé par l'Amour.

A cette époque, Ibsen, dit-on, traversait une profonde crise morale. Cet avènement du *troisième État*, annoncé par lui en termes presque apocalyptiques, il avait cru en voir luire l'aurore lorsque éclata la guerre de 1870. On sait combien le dénouement néfaste de cette dernière ébranla puissamment les imaginations européennes. Par un privilège glorieux, encore que chèrement payé, les phases diverses de notre histoire ont toujours déterminé les courants de la pensée en Europe. Pour nous borner à ce seul exemple, il reste évident que les drames philosophiques d'Ibsen se rattachent directement à l'état d'esprit créé par la Révolution de 1848. Le temps des grands rêves humanitaires semblait désormais passé. Un souffle nouveau, plus réaliste, envahissait les littératures du Nord qui, s'éveillant du long songe romantique, commençaient à discuter les problèmes de la vie bourgeoise. Ibsen suivit le mouvement. Ainsi qu'il l'a conté sous la symbolique figure de maître Solness le constructeur, sa vieille maison familiale, pleine de reliques et de souvenirs, avait brûlé ; ses enfants, espoir de l'avenir, étaient morts. Il renonça à bâtir pour l'Idée de hautes églises aux tours vertigineuses et souhaita seulement « construire des demeures où les hommes pussent abriter leurs foyers ».

Déjà, en 1869, il avait donné au théâtre de Christiania l'*Union des jeunes*, un pamphlet scénique de la vie politique en Norvège, qui n'a guère d'autre intérêt que de dessiner assez nettement la manière future de l'auteur et d'esquisser la conception amère et railleuse qui triomphera dans les *Soutiens de la Société*. Ceux-ci parurent en 1877. L'émotion qu'ils excitèrent sur les scènes d'Allemagne et de Scandinavie fut considérable. Le public ne se méprit guère sur la portée de la tentative ainsi produite devant lui. Ibsen venait tout simplement de fonder un art nouveau, un art social. Hardiment, il libérait celui-ci de ce sempiternel mensonge d'amour auquel l'avait réduit le goût français, et de l'imbroglio d'aventures qui lui donnait l'intérêt palpitant d'un coup d'échecs. Il replaçait l'homme vrai dans son vrai milieu : le lacis de circonstances et d'intérêts où chacun de nous doit se débattre et vivre. Et, en même temps, il traçait une mortelle satire de la société capitaliste et bourgeoise, telle qu'elle est constituée en Europe et s'offre effrontément à notre respect, avec sa fausse respectabilité, sa fausse intégrité et ses fausses bonnes mœurs. Tous ces « soutiens de la société » dont le consul Bernick est la plus éclatante personnification n'arrivent et ne se maintiennent à ce poste honoré que par un tissu de mensonges, de tripotages et de calomnies, quand ils ne vont pas au bord du crime même. Pour cacher une faute de jeunesse, que l'opinion rigide de sa petite ville ne lui eût pas pardonnée, celui-ci a laissé accuser son jeune beau-frère, parti en Amérique à cause du scandale, et qui s'est généreusement sacrifié pour lui. Puis, comme il lui était utile d'expliquer le désordre de ses affaires, il a habilement, en dessous, propagé le bruit que Johann, en disparaissant, avait emporté la caisse de la maison. Maintenant, directeur de chantiers, de complicité avec une riche compagnie, il fait prendre la mer, — la cargaison étant assurée, — à un navire qu'il sait incapable de soutenir un gros temps. Et il n'aura pas une hésitation en voyant s'embarquer sur ce navire condamné d'avance l'homme qui l'a autrefois sauvé, et dont le retour au pays lui est maintenant une menace et une humiliation. « Dans toutes les âmes, il est un point noir qu'il faut cacher », — explique-t-il à Lona Hessel, la fiancée qu'il abandonna autrefois pour épouser Betty, plus jeune et plus riche. « Et vous vous appelez, je crois, les soutiens de la société? — Elle n'en a pas de meilleurs. — Qu'importe, alors, qu'une société de ce genre périsse ou non! » Les seuls personnages sympathiques sont les irréguliers, les bohèmes que cette vertueuse société méprise : cette Lona Hessel, qui abandonna famille et patrie pour suivre son malheureux jeune frère et qui, pour le nourrir aux heures de détresse, — ainsi que Mme Rummel scandalisée le glisse en confidence à Mme Holt, — a « chanté pour de l'argent dans des cafés, fait des conférences dans des salles publiques et publié un livre tout à fait fou »; Dina, la fille de l'actrice, que toutes ces dames protègent, avec des hochements de tête sur sa fâcheuse origine : « Vous comprenez, ce n'est plus du tout comme nos enfants »;

Johann., enfin, le vagabond errant, qui toute sa vie a porté le poids des fautes de Bernick. Et si ce dernier se convertit à la fin, de manière que la pièce finisse pour le mieux dans le meilleur des mondes, on voit bien que ce n'est là qu'un dénouement plaqué à la diable par l'auteur, pour ménager le public sensible, et qui n'enlève rien à l'effet spectral de cette impitoyable dissection.

Ibsen, désormais, va poursuivre sans trêve son œuvre de démolition, sa guerre à la convention et au mensonge. Chaque pièce qui paraît n'est qu'un nouveau coup de pioche dans le vieil édifice. *Maison de poupée*, qui fit tant de bruit à Paris voici trois ou quatre ans, est de 1879. On sait le sujet. Il posait d'audacieuse manière le droit primordial de l'individu et de la personne morale au sein même de la famille. Nora Helmer quittera sans hésitation foyer, mari, enfants, du jour où elle s'apercevra qu'elle n'a été jusqu'alors pour ce dernier qu'un jouet aimable, « un oiseau chanteur ». Elle les quittera pour se trouver elle-même dans la solitude, « chercher à se rendre compte des choses et examiner qui a tort ou droit ». La conclusion, qui nous parut si difficile à digérer en France, ne fut pas acceptée beaucoup plus aisément en Allemagne, ni même en Scandinavie. Dans ce premier pays, une actrice exigea, pour jouer le rôle, qu'Ibsen modifiât le dénouement. Qu'une mère délaissât ses enfants, cela faisait crier contre lui la chair et le sang. Ici, principalement, la pensée de l'auteur et de son héroïne ne fut guère entendue. Que Nora eût tout abandonné pour suivre un amant, cela eût paru fort simple. Mais, sans ce motif probant, rien ne s'expliquait plus. Des critiques d'infiniment d'esprit exposèrent gravement que la maternité disparaissait là où il n'y avait plus d'amour, la mère n'étant ainsi qu'un duplicata de l'amante. La raison légitime, nettement indiquée par le dramaturge, resta inaperçue. Qu'on se souvienne des paroles de Helmer, à propos de ce misérable Krogstad qui domine Nora par la preuve de son action ancienne, cette signature de son père mort mise par elle au bas du papier qui doit lui procurer l'argent nécessaire au salut de son époux mourant. « L'air qu'il respire, — a dit Helmer, — infesté de mensonge et de fourberie, empoisonne et corrompt ses propres enfants. » Et Nora, qui ment sans cesse depuis huit ans, reste comme foudroyée et repousse avec terreur loin d'elle les pauvres petits. C'est pour cela aussi qu'elle partira : elle ne se croit plus digne de les élever. Elle en doute, du moins, et la poignance de cette incertitude l'aide à abandonner plus librement encore ce foyer où sa présence comme épouse, maintenant que le lien de confiance et d'amour est brisé, ne serait plus qu'un nouveau mensonge.

Cette conception de convenance sociale, qui exige à toute force la cohabitation d'époux moralement séparés, Ibsen, dans *les Revenants* (1881), l'attaquait vigoureusement comme la plus dégradante et la plus pernicieuse des hypocrisies. C'est sous l'enivrant azur du ciel de Naples que lui apparut cette brumeuse vision des *fjords* natals, où l'Hérédité moderne, avec une grandeur eschyléenne, revêt l'auguste terreur du Destin antique. Déjà, dans *Maison de poupée*, le docteur Ranke « dont l'épine dorsale, la pauvre innocente, paye la joyeuse vie qu'a menée son père le lieutenant », avait promené le spectre du mal terrible si fréquent dans ces puritaines contrées. Il contamine et souille également la maison du capitaine Alving. Sa jeune femme, après quelques mois de mariage, s'est enfuie de chez lui. Elle est allée implorer l'appui du pasteur Manders, un honnête homme selon le monde, qui l'a renvoyée chez son époux. Subjuguée, elle a repris sa chaîne, et, durant vingt ans, elle a mené cette effroyable existence, obligée d'endurer l'adultère dans sa propre maison et, pour les cacher à tous les yeux, de se faire la compagne des débauches d'Alving, buvant avec lui et le couchant de ses mains lorsque, le soir, il tombait ivre mort. Et quand son fils, exilé par elle dès l'enfance du foyer comme d'un lieu pestiféré, revient enfin, elle le verra succomber sous ses yeux à une crise de gâtisme et d'imbécillité, legs fatal du sang paternel. Voici les résultats de cette belle loi de respectabilité sociale qui exige envers et contre tout le maintien de l'union conjugale : soucieuse seulement de la façade blanchie de l'édifice qui s'étale sur la rue ; indifférente à la gangrène et à la pourriture qui rongent l'intérieur.

Le drame frappait trop droit au défaut de la cuirasse puritaine pour ne pas soulever d'impitoyables colères. Il fut interdit à Londres et à Berlin. Conspué, vilipendé, abreuvé de calomnies et d'outrages, Ibsen répliqua de hautaine manière en publiant *Un ennemi du peuple* (1882). Ainsi que lui, le docteur Stockman a découvert que les sources thermales de la ville sont empoisonnées et tuent ceux qui s'y abreuvent. Et, parce qu'il a voulu publier la vérité, tous les intérêts menacés se déchaînent contre lui. On lui retire son pain et celui de ses enfants, et une populace furieuse le lapide dans sa propre maison. N'importe, il acceptera tout, l'injure et la persécution. Et il conclut sur cette amère et forte parole : « L'homme le plus puissant est celui qui est seul. »

Son âpre foi dans l'efficacité de la vérité a-t-elle chancelé pourtant sous l'épreuve et le travail de l'expérience ? On le croirait à lire le *Canard sauvage* (1884). Toutes ces dernières œuvres d'Ibsen sont traduites en français. Toutes, sauf une ou deux, ont été représentées à Paris. Il est donc superflu d'en faire l'analyse, mainte fois répété déjà par d'éminents critiques. Une remarque intéressante s'offre néanmoins ici : l'impossibilité pour un homme d'échapper au génie de sa race, alors même qu'il se tourne contre lui. Comment nommerions-nous en France l'action d'un Grégoire Werlé, qui vient dire à Ekdal que sa femme fut la maîtresse d'un autre et que l'enfant n'est pas le sien ? Et pourtant Grégoire est un professeur d'idéal. Il ne veut que détruire le mensonge sur lequel repose la vie de son ami, fonder, sur la sincérité et sur le pardon « la véritable union conjugale ». Et, quand la catastrophe arrive, sa stupéfaction n'a d'égale que son angoisse mortelle et l'amer sarcasme sur cette vie de fausseté, qui vont le mener au suicide. Tous les personnages de la pièce sont tracés d'ailleurs avec l'art le plus admirable. M. Max Nordau, qui ne s'est pas montré plus tendre pour Ibsen que pour maint autre contemporain, avoue que la figure de Gina, la femme d'Hialmar Ekdal, égale celle de Sancho Pança.

Rosmerholm, qui suivit (1886), est peut-être l'étude de passion la plus intense qu'ait produite la littérature de notre siècle. Rébecca West, l'héroïne, est le triomphe de l'Individualisme, en sa féroce noblesse. Elle a marché droit vers l'homme aimé, écartant impitoyablement tous les obstacles. Et voici qu'au moment de le saisir, elle s'arrête. Sa force intérieure est brisée. Il ne leur reste plus qu'à mourir ensemble et à s'en aller joyeusement, la main dans la main, vers le torrent où leur victime, avant eux, a trouvé la mort et les attire.

La Dame de la mer (1888) et *Hedda Gabler* (1890) nous livrent deux de ces planches d'anatomie féminine, curieusement fouillées, en lesquelles Ibsen est depuis longtemps passé maître. Ainsi qu'*Au-dessus des forces humaines*, la pièce de Björnson, et bien qu'en un sens tout différent, la première s'inspire des théories de l'école de Nancy. La fascination qu'exerce sur Ellida Wangel le matelot américain, son fiancé d'autrefois, c'est celle de la mer, du mystère et de la liberté. Que son mari la laisse libre de choisir, elle s'éveillera du rêve, et la réalité de la faute lui fera horreur. Je ne crois pas qu'ici le symbolisme, qui revêt tout de grande poésie, soit outré ou faux, en tant qu'image d'une âme de femme. Non plus pour Hedda Gabler, qu'on s'accorde à représenter comme la plus déconcertante, baroque et décousue des créations du poète, et qui, nous osons l'avouer, nous paraît au contraire fort limpide et logique. Seulement, il ne faut pas l'oublier, Hedda Gabler, c'est la femme moderne, dans l'outrance et la dernière conséquence du mot : c'est-à-dire une créature à laquelle on a retiré l'appui d'une croyance et d'une foi et qui flotte, désemparée, entre l'irréalisable appétit d'un rêve de « beauté » et d'action, le mépris des petits hommes qui l'entourent et l'ennui d'un cœur vide, desséché par une cérébralité envahissante. A ces causes de détraquement, ajoutez l'ébranlement d'une grossesse, audacieusement mise en scène par l'auteur, et vous ne trouverez plus bizarre, mais profonde, cette effrayante peinture d'une femme enceinte qui se tue en éclatant de rire. Par on ne sait quelle inouïe intuition de physiologiste, Ibsen semble percer ici jusqu'à l'obscure genèse de l'être qui, douloureusement, se refuse à naître et proteste contre la vie dans le sein maternel.

Après cela, il n'était guère possible d'aller plus loin. La dernière œuvre du dramaturge, parue cette année même, *Solness le constructeur*, semble presque son testament d'artiste. C'est lui-même, et l'histoire de sa pensée, qu'il a peints sous les traits de son héros. Doit-il, comme celui-ci, se fracasser la tête contre le sol en tombant de la haute tour d'idéal qu'il s'est efforcé d'édifier? Est-ce à cette désolante conclusion qu'aboutirait son œuvre immense? Avec une sincérité naïve et touchante, il n'a pas craint de se représenter en Solness avec cet amour à la fois et cet effroi de la jeunesse qui pousse le poète dans le passé et menace d'effacer son œuvre. Il y confesse, avec une navrante tristesse, cette hantise et cette terreur de la folie qui menace les cerveaux las et trop féconds. C'est qu'Ibsen, en vérité, est entré dans l'intelligence du mystère plus loin qu'il n'est donné à l'homme. Et, comme Hilde le conte à Solness effrayé, *il s'est trouvé qu'il avait accompli ce qu'il croyait seulement avoir songé.*

FIN.

TABLE DES MATIÈRES

LES PAYS SCANDINAVES

I. — De Paris à Copenhague	1
II. — Copenhague	6
III. — De Malmö à Stockholm	17
IV. — Stockholm et la vie suédoise	30
V. — Le Mélar et l'Archipel	41
VI. — Christiania	48

LA LITTÉRATURE SCANDINAVE

CHAPITRE PREMIER
LA LITTÉRATURE SUÉDOISE

I. — Bellman	55
II. — Esaias Tegnér	62
III. — Viktor Rydberg. — Les Universités suédoises	69
IV. — Snoïlsky	87
V. — Strindberg	94

CHAPITRE II
LA LITTÉRATURE DANOISE

I. — George Brandes	121
II. — *Le roman danois*	141
I. — Jacobsen	145
II. — Herman Bang, Holger Drachman, etc.	154

CHAPITRE III

LA LITTÉRATURE NORVÉGIENNE

I. — *Le roman norvégien*....................................	160
I. — Arna Garborg....................................	166
II. — Jonas Lie....	178
III. — Kielland....................................	194
II. — *Le drame norvégien*....................................	207
I. — Björnstierne Björnson....................	210
II. — Henrik Ibsen....................................	249

PARIS
TYPOGRAPHIE DE E. PLON, NOURRIT ET Cie
RUE GARANCIÈRE, 8.

ENSIGNADOU

ENSIGNADOU

	Pages
Coume Prefàci..	VI
Cop de Soulèu.	2
Li tres Calignaire.	5
Li celèsti Vanitouso.	8
Souvèt de Niue.	11
Esfins de Lume.	13
Rire e Plour.	16
Pichòti Devinaio.	18
Niue de Printèms.	22
Pantai de Perlo.	24

	Pages
Lou Bonur	25
A la Luno	27
Au bord de l'aigo	29
Secrèt	31
La Fuelo	33
Perqué quand tout revèn...	35
Li bèu Diabloun	36
Estounamen	38
Jour de tentacioun	39
Dison qu'es liuèn !...	42
Pantai	44
Perdoun	47
D'ounte vèn ?...	49
L'Amazouno	51
Li Tavan	55
Jalouso	58
Languimen	60
Li Laire	65
Èstre en estàsi...	67
Preguiero à l'Ivèr	68
Spounjarello	71
A re lire !	74
Tou ar !	75
Li p ot mot	77
A Tu !	79

	Pages
A la Felibresso Bremoundo	81
A dono Mario Frederi Mistrau	82
Mai à Tu !	83
Teoulougalo	85
Mi Sause	87
Traduction	93

Trabuc & Raviolo, imp., 66, rue St-Ferréol, Marseille.

Documents manquants (pages, cahiers...)
NF Z 43-120-13

www.ingramcontent.com/pod-product-compliance
Lightning Source LLC
Chambersburg PA
CBHW071604170426
43196CB00033B/1745